金融危机救助指引

The Guidances of Financial Crises Bailout

高 伟 ◎ 著

中国财经出版传媒集团
中国财政经济出版社

图书在版编目（CIP）数据

金融危机救助指引／高伟著．—北京：中国财政经济出版社，2019.8
ISBN 978-7-5095-9135-2

Ⅰ.①金⋯　Ⅱ.①高⋯　Ⅲ.①金融危机-研究　Ⅳ.①F830.99

中国版本图书馆 CIP 数据核字（2019）第 167653 号

责任编辑：陆宗祥　高文欣　　　　责任印制：党　辉
封面设计：卜建辰　　　　　　　　责任校对：徐艳丽

中国财政经济出版社 出版

URL：http://www.cfeph.cn
E-mail：cfeph@cfemg.cn

（版权所有　翻印必究）

社址：北京市海淀区阜成路甲 28 号　邮政编码：100142
营销中心电话：010-88191537
北京富生印刷厂印刷　各地新华书店经销
710×1000 毫米　16 开　16.75 印张　236 000 字
2019 年 8 月第 1 版　2019 年 8 月北京第 1 次印刷
定价：58.00 元
ISBN 978-7-5095-9135-2
（图书出现印装问题，本社负责调换）
本社质量投诉电话：010-88190744
打击盗版举报热线：010-88191661　QQ：2242791300

本书是《国际金融危机40年解析》的下篇，凝结着作者对金融危机的长期跟踪和思考，撰写了近三年。

——谨以此书献给金融危机救助中勇敢的行动者们。

导　论

　　金融危机是市场经济的内生痼疾，很难根治。伴随着全球化、信息化和金融重要性的提升，金融危机的形成机理越来越复杂，爆发频率不断提高，破坏性和传染性持续增强，成为当今经济金融领域公认的疑难病症。当金融危机爆发时，为了维护千家万户的利益和社会稳定，各经济体都会实施救助。在一轮轮金融危机救助中，有的成功，挽狂澜于既倒；有的收效甚微，甚至损失惨重。当然，无论救助成功还是失败，只要救助主体竭尽全力了，虽不能赢得全社会的理解和认可，但至少可以免受"不作为"的指责，另外，还能积累宝贵的救助经验，为后人研究和借鉴。

　　金融危机救助的实务操作性很强，是紧急时刻的决策，是精细巧妙的设计，是琐碎细致的工作，更是救助者舍我其谁的勇气和担当；它不是象牙塔里的学术研究，不是慢条斯理的抽象，不是冷冰冰毫无活力的假设，更不是脱离现实的逻辑推演。研究金融危机救助必须以事实为依据，从救助行动出发。在研究中，罗列一千个推导公式，也不如分析一次具体的救助实践有价值，所以笔者首先从剖析一个典型案例入手，让读者对金融危机救助有个初步了解。

一、从摩根救市看金融危机救助

（一）摩根救市

　　1906年4月18日，美国旧金山爆发大地震并造成严重破坏，大量资金投入重建工作，纽约金融市场一度现金告急，再加上放松监管、信托公司①恣意妄为等诸多因素，1907年美国爆发了严重的金融危机。1907年6月纽约市政债券发行失败；7月铜交易市场崩溃；8月洛克菲勒的美孚石油公司被罚款2900万美元；10月，一些投机者试图操纵联合铜业公司的股票，但没有成功，贷款给这些投机者的银行和信托投资公司损失惨重，纽约第三大信托投资公司尼克伯克（Knickerbocker Trust）就是其中一家。市场传言尼克伯克即将破产，随即尼克伯克遭到了严重挤兑，挤兑风潮很快从纽约蔓延到美国各地。此时，年已70的约翰·皮尔庞特·摩根（John Pierpont Morgan）②正在弗吉尼亚州的里士满，纽约的各种坏消息不断传来，让摩根很担忧。10月19日晚，救市经验丰富的摩根③乘火车返回纽约，准备组织力量实施救助。

1907年10月20日，摩根召集几家信托公司的总裁，让他们拿出应对挤兑的计划。摩根还努力争取联邦政府的支持，财政部长乔治·布鲁斯·科尔特卢将政府基金④交给摩根掌管。10月21日（周一），摩根对尼克伯克提供了资金帮助⑤，补充其现金储备，但救助作用有限。10月22日，尼克伯克的情形变得更加糟糕，惊恐万分的储户急于提款，等待提款的人沿着纽约第五大道排成了长龙。当天下午尼克伯克的所有现金被提取一空，不得不宣告破产，该公司总裁查尔斯·巴尼不久开枪自杀了。⑥

随着尼克伯克破产，金融危机加速扩散，市场恐慌迅速蔓延，后

---

① 在20世纪初，美国的信托公司相当于现在的投行，享有许多商业银行不能经营的投资业务，却缺乏监管，这导致信托公司能过度吸纳社会资金，投资于高风险、高回报的行业和股市，经营风险较高。

② 1892年，摩根撮合爱迪生通用电气公司和汤姆逊－休斯顿电力公司合并为通用电气公司。1901年组成美国钢铁公司。到1907年，摩根的资产估计有13亿美元，可谓富可敌国。

③ 1895年，由于美国连年的货币赤字，投资者们疯狂抛售债券，兑换成黄金并运到国外，美国政府黄金储备一度只剩下900万美元，而当天需要兑付1000万美元，面临违约风险。关键时刻，摩根和罗斯柴尔德家族联手为美国政府提供了350万盎司的黄金实物支持，换来美国国债的承销权。美国政府得以补充流动性并避免了违约。摩根带领的财团通过承销美国国债大赚了一笔。

④ 对政府基金规模的表述不统一，大多认为是2500万美元。在危机开始时，美国政府曾宣布动用3500万美元资金参加救市。

⑤ 一种说法是1200万美元。

⑥ Jean Strouse, Morgan: America Financier, New York: Random House, 1999, p. 455.

果之一是短期贷款利率飙升,从6%迅速涨到60%。即便如此,大部分银行仍然惜贷,不愿贷款。短期拆借利率又从60%升到70%,后来一度升到100%以上,股票市场的流动性迅速枯竭,道琼斯工业指数跌至57.56点的新低,与前历史高点相比几乎腰斩了①。金融恐慌还从美国向全球传导,与美国经济联系紧密的英国首当其冲,《1907年金融大恐慌》② 一书中有这样评价:"全世界处在经济崩溃的边缘,风暴中心是纽约金融区。"

1907年10月24日上午,纽约证券交易所面临严重资金短缺,交易所主席兰森·H. 托马斯找到摩根求助。他对摩根说:"如果得不到救助,只能提前收市。"摩根反对,因为他担心提前收市会加剧市场恐慌。摩根果断告诫托马斯:"今天,关门时间一分钟都不能提前。"下午两点,摩根召集纽约主要商业银行总裁们来到他的办公室,并直接告诉大家:凑齐2500万美元给交易所,否则今天将有50家经纪公司倒闭。银行总裁们16分钟之内就凑齐了这笔钱,并在收市前半个小时(即下午两点半)送到交易所。摩根还派人到交易所宣布:借款将按10%的利率敞开供应。交易所里一片欢呼。为了重振信心,摩根很罕见地发出公告:"如果大家把钱留在银行,一切都会没有问题的。"③

然而,10月25日(周五)纽约证券交易所的情形依然糟糕,甚至还在继续恶化。摩根第二次召集银行总裁们凑钱借给交易所,这次是1000万美元,利率为25%~50%,但这只是杯水车薪,无法阻挡股市下挫。以摩根为首的三巨头让纽约清算所发行总价值1亿美元的贷款凭证,作为临时应急货币。④ 摩根还组织自己的团队,成立了两个委员会:一个负责公关事务,专门向新闻界发布鼓舞人心的消息;另一个负责宗教事务,让牧师们出面抚慰人们惊恐不安的情绪。

---

① 1906年1月19日,道琼斯工业指数达到103点。
② 罗伯特·F. 布鲁纳:《1907年金融大恐慌——从市场完美风暴中汲取教训》,上海财经大学出版社2016年版。
③ Jean Strouse, Morgan: America Financier, New York: Random House, 1999, p.459.
④ Herbert Livingston Satterlee, J. Pierpont Morgan: An Intimate Portrait. New York: Macmillan Co., 1939. p. 202.

但祸不单行，10月28日，纽约市长乔治·麦克莱伦也向摩根紧急求助，提出需要3000万美元去偿付到期债务，如果不能及时还债，纽约市政府的海外信誉将受损。摩根、贝克和斯迪尔曼买下了市政府债券，利率是6%。由于担心公众信心再次受到打击，他们没有对外宣布这次救助行动。

此时，田纳西煤铁公司（Tennessee Coal, Iron and Railroad Company, TC&I)① 深陷危机，急需资助。摩尔－施莱是美国最大的经纪公司之一，在危机期间大笔借债，而借债的抵押品就是TC&I的股票②。一旦TC&I破产，摩尔－施莱必定倒闭。而TC&I是美国钢铁公司③的主要竞争对手，摩根决定干预。11月2日，摩根制定了一套解救摩尔－施莱以及陷入困境的美洲信托公司、林肯信托公司的方案，方案的核心是：（1）逼迫信托公司总裁们筹集2500万美元，保护较弱的美洲信托公司和林肯信托公司；（2）让美国钢铁公司购买摩尔－施莱持有的TC&I股票。但《谢尔曼反托拉斯法》④ 禁止摩根这样做，因为该法禁止像美国钢铁公司这样一家占有市场份额60%的大公司继续收购其他公司。摩根的救助方案需要得到美国总统的特许才能实施。摩根还邀请科尔特卢共同商议救助TC&I，但美国财政部的保险柜里只有500万美元，无能为力。

为了落实这个救助方案，摩根决定兵分两路。一路由摩根亲自负责，从信托公司筹款。11月2日晚，摩根将信托公司的总裁们锁在

---

① 田纳西煤铁公司拥有田纳西州、亚拉巴马州和佐治亚州的铁矿和煤矿资源。

② 摩尔－施莱曾将价值6000万美元的股票抵押给银行以换取贷款，却在银行要求偿还贷款时，无力支付。

③ 美国钢铁公司是美国最大的钢铁垄断跨国公司，成立于1901年，由卡内基钢铁公司和联合钢铁公司等十几家企业合并而成，总部设在匹兹堡。1901年2月，卡耐基以5亿美元的价格将卡内基钢铁公司卖给摩根。美国钢铁公司曾控制美国钢产量的65%，它先后吞并了50多家企业，依靠雄厚的经济实力垄断了美国的钢铁市场和原料来源。美国钢铁公司的原始资本是当时美国联邦政府一年开销的4倍。

④ 1890年7月2日，美国联邦国会通过《保护贸易及商业以免非法限制及垄断法案》，简称《谢尔曼反托拉斯法》，因由参议员约翰·谢尔曼提出而得名。该法规定：凡以托拉斯形式订立契约、实行合并或阴谋限制贸易的行为，均属违法，旨在垄断州际商业和贸易的任何一部分的垄断或试图垄断、联合或共谋犯罪，是严重犯罪。违反该法的个人或组织，将受到民事的或刑事的制裁。

自己的图书馆里谈判,并对他们说,筹不齐款就不许任何人离开。次日凌晨4点15分,摩根露面了,他宣布了每家信托公司在2500万美元中应承担的金额,然后威严地说:"先生们,你们自己看着办吧。"最后,疲惫不堪的总裁们签字了。凌晨4点45分,银行家们才得以离开。① 另一路由美国钢铁公司的弗里克和加里负责,连夜赶往华盛顿寻求总统的许可。为了让总统批准这一兼并案,摩根还把伦敦准备输送黄金帮助美国缓解危机的消息压下来了。

最后,号称"托拉斯爆破手"②的西奥多·罗斯福总统批准美国钢铁公司紧急收购TC&I。11月4日(星期一)上午,在股市开盘前5分钟,这一消息传至纽约证券交易所,股市开始回升。这标志着摩根领导的、持续半个月的联合救市胜利了。

(二) 几点启示

从摩根救市我们可以看到,金融危机爆发后,危机国采取何种救助方式和组合,不仅取决于金融危机的发展态势和严重程度,而且受危机国政治和经济制度等因素影响和约束。大财团摩根之所以亲自出手并领导救市,与当时美国的政体有很大关系。笔者认为,在20世纪初,美国的政体类似于公司制,在这个"美国公司"里,国会是股东大会,摩根、洛克菲勒、纽约城市国家银行③等财团是大股东;国会议员代表大股东的利益,组成"美国公司"的董事会和监事会,参政院是"美国公司"的董事会,众议院是"美国公司"的监事会;总统是"美国公司"聘用的总经理,操持着日常运作;财团的利益是"美国公司"的核心利益,不容损害和侵犯,甚至不容挑战。当1907年的金融危机爆发时,西奥多·罗斯福总统这个"总经理"手里并没有多少资源,救助能力有限。美国那时没有建立中央银行和存款保险制度这两条金融安全防线,当爆发严重金融危机时,有能力实施救助的就剩下那些财团了。而财团大佬们亲自领导并实施救助,充当最后贷款人,主要是为了维护自身利益。因为一旦陷入金融危机的

---

① Jean Strouse, Morgan: America Financier, New York: Random House, 1999, p.465.

② 罗斯福政府先后对40多家公司提起诉讼,解散了牛肉托拉斯、石油托拉斯和烟草托拉斯等。西奥多·罗斯福因此获得了"托拉斯爆破手"的美名。

③ 纽约国家城市银行(The National City Bank of New York),是花旗银行的前身。

深渊，损失最大的必定是那些有钱人——财团们。另外，救助中不乏商机，摩根以 4500 万美元的价格吃下 TC&I，赚了一笔，按照约翰·穆迪①的评估，TC&I 的潜在价值至少是 10 亿美元。正所谓："天下熙熙，皆为利来；天下攘攘，皆为利往。"② 中外同理。

摩根救市后，美国开始着手弥补金融体系的制度缺陷，建立了独具特色的最后贷款人——美国联邦储备系统（The Federal Reserve System，以下简称"美联储"）。美联储成立时类似于私人银行，纽约城市国家银行、摩根、洛克菲勒、汉诺威银行、大通银行等财团是美联储的大股东，美联储主席相当于这家私人银行的总经理。美国当初建立美联储的出发点既是为了防范金融危机，维护金融稳定，又是为了维护财团们的利益，避免像老摩根那样赤膊上阵，直接承担金融危机救助的重任。由此可见，制度创新是金融危机救助的重要组成部分，救助的过程是修改制度规则、弥补制度缺陷的过程，某经济体在付出巨大救助代价后，确实需要在制度建设上有所斩获。"亡羊而补牢，未为迟也。"③

从摩根救市我们还可以看到，金融危机救助看似"很金融"，其实很多属于应急、公共和社会管理的范畴，不单纯是金融领域的事，需要社会各界群策群力，共同参与，包括企业自身、私人部门等。"天下兴亡，匹夫有责。"在严重金融危机的冲击下，所有的市场主体都是镰刀下的韭菜，都是受损者并需要承担救助的责任。金融危机救助不能过度依赖政府部门，需要充分挖掘社会救助的资源和能力，调动社会救助的积极性。

摩根救市是众多金融危机救助行动之一，是成功救助的典范，被后人津津乐道，好像救助不是什么难事。其实，失败的救助行动很多，比比皆是，许多痛苦的经历被人们选择性遗忘了。在众多艰苦的金融危机救助中，各经济体不断扩大救助的主体、客体、资源、工具

---

① 1900 年，约翰·穆迪创立了穆迪投资者服务公司。1909 年，约翰·穆迪在《铁路投资的分析》中首次对美国各家铁路公司及其发行的债券质量（风险）情况进行分析，并用简洁的英文字母符号予以表达，这标志着美国证券评级事业的诞生。
② 司马迁：《史记·货殖列传》。
③ 刘向编订：《战国策·楚策四》。

和边界等,并形成了一些金融危机救助的通行做法,包括:尽快实施救助,引导舆论媒体,抑制金融恐慌;向金融市场注入流动性,恢复市场信心,维持金融体系正常运转;救助问题金融机构,维护其中介功能,避免连锁反应;货币、财政和产业等政策相互配合,实施全面救助,促进实体经济复苏;协调国际救助政策,实施国际联合救助,抑制金融危机跨境传导;实体经济复苏后,有序退出救助,尽量减轻道德风险等救助的后遗症;等等。

当然,以上只是金融危机救助的通行做法,至于各经济体选择何种救助组合,往往涉及复杂的利益博弈,难以用纯粹的经济学理论解释和预测,而具体的救助行动更加纷繁复杂、千差万别。由于救助决策和资源分配涉及众多的利益群体,每个群体都倾向选择对自己最有利的救助方案,公说公理、婆说婆理,难辨真伪,而那些辩解和误解通常会影响救助决策,延缓甚至阻碍救助行动。

另外,各经济体金融危机救助的经验和能力参差不齐,大多比较初级:有的救助方向是错误的,救助效果必然是南辕北辙;有的救助方向模糊,救助行动只能在试错中进行,并在试错中不断调整救助方向,救助效率不高;有的救助方向是正确的,但由于救助力度不足,难以发挥救助的"药效";等等。这些都是救助中的常见问题,使救助绩效大打折扣,增加了救助的负担。因此,深入研究、梳理金融危机救助实践,形成清晰的认识,并探索救助的方法和规律,既有很强的理论意义,又有重要的实践价值。

二、需要重点研究的问题

对金融危机的研究大体包括产生原因、防范和救助三个部分,原因分析和防范属于事前预防,金融危机救助属于事后补救。

政府部门比较重视金融危机救助,因为政府部门在救助中发挥主导作用,投入巨大并承担很大的责任,不要说救助失误,就是救助不及时都会被指责,甚至被问责。例如,从1929年11月塔迪厄第一次组阁到1935年5月议会选举,法国共更换了8届内阁,平均每届任期不到4个月,下台的一个重要原因就是金融危机救助不力。由于政治分歧和分裂,"大萧条"中的法国政府仍旧死守传统的经济政策,没有通过增加政府支出促进经济复苏①。对政府来说，下台就是最大的失败，其他的一切都是空谈。因此，一旦金融危机爆发，政府部门既需要理论指导救助实践，又需要理论解释救助的必要性、合法性和局限性。

学术界比较重视研究金融危机的产生原因和防范，而对金融危机救助的研究较少，已有成果既不系统又不全面。巴里·埃森格林指出：如果说我们对金融危机预防的讨论已相当深入并已自成体系的话，我们对危机救助的讨论还处于起步阶段，仅有的一些研究也是分割的和不系统的。② 笔者认为，学术界更偏重事先预防，从逻辑上看是可行的，境界很高，因为如果能用审慎的手段将金融危机拒之门外，防患于未然，损失必定是最低的，是最合理的选择。

然而现实是残酷的，金融危机很难预防和避免，不仅一个国家难以避免，整个国际社会都难以避免。无论建立多么完善的风险监测、预警机制，一国要想完全避免金融危机也是不可能的。"明者防祸于未萌，智者图患于将来。"③ 既然金融危机无法避免，就需要重视金融危机救助工作，在危机爆发前设计好各种救助预案，以备不时之需；当危机爆发后，能及时实施救助，抑制危机蔓延，降低危机带来的伤害。

金融危机救助确实很重要，但救助是有代价的。救助的资金来源虽然不同，但最终消耗的都是纳税人的钱，需极其谨慎。而面对金融危机的紧张局势，很多救助选择又是匆忙的、应急的。为稳定局势往往不惜代价，难以做出审慎决策，这就使救助抉择和行动总是存在许多问题和缺憾，主要有：

金融危机救助面对很多艰难选择，到底"救"还是"不救"；"救谁"与"不救谁"；"救机构"还是"救市场"；"何时出手"与"何时退出"；选择何种救助组合，救助力度多大；"市场运作"还是"直接介入"；如何权衡救助的成本和收益；如何建立国际协调机制和分摊成本；等等。这些选择都极其敏感，因为选择不同将进入不同

---

① 直到1936年，莱昂·布鲁姆总理执政，才实施一系列救助措施，比如制定了一周40小时的工作时间和带薪假期，扩大公共支出，促使法郎贬值等。

② Eichengreen. Barry and Ashoka Mody, "Would Collective Action Clauses Raise Borrowing Cost?", NBER Working Paper no. 7458 January, 2000.

③ 陈寿：《三国志·吴书·吕蒙传》。

的救助路径，不仅影响救助的绩效，还直接决定着救助客体的命运和前途，备受关注。

金融危机救助虽然有效，还可以救急，但无论实施何种救助，都会扰乱金融市场的定价和资源配置功能，程度虽有差异，但频繁的救助肯定会加剧这种扰乱，使金融危机爆发得更频繁，进而导致更频繁的救助，由此陷入恶性循环。

金融危机救助过程本质上是金融部门的风险向其他部门转移和分散的过程。如果赚了是金融机构的，赔了就进行救助，损失由纳税人承担，不仅不合理，还将形成负向激励，加重道德风险。而道德风险是反对救助的最主要理由。如何在金融稳定和道德风险之间取舍和平衡，是救助主体必须妥善解决的难题，甚至决定着救助的绩效和成败。

政府部门作为最重要的救助主体，通常重眼前而轻长远，而救助后遗症往往不是救助时考量的重点问题。在问责制强的国家，政府救助会比较小心谨慎，能不救就不救，实在不得已才救助，而且最好是私人部门自己实施救助，救助成本较低，但容易错过救助的最佳时机；在问责制弱的国家，政府虽然也不太愿意救助，但多数情况下还是会采取救助措施，救助决策和行动比较及时，但救助成本一般较高。如何完善问责制，规范和约束救助主体的行为，也是金融危机救助的难点。

在金融危机救助中，政府部门干预市场的力量持续增强，私人部门的作用不断弱化，有些经济体还将救助政策长期化，将临时的救助权力制度化，扭曲市场功能，引发市场的反感和抵触。

对金融危机救助的争议历来很多，由于位置和视角不同，对金融危机救助的认识和评价明显不同。比如，一场金融危机避免后，到底是救助发挥主要作用的，还是市场自我修复的，我们很难区分。

金融危机救助涉及心理预期、公众利益、博弈等非传统经济学问题，如何在既定制度框架下顺利、及时地实施救助，超出了经济学研究的范畴，迫切需要理论创新，指导救助实践。

……

以上问题大多属于两难选择，有的存在严重分歧，有的是研究空白，没有统一的认识，是金融研究领域的难点。笔者既然选择金融危机救助作为研究对象，就必须从实践出发，潜心思考，大胆假设，小心求证，明明白白地阐述自己的立场和观点，并努力使这些认识系统化、条理化，建立一个完整的分析框架，形成自己的特色。

三、分析框架

金融危机救助涉及的问题极其宽泛、庞杂，它既是微观问题，例如对某一金融机构的救助；又是宏观问题，包括危机时期经济政策的制定和实施等。本书研究的是宏观层面的金融危机救助，并择其要点进行分析，争取以点带面，呈现一个金融危机救助的全貌。

观察和研究金融危机救助的角度可以很多，笔者之所以选择从系统性金融风险入手，是因为金融危机与系统性金融风险密不可分，是金融风险积累到一定程度爆发的产物。金融风险可分为系统性金融风险和非系统性金融风险。整个金融体系风险的积累就是系统性金融风险的积累，当系统性金融风险达到一个阈值，在某些"导火索"的引爆下，就会烈火烹油般爆发，表现为全部或部分金融指标的急剧、短暂和超周期的恶化，并造成严重损失。系统性金融风险过高是金融危机爆发的根源，救助金融危机必须降低系统性金融风险。只有实施有效救助，切实降低系统性金融风险，才能阻止金融危机的恶化，从根本上降低此后金融危机爆发的频率和危害。

当金融危机爆发时，最急迫的救助工作是全力控制并隔离危机点，防止危机传染和蔓延。在金融危机救助中，控制一个危机点相对容易，比如隔离一家破产的重要金融机构，弥补一个明显的金融制度缺陷，抗拒国际游资的短期冲击等，而降低系统性金融风险、使金融体系在低风险状态下恢复正常运行，则困难得多。这就需要从降低系统性金融风险入手，全面、准确地分析金融危机救助，需要该领域的理论创新。笔者认为系统性金融风险不是一个整体，可以细分为一般性风险、制度性风险和外部传导风险，并创立了系统性金融风险"三层面学说"（详见笔者专著《国际金融危机40年解析》第十章）[1]。"三层面学说"是为研究金融危机救助做注脚的，目标是建立一个全

---

[1] 高伟：《国际金融危机40年解析》，中国发展出版社2018年版，第225–265页。

新的分析框架——金融危机救助"三层面"分析。

一般性风险主要是由金融市场的脆弱性、参与者有限理性和信息不对称等原因造成的，是金融市场内生的固有产物，是系统性金融风险的"硬核"。我们可以采取措施将一般性风险控制在一定范围之内，但无论怎样努力，都不可能完全消除化解它。一般性风险积累到一定程度，在意外因素的作用下，就可能爆发金融危机。针对一般性风险采取的救助，笔者将其称为一般性救助。

由于国情不同，各国金融体系存在很多制度性差异，各有优势和缺点。很多金融危机起源于金融体系的制度性缺陷和受监管程度较小的部分，如果不及时弥补将来可能再次爆发金融危机，那些发生过金融危机或者面临相似情况的经济体，将来再次爆发金融危机的概率更高。这种由于制度因素（包括制度缺陷、制度创新、路径依赖、衍生工具创新等）引发的系统性金融风险，笔者称之为制度性风险。针对制度性风险采取的救助，笔者将其称为制度性救助。

混业经营是现在金融业主流，跨市场、交叉性的金融产品和业务成为金融机构实行混业经营的载体，形成一个个环环相扣的链条，将国内和国际金融市场紧密地联系在一起。在这个产品链条上，某类资产价格的异常波动，往往会引发整个资产链条的波动，只要这个漫长链条上的一家主要金融机构出现问题，就会带动该链条上的其他机构产生"共振"，而金融风险在扩散过程中会以杠杆比率放大，使局部风险蔓延成全局风险，使国别金融危机演化为国际金融危机，并在国际范围内传导。这种从外部传导来的系统性金融风险，笔者称之为外部传导风险。外部传导风险是指其他经济系统传导转嫁给金融体系的风险，包括国内传导风险和国际传导风险。国内传导风险主要包括实体经济和财政系统等传导给金融体系的风险，比如各种公共债务风险和企业债务风险等，其他的还有战争、瘟疫、自然灾害、动乱、政变等。针对国内传导风险采取的救助很重要，这方面的研究很多，本书不再赘述。国际传导风险又称为输入性风险，针对输入性风险采取的救助，笔者将其称为输入性救助，是本书的研究对象。

以上三个层面的救助没有先后、优劣和轻重之分，实施救助需要视金融危机演变情况而定。由于金融危机产生的原因和背景不同，危机国的政体、经济发展状况和宏观经济管理方式差异很大,金融危机救助的"药方"需因地制宜,对症下药。当爆发严重金融危机时,通常需要加大救助力度,实施三个层面救助的组合。例如,在20世纪90年代的瑞典银行业危机期间,瑞典向金融体系大量注资,提供广泛的信用担保,扩大财政支出,稳定瑞典克朗币值,实施了大规模的经济刺激计划,还成立了银行协助局(Bank Support Authority)、资产管理公司和中央清算机构,接管北方银行,将其账上的不良资产出售给政府担保的不良资产处理公司——塞克拉姆(Securum)[1],制定并实施了存款保险制度[2]等。瑞典的金融危机救助是一种复杂组合,与"鸡尾酒疗法"很相似,这是救助中的普遍现象。笔者将救助组合分解开来,逐一剖析,是在尊重实践的基础上,梳理和归纳救助行动,让大家更清晰地认识和理解金融危机救助,更科学、更有针对性地制定救助的"药方"。

为了提高金融危机救助的能力和效率,需要政府部门打造有效的危机救助整合机制,提升危机救助的决策能力、执行能力、财政能力和外交能力,配备职业化的技术人员,对金融危机进行随时、动态的分析和应对。另外,由于金融危机错综复杂、瞬息万变,还需要救助主体根据实际情况创新救助工具,要敢于打破陈规、推陈出新。

沿着"三层面"分析的框架和路径,本书首先研究金融危机救助的内涵及相关问题,然后全面解析一般性救助、制度性救助和输入性救助,探讨金融危机救助的退出机制,剖析救助中需要重点解决的难题,最后总结金融危机救助需要遵循的基本规律。在研究中,笔者充分吸收和借鉴了前人的研究成果,并挖掘了金融危机救助蕴含的本质和共性,包括基本原则、时机、方式、退出和约束机制、效果评价、政策协调、国际合作等。笔者建立"三层面"分析框架,希望能为研究金融危机救助提供一个新视角、新思路和新体系,对提高救

---

[1] 王艳萍:"金融危机以及政府救助行为的对比分析——以瑞典和日本为例",《生产力研究》,2010年第4期,第106-108页。

[2] 瑞典于1996年1月1日实施存款保险制度,保障对象为吸收存款的银行,保障金额为25万克朗。

助行动的靶向性和边际效用有所贡献。

  理论创新是高风险的艰难探索，即便投入巨大精力，成功的概率也很低，探索者需要具备承担失败煎熬的勇气和决心。"背灯和月就花阴，已是十年踪迹十年心。"① 笔者虽才蔽识浅，但始终保持着研究金融危机救助的激情和冲动，本书凝结着笔者对金融危机救助的长期跟踪和思考，旨在为提高金融危机救助能力、推进国家治理体系和治理能力现代化增砖添瓦。

---

① （清）纳兰性德：《虞美人·银床淅沥青梧老》。

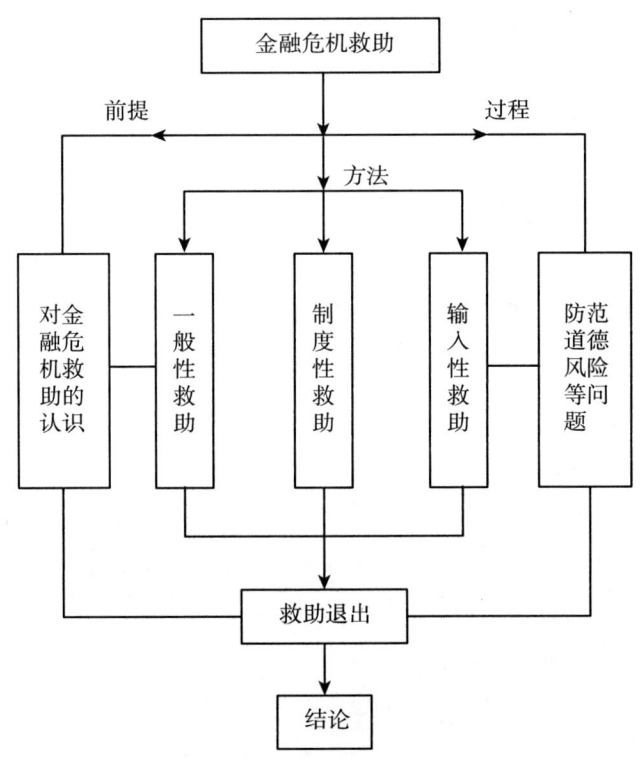

金融危机救助指引图

目录

■ 第一章　对金融危机救助的认识　1

第一节　研究对象及目标　1
第二节　金融危机救助的主体和客体　8
第三节　救助方式、资金来源和时机把握　23
要点小结　29

■ 第二章　第一层面救助：一般性救助　30

第一节　注入流动性　30
第二节　救助重要金融机构　48
第三节　抑制金融恐慌　58
第四节　促进实体经济复苏　68
要点小结　76

■ 第三章　第二层面救助：制度性救助　77

第一节　制度创新与制度性救助　78
第二节　路径依赖、制度变迁、问责制与制度性救助　108
要点小结　118

■ 第四章　第三层面救助：输入性救助　119

第一节　输入性救助中的单边行动　120

第二节　输入性救助中的多边行动　133
第三节　特殊的输入性救助　148
要点小结　153

第五章　金融危机救助后的退出指引　154

第一节　退出时机　155
第二节　退出次序　160
第三节　退出路径　162
第四节　退出的国际协调　166
要点小结　167

第六章　金融危机救助过程中如何防范道德风险等问题　168

第一节　道德风险问题　168
第二节　其他问题　180
要点小结　190

第七章　金融危机救助十论　191

附录　195

附录一：日本"住专"事件及救助　195
附录二：货币国际化需顺势而为　202
附录三：控制流动性重在调整资金流向　216
附录四：淡化 M2 调控参考意义　219
附录五："一带一路"该怎么融资？　222
附录六：发行丝路债券，助力"一带一路"　225

参考文献　228

后记　244

第一章
对金融危机救助的认识

总体而言,目前对金融危机救助的研究不够深入,还没有形成大家认可的理论体系,由于定义不同,对金融危机救助的认识和理解差异很大。为了提高研究的针对性,有必要在开篇就对金融危机救助及相关问题做出明确的界定,包括概念、目标、救助主体、救助客体、救助方式和救助时机等。这些内容看似枯燥乏味,像死板的教科书,但统一认识不仅能避免误解和"口水仗",还能提高研究效率,一举两得。

第一节 研究对象及目标

一、什么是金融危机救助?

(一)定义及前提

金融危机救助是指在金融危机发生后或者金融危机已不可避免时,由政府部门、私人部门、国际机构等提供的,以资金融通、债务化解、政策咨询、制度建设和国际合作等为主要内容,进而缓解危机冲击、控制危机蔓延、降低危机破坏的行为。本书分析的金融危机救助是一种事后行为，是危机时期的"非常"行动，将金融危机救助锁定在一个较短的窗口期，不涉及跨期或中长期分析。在这方面，笔者秉承了凯恩斯主义的传统。①

金融危机救助还可理解为对金融领域发生的危机进行救助，是停止或减轻金融危机损失的行动。这里面隐含着两个前提：（1）金融危机是消极的、负面的，会造成损失，需要救助；（2）救助行动是积极的、正面的，能减轻金融危机的损失，救助要比不救助好。这是我们研究问题的基础和出发点。如果你认定救助不合理，会扭曲市场机制，降低社会福利和资源配置效率，投入巨大，不需要救助，那咱们就很难沟通了。

（二）必要性

金融危机爆发后，我们之所以需要实施救助，除了金融危机的危害和破坏性，还有一个重要原因是金融危机具有强烈的传染性②，负外部性③巨大。金融危机与瘟疫类似，如果不及时控制和治疗，瘟疫不仅会伤害病人，还会伤害健康人群，造成社会恐慌，扰乱社会秩序。在危机时期，市场情绪高度紧张，经济人的心理和行为与"平常"明显不同，投资人不理性，预期波动远远大于实体经济，这种不理性预期和投资的加总，将严重扰乱市场功能，很容易形成金融恐慌，造成难以估量的损失。比如，在金融危机中，惊恐的人们涌向银行和股市，企图通过变现来保住自己的财富，换来的却是股市的坍塌和银行的连锁式破产；人们又转向汇市，期望将摇摇欲坠的本币兑换为强势的外币，引发的却是本币汇率事实上的大幅贬值和利率的迅速

---

① 凯恩斯指出："长期视角对解决当前问题有误导之虞。长期人们都会死去。经济学家给自己布置了一个过于轻松、无用的任务，那就是在变幻莫测的季节里告诉大家暴风雨过后大海将重归平静。"参见凯恩斯：《货币论》，安徽人民出版社2012年版。

② 赵静梅：《金融危机救济论》，西南财经大学出版社2008年版。

③ 外部性是由马歇尔和庇古在20世纪初提出的，是指一个经济主体（生产者或消费者）在自己的活动中对旁观者的福利产生了一种有利影响或不利影响。这种有利影响带来的利益（或者说收益），或不利影响带来的损失（或者说成本），都不是生产者或消费者本人所获得或承担的，而是一种经济力量对另一种经济力量"非市场性"的附带影响。

攀升。

金融危机还可以通过金融与各个经济部门乃至全社会的紧密联系，从金融领域扩散到实体经济，从局部扩散到全国乃至全球，传染、侵蚀、毁灭着经济体中不健康甚至是健康的部分，对企业运营、就业、税收和经济增长等产生破坏性影响，造成严重的经济损失（见表1-1）。为了避免金融危机对原本健康的金融系统和实体经济的冲击，我们有必要迅速实施救助，隔断危机的传播渠道，控制危机影响范围，甚至不惜挖疮去腐，消灭危机源头。

表1-1　　　　　部分国家金融危机造成的经济损失

国家	危机发生年份	最高坏账率（%）	财政损失/GDP（%）	产出损失/GDP（%）	最低GDP增速（%）
阿根廷	1980	9	55.1	10.8	-5.7
	1989	27	6	10.7	-7
	1995	17	2	7.1	-2.8
	2001	20.1	9.6	42.7	-10.9
巴西	1990	—		12.2	-4.2
	1994	16	13.2	—	2.1
智利	1981	35.6	42.9	92.4	-13.6
哥伦比亚	1982	4.1	5	15.1	0.9
	1998	14	6.3	33.5	-4.2
芬兰	1991	13	6.3	33.5	-4.2
印尼	1997	32.5	56.8	67.9	-13.1
日本	1997	35	14	17.6	-2
韩国	1997	35	31.2	50.1	-6.9
马来西亚	1997	30	16.4	50	-7.4
墨西哥	1994	18.9	19.3	4.2	-6.2
挪威	1991	16.4	2.7	—	2.8
菲律宾	1997	20	13.2	—	-0.6

续表

国家	危机发生年份	最高坏账率（%）	财政损失/GDP（%）	产出损失/GDP（%）	最低GDP增速（%）
俄罗斯	1998	40	6	—	-5.3
瑞典	1992	13	3.6	30.6	-1.2
泰国	1997	33	43.8	97.7	-10.5
土耳其	2000	27.6	32	5.4	-5.7
美国	1987	4.1	3.7	4.1	-0.2
乌拉圭	2002	36.3	20	28.8	-11
委内瑞拉	1994	24	15	9.6	-2.3
越南	1997	35	10	19.7	4.8

资料来源：Leaven and Valencia. Systemic Banking Crises: A New Database. IMF Working Paper, 2008.

（三）可行性

金融危机救助的必要性不仅在逻辑上讲得通，其可行性也经得起实证检验。20世纪90年代初，北欧和日本同期爆发了金融危机，它们同属发达的工业化国家，外部环境大体相似，经济发展水平相近，都因房地产和股市泡沫破裂导致银行业危机，经济衰退。当金融危机爆发时，北欧和日本面临的起点大致相同。

从1991年开始，北欧各国迅速行动，实施救助。芬兰成立了政府保证基金，宣布在任何情况下都向问题金融机构提供保障，并对部分银行实施国有化，整合了全国250家储蓄银行，合并了当时最大的两家芬兰商业银行，同时芬兰银行将延期90天以上偿还的贷款都计入不良债权，并及时公布银行的财务内容，加强透明度，顺利实现了对金融体系的改革。瑞典则很快成立了银行协助局，推行信用担保，对国内114家银行的所有存款及信贷实施担保；筹集140亿美元的重组基金，接管国内大型银行，包括最大银行——北方银行。[①] 北欧国

---

① 王艳萍："金融危机以及政府救市行为的对比分析——以瑞典和日本为例"，《生产力研究》2010年第4期，第106-108页。

家的救助措施迅速、得力，降低了金融危机的损失。截至1993年，瑞典和芬兰政府分别向银行业注入了650亿瑞典克朗和542.78亿芬兰马克，占各自GDP的3.77%和10.38%。虽然北欧国家的救助成本比较高，但成效大，瑞典在金融危机结束后五年内就将资产变卖，基本补偿了救市成本，芬兰的政府保证基金也有盈余。①

而日本爆发资产泡沫危机后，迟迟未实施救助，寄希望于危机总能过去，期盼通过市场的自我修复实现救赎，结果深陷危机的泥潭，直到1998年才不得不改变危机处理方式，虽然借鉴了北欧国家的许多救助做法，但行动过于迟缓，错过了救助的最佳时机，损失惨重。据摩根富林明证券公司估计，日本金融危机发生后直到1998年才出台大规模的救市政策，最终花费成本相当于日本GDP的13%。②

通过上面的实证对比，我们能够看到：金融危机救助是必要的，是有效的，救助要比不救助主动，早救助要比晚救助好，实施救助的市场要比不救助的市场更有恢复力，能更早走出危机。实践出真知，我们要对金融危机救助有信心。虽然救助存在这样那样的问题，救助的作用有限，即便救助成功也不能根除金融危机，但救助是大趋势，金融危机越严重，越需要救助。这不仅是经济发展的需要，更是保持社会稳定和国际竞争力的需要。我们可以改善救助的方式、路径和组合，提高救助能力和水平，但不能因为局部缺点就否定全局，不能因为救助的副作用就"不作为"。

二、与金融应急管理的联系和区别

谈到金融危机救助，大家自然会想到金融应急管理，那么它们二者到底有什么联系和区别呢？

金融应急管理是指政府为了保障公众基本财产权利，稳定金融秩序，而采取的对金融突发事件事前预防、事中应对处置和事后善后恢

---

① 稽明、万平："芬兰、瑞典应对国际金融危机的财经政策及其借鉴"，《中国财政》2011年第8期，第74—77页。
② http://www.chtr.org.tw/chtr/23/52.pdf，2008-10-06。

复等一系列处置措施的总称。常见的金融突发事件有银行存款挤提、金融机构倒闭、汇率大幅贬值、股市暴跌和债务违约等。按照危害程度和影响范围等因素,金融突发事件大体可分为特别重大、重大、较大和一般四级,其中特别重大的金融突发事件称为金融危机。

由此可见,金融应急管理的外延比金融危机救助宽泛,金融危机救助处理的是特别重大的金融突发事件,是紧急、异常情况下的救助,是短期行为。金融危机救助与金融应急管理之间的区别,就好比一个是去森林救火,异常紧急;一个是去森林检查和指导工作。天长日久,这二者的心境有天壤之别。至于如何处理一般、较大和重大金融突发事件,也就是不引发金融危机的事件,主要是金融应急管理研究的问题,不是本书的研究对象。另外,与金融应急管理不同,参与金融危机救助的主体很多,不局限于政府部门。

三、金融危机救助的目标及认识

(一)目标

我们实施金融危机救助到底要实现一个什么样的目标?学者们在这方面的认识不统一。笔者认为,救助的目标是尽快消除金融市场的恐慌情绪,维护金融机构的中介功能,减少资金流通的障碍,降低系统性金融风险,使金融市场恢复正常运转。如果不实施救助,完全依靠市场的自我修复,或许也能使市场恢复正常运转,但那需要一个很长的过程,整个市场(甚至是整个社会)将付出巨大代价。而金融危机救助的目标是在尽可能短的时间内使市场恢复正常,减轻和阻止危机的伤害,并努力降低救助的成本。

金融危机救助的目标不是消除危机,因为要想完全消除金融危机需要深刻的"革命",建立一套全新的资源配置和收入分配机制,这不是金融危机救助能实现的。我们讨论的金融危机救助是在基本维护现有社会、经济和金融制度的大前提下,如何通过救助使金融市场恢复正常运营。这就是说,金融危机救助是建设性和修补性的,不是破坏性和颠覆性的。

(二) 释放不平衡因素

我们只要发展市场经济和金融市场，现代经济金融运行中的不平衡因素就无法根除和避免，这些不平衡因素集聚到一定程度，就需要释放出来。释放不平衡因素的渠道很多，有的平缓，有的急促，而金融危机是我们不希望看到的渠道，是我们尽量避免的渠道。但理想不等于现实，因为金融危机是无法避免的，一旦金融危机爆发，我们只能正视现实并实施救助，并在救助中以较小的代价将这些不平衡因素安全地释放出来，降低系统性金融风险，使整个金融体系在低风险状态下运行。

释放金融体系的不平衡因素是必要的，是合理的。如果控制太严，管得过死，把各种不平衡因素压制起来，把一切释放渠道都堵起来，看似很安全，其实堵死了金融体系这个大型"高压锅"的所有排气阀，使金融体系在高风险状态下运行，就好像把这个"高压锅"放在一堆干燥的木柴上，一旦有意外的火星点燃这堆木柴，很可能引爆"高压锅"，并造成极其严重的破坏。

在释放不平衡因素、降低系统性金融风险方面，美国的经验很丰富。美国的金融危机爆发得很频繁，看似很动荡，但我们无法否认的是，它的金融市场是先进的、完善的，也是有竞争力的，原因之一是美国在频繁的金融危机救助中，不断地释放金融体系的各种不平衡因素。在这个过程中，美国不仅积累了丰富的救助经验，创新金融危机救助手段，在国际范围内腾挪救助成本，还可以弥补各种制度缺陷，不断降低整个金融体系的系统性风险。

从某种意义上讲，金融危机救助好像大禹治水，宜疏不宜堵。金融危机救助的过程，也是金融市场自我救赎和升华的过程，我们可以通过救助，将金融体系的各种不平衡因素释放出来，将各种制度完善起来，并在救助中强大起来。

(三) 底线

金融危机救助是一种公共服务，其目标是防范金融危机蔓延，降低金融危机的伤害。救助目标实现后就要尽快退出，让金融市场恢复正常运营。金融危机救助要像治病救人，治病是为了让病人脱离治疗，恢复正常生活和工作，不能拿病人的痛苦作为谋利的手段，不能利用"恐惧"控制病人。同理，金融危机救助是临时的，不能常态化，救助主体要自律，不能借助救助扩大自己的权力和势力范围，不能为从事高风险金融操作的机构和市场参与者提供保护伞和避风港，更不能控制金融机构和金融市场。这是金融危机救助不能碰的底线，是救助主体必须坚持的职业操守。

第二节 金融危机救助的主体和客体

一、救助主体

上面提到了金融危机的救助主体，救助主体有哪些呢？一般而言，金融危机爆发后，冲击和危害广泛，所以参与救助的主体很多，主要包括政府部门、私人部门、国际组织、企业自身等。

（一）政府部门

谈到金融危机的救助主体，现在大家首先想到的是政府部门。金融危机救助的思想源于政府干预理论，在"大萧条"背景下，凯恩斯理论的出现标志着现代国家干预主义的诞生，凯恩斯主义强调政府作为"看得见的手"在经济中的重要调控作用，主张政府可以采取财政政策和货币政策[1]等对经济波动加以调节，这为政府部门参与金融危机救助提供了理论支撑[2]。参与救助的政府部门有中央银行、财

---

[1] 本书所分析的货币政策是广义的货币政策，是政府、中央银行和其他有关部门所有有关货币方面的规定和采取的影响金融变量的一切措施。好的货币政策应该是支持经济增长，而不是创造经济增长。

[2] 陈庆海：《美联储金融危机救助研究》，吉林大学世界经济专业 2012 年博士论文第 39 页。

政部、金融监管机构、商务、海关、存款保险机构和资产管理公司等。近年来，伴随着金融危机的国际化和日趋复杂，涉外部门在国际救助、政策协调、国际合作、国际救助机制改革等方面发挥了重要作用，投入了大量精力和资源，并建立了一些国际救助平台，包括G20等。

1. 参与救助的主要政府部门

参与金融危机救助的政府部门很多，最主要的是央行和财政部门。

央行作为货币发行的银行、银行的银行、政府的银行，其建立的初衷之一就是维护金融稳定，应对金融危机。在一国经济中，央行既是货币发行和定价者，又是金融监管者，还是金融机构的最后贷款人，是最重要的救助主体。在金融危机救助过程中，主要是利用央行的最后贷款人、货币发行和宏观调控等职能，救助金融机构和金融市场。央行可以利用自己拥有的无限信用货币发行权，通过公开市场操作，向问题金融机构提供紧急流动性援助；利用外汇储备维持汇率稳定；利用资本管制抑制投机资本的跨境异常流动；还可以对问题金融机构注资，或者直接接管；等等。总之，央行的救助手段很丰富，并能不断创新救助工具。

财政部门的救助作用很重要，尤其是当大规模金融危机爆发后，经济严重衰退，仅靠央行已无力应对，需要财政部门参与救助，包括提供公共资金援助、对金融机构直接注资、采取减税和扩大投资等一揽子经济刺激计划，促进实体经济复苏。这些职能的行使主体主要是财政和税务等部门。

另外，存款保险机构和资产管理公司[①]等在金融危机救助中也发挥着重要作用，承担对问题金融机构救助等各项职责，这部分内容将在第三章详细分析。

2. 政府部门参与救助的顺序

政府部门参加金融危机救助的先后顺序是有区别的。在金融危机

---

① 在金融危机救助中，资产管理公司享受政府信用和政策支持，体现政府意志，本书将其归为政府部门。

初期,往往表现为个别金融机构或局部金融市场出现问题,一般是央行扮演"救火队长",首先采取救助措施,通过降息、降低存款准备金率、公开市场操作等手段,增加金融市场的流动性供给,稳定市场情绪;当央行的救助力度不足时,需要财政、产业等部门参与,通过直接注资、金融机构国有化、担保、减税、综合性经济刺激计划等方式,与货币政策配合,对金融危机实施更深入、更广泛的救助;当金融危机暴露出金融体系的各种制度缺陷时,需要立法、司法等参与,通过制度创新实施救助;当失业人口大幅增加、人民生活水平降低时,需要社会保障、扶贫、教育、职业培训等部门参与救助;当金融危机蔓延到国际市场时,还需要外交、商务、海关等更多涉外部门参与,动用各种国际资源实施救助,阻止外部风险的输入。

总之,金融危机越严重,参与救助的政府部门越多,投入越大,甚至政府首脑直接领导并参与金融危机救助。在那些政府首脑中,有的因救助成功名垂青史,有的因救助失误追悔莫及。但不管救助结果如何,他们都是责任的承担者,是勇敢的行动者。

3. 政府部门的救助作用越来越强

在现代市场经济中,政府部门是金融危机救助的最重要主体,并且发挥着主导性救助作用。从某种意义上讲,危机是政府干预的源泉,并在危机救助中逐步强化政府干预。在"大萧条"时期,一些政府开始实施大规模金融危机救助,之后在历次较大规模的金融危机中,政府部门救助都发挥了重要作用,并逐渐对政府部门救助形成依赖。现在只要爆发金融危机,不管规模大小,大家首先想到的是政府救助。有人甚至认为,在危机期间,如果没有政府的及时救助,就没有经济的复苏。持有这种观点的学者还认为,危机中理性的私人部门会采取自保措施,而这种个体理性的集合会造成整个市场的不理性,私人部门难以提供有效的救助,只能靠政府部门实施救助。

虽然上述解释过于笼统,没有对私人部门进行细分,私人部门并不缺乏救助的典型代表,比如摩根等,但这种解释可以反映一种趋势:市场经济从自由竞争发展到垄断和国家垄断阶段,政府部门对经济运行的干预力度越来越大。该趋势表现在金融危机救助上,就是政府救助的措施不断创新，规模不断扩大，边界不断突破，力度持续增强，消耗和控制的资源越来越多，并有常态化、制度化的趋势。我们可以从下面几个案例略见一斑。

欧洲央行1998年6月1日成立时，其职责是反通货膨胀，保持欧元稳定，没有维护金融稳定的职责。在《马斯特里赫特条约》① 有一个"不救助条款"，根据该条款，禁止欧洲央行和成员国央行向成员国或共同体的公共部门机构提供透支或者类似的透支贷款，禁止欧洲央行和成员国央行直接向这些机构购买债券，禁止欧洲央行接受或者寻求其他机构的救助指示等。另外，在《里斯本条约》也存在"不救助条款"。但在欧债危机期间，2011年8月9日，欧洲央行出手直接购买了约20亿欧元的意大利和西班牙的5年期国债。不管怎样解释，其结果就是欧洲央行有效扩大了职责范围，发挥了最后贷款人的作用，实施了救助，并在推动建立欧元区财政联盟方向上迈出了重要一步。②

美联储成立时受美国财政部影响很大，第一任主席是财政部的助理部长查尔斯·哈姆林。那时美国财政部长在联邦储备委员会中还拥有议席，美联储设定利率需要和财政部协商。马瑞纳·伊寇斯担任美联储主席时，协助罗斯福带领美国人民渡过"大萧条"，1934年他罢

---

① 1991年12月9~10日，第46届欧共体首脑会议在荷兰的马斯特里赫特举行。经过两天辩论，代表们通过并草签了《欧洲经济与货币联盟条约》和《政治联盟条约》，统称《欧洲联盟条约》（Treaty of Maastricht），即《马斯特里赫特条约》，该条约规定将于1998年7月1日成立欧洲央行。1992年2月7日欧共体12国外长和财政部长在马斯特里赫特正式签署了该条约，条约也正式生效。这一条约是对《罗马条约（Treaty of Rome）》的修订，它为欧共体建立政治联盟和经济联盟确立了目标与步骤，是欧洲联盟成立的基础。参与签订该条约的为原欧共体的12个国家，即比利时、丹麦、德国、希腊、西班牙、法国、爱尔兰、意大利、卢森堡、荷兰、葡萄牙和英国。1999年1月1日，欧元正式发行。

② 2011年3月25日，欧盟理事会采取简单修约程序，通过了《修订〈欧洲联盟运行条约〉第136条关于其货币为欧元的成员国的稳定机制的2011/199/EU号决定》，在《欧洲联盟运行条约》第136条中新增第3款："如果对于确保欧元区作为一个整体非常重要，其货币为欧元的成员国可以建立有效的稳定机制。在该机制下，提供任何金融援助都将受严格条件的约束。"这次修约为建立永久性"欧洲稳定机制"提供了法律依据。2012年2月2日，欧元区成员国签订了《建立欧洲稳定机制条约》。2012年9月，该条约正式生效。

免了财政部长和货币监理署①署长的美联储理事的资格，美联储独立性有所增强，但伊寇斯认为，美联储应该作为财政政策的补充并协助政府信贷。直到1951年这两个部门才达成《美联储－财政部协议》②，美国政府第一次明确承认美联储应独立运行③。在此后的历次金融危机救助中，美联储都能不断地扩大自己的机构和职能。在最近的次贷危机救助中，美联储就成立了"消费者金融保护局"（简称CFPB），负责监管金融产品和服务的消费，将原来隶属于联邦贸易委员会、联邦存款保险公司（简称FDIC）、全国信用社管理局（NCUA）与住房和城市发展部的消费者保护职能整合起来，归拢到自己的门下。

不仅美联储，国际上还有许多央行增加了消费者金融保护职能。还有一些国家赋予了央行宏观审慎管理职能④（a system of prudent macro management），使得央行在整个金融体系中的作用更强势，配置资源的手段更加丰富，在宏观经济管理中的地位不断提高。这也许就是"有为才能有位"吧。

4. 政府部门的救助作用不宜再强化

笔者在梳理金融危机史的过程中，有这样一种体会：政府部门救助的作用越来越大，不宜再过分强调；否则物极必反，政府部门不仅自身要承担过多的金融风险，消耗过多的社会资源，造成机构扩张，还会助长其他救助主体的依赖思想。需知道，在激烈的市场竞争中，能有多少市场主体不愿成为被政府关注和呵护的"大熊猫"？但长此

---

① 货币监理署隶属美国财政部，总部设在华盛顿特区，主要负责对国民银行发放执照并进行监管。1863年《国家货币法》（National Currency Act of 1863）赋予货币监理署监管美国联邦注册银行（国民银行，National Bank）的职能。

② 1951年，白宫/财政部和美联储的争端公之于众，美联储要求总统发起与财政部的谈判。杜鲁门成立了一个正式的争端处理委员会，但最后协议由美联储和财政部直接达成。1951年3月4日，《美联储－财政部协议》正式出台，美联储发布的公告称将避免"公共债务问题货币化"。

③ 本·伯南克：《金融的本质》，中信出版社2014年版。

④ 宏观审慎管理的核心是从宏观的、逆周期的视角采取措施，防范由金融体系顺周期波动和跨部门传染导致的系统性风险，维护货币和金融体系的稳定。作为危机后国际金融管理改革的核心内容，国际社会强化宏观审慎政策的努力已取得积极进展，初步形成了可操作的政策框架。

以往，必定弱化私人部门的风险意识和自救能力，加重系统性金融风险。2008年5月，贝尔斯登获得救助后，包括雷曼兄弟在内的很多金融机构（甚至包括许多投资者和专家）都认为：比贝尔斯登更大的投资银行，在危机情况下都会得到救助，不必过于紧张。现在回头看，他们当时的风险和危机意识是何等淡薄！

图1-1　雷曼兄弟破产

　　金融危机救助是全社会受益的事，尤其是私人部门，我们应该重视发挥私人部门的救助作用，并提升私人部门的救助能力。只要是私人部门在相同条件下愿意救助，就尽量由私人部门来救助；只有私人部门不愿救助、又不得不救时，政府才有必要出手。在金融危机救助中，首要手段是自我救助，其次是其他市场主体的救助，政府部门的救助应该是最后手段。政府部门应学会利用杠杆效应，组织和调动各种社会资源参与救助，创新救助组合，并注意腾挪救助责任，切忌大包大揽。

　　须知道，金融安全没有底线，这是由金融自身的脆弱性决定的，金融体系积累的很多不平衡因素需要释放出来，金融危机的周期性爆发是正常现象。金融危机本身并不可怕，可怕的是对金融危机的不了解、误解和刻意地歪曲渲染。尤其需要注意的是，在金融危机中想逃避债务，甚至想"浑水摸鱼"的大有人在，政府部门很难识别和杜绝。这就需要向大众普及金融危机常识，提高整个社会对金融安全的容忍度，政府部门要防止被所谓的"金融安全"恐吓和绑架。金融的本质是"玩"别人的钱，是唯利是图的，收益需要与风险相匹配，只赚不赔的生意谁都想做。金融的江湖是脱实向虚的，里面的水太深，政府部门不能太仁慈，更不能花纳税人的钱为自己"积德行善"。

另外，一些政府部门作为利益集团，是理性的，具有利益最大化的冲动，具有扩大权力、内部层次和规则，并将扩大的权力固化、制度化的倾向。它们会利用各种机会，不断扩大自己的行为边界，对市场产生很强的"挤出"效应。政府部门对金融危机的预期是适应性的，市场感觉和救助能力并不比私人部门高明。政府救助的首要目标是解决当前最难于解决的问题，维护当前的金融稳定，而救助的副作用和后遗症往往不是现任政府考量的重点。在救助中，政府部门会有意无意地"打粮食"，获取经济和政治收益。在问责制弱的体制内，对政府救助的成本约束小，政府部门更倾向于救助。尤其需要注意的是，一些独立性强的货币当局甚至拥有启动金融危机的能力，能够通过连续加息引爆股市和房地产市场危机，然后利用自己掌握的无限货币发行权实施救助，而在金融危机救助中，这些货币当局拥有最丰富的救助资源和谈判筹码，在救助中可以不断扩大自己的权力和组织边界，这种可能性是不能完全排除的。所以，在金融危机救助中，需要有意识地约束政府部门的权力和行为，防止其恣意膨胀，这根弦不能松。

（二）私人部门

除了政府部门，企业的自身救助、私人部门救助和行业救助等都很重要，需要公私部门的共同合作。与政府救助相比，私人部门救助是花自己的钱，社会关注度比较小，即便救助失败也不会引发民怨，可以减轻政府救助的压力。因此，在金融危机救助时，应首先考虑自救和私人部门救助，发挥市场优胜劣汰的作用，尽量将金融体系积压的不平衡因素释放出来。在救助实践中，私人部门参与金融危机救助的案例很丰富。

1. 公私合营投资计划

为了更好地发挥私人部门的救助作用，2009年3月23日，美国财政部、美联储和FDIC联合发布了"公私合营投资计划"（简称

PPIP），又称为"排毒计划"。PPIP 旨在引进私人投资者，通过拍卖，为缺乏流通性的有毒资产定价，通过公共资本金（财政部）、公共信贷资金（美联储）和公共担保（FDIC），撬动私人资金进行联合收购，并借助市场，剥离困扰金融体系的巨额坏账，提升金融机构存量贷款（Legacy Loans）、存量证券（Legacy Securities）的流动性，使银行重启金融中介功能，为经济复苏提供必要的信贷。

PPIP 的具体制度设计是：美国财政部将从"问题资产救助计划"（简称 TARP）中拿出 750 亿美元到 1000 亿美元的资金，与美联储、FDIC 一起带动私人资本参与救助，形成大约 5000 亿美元购买力，开展对存量贷款和存量证券的收购活动。PPIP 的操作过程如下：（1）银行确定它们愿意出售的不良资产，然后 FDIC 分析确定它们愿意提供的担保比例，这一杠杆比率不超过 6∶1，资产购买者的资格由参与银行、监管者、FDIC、财政部共同决定。无论金融机构大小，都有资格出售资产。（2）出价最高的购买者获得资产。FDIC 为资产池进行拍卖，出价最高的购买者需要支付所需 PPIP 的 50%。实际上，PPIP 的初始投资部分只占交易总额的 14%，私人投资方出一半，政府出一半，其余部分来自 FDIC 担保的优惠贷款，私人出资只占交易总额的 7%。（3）PPIP 通过 FDIC 担保进行债务融资。如果卖方接受购买价，买方将通过 FDIC 的担保进行债务融资。买方所发债券可用购买的这笔不良债务作为抵押，FDIC 因为提供担保而获得相应收入。（4）私人投资者管理购买的资产。一旦资产被出售，将由私人基金经理控制和管理，直到最后结束，并受 FDIC 的监督。①

PPIP 的救助成果表明，美国通过鼓励私人部门参与救助，既实现了政府资金的杠杆和撬动作用，又充分发挥了私人投资者的管理经营能力，最终实现了处置收益的最大化。

2. 私人债权人参与计划

在希腊债务危机中实施的"私人债权人参与"计划（简称 PSI），也是私人部门参与救助的典型。通过 PSI 计划，政府部门说服私人部

---

① 肖明、李海涛："美国公私合营投资计划处置不良资产的内容及启示"，《特区经济》2012 年第 1 期，第 99 – 100 页。

门投资者将其手中的债券换成新债券,新债券将在多年后到期,面值减半。

希腊官方当时认为有2060亿欧元的债券符合互换条件,如果所有债权人都同意,他们将换得1030亿欧元新债券。经过数轮谈判,2011年10月27日,欧元区形成的PSI解决方案是:将原有私人部门债务按照50%的比例减记①,同时欧元区拿出300亿欧元作为好处费,鼓励希腊债权人接受PSI计划,以委托抵押的形式(例如AAA债券),为PSI计划中新发行的希腊债券提供担保。

在PSI计划中,比较有特色的制度设计是追加了一个约束条款——集体行动条款(简称CAC)。CAC是一个多数重组机制,它允许持有一个系列债券达到特定多数的债权人修改该债券的财务条款,包括减少或取消债务应付的本金及利息,修改支付日期、支付币种和地点等。具体来说,希腊根据以下四种情况决定是否启动CAC:(1)如果PSI的参与率达到90%以上,希腊政府不会启用CAC,将在没有强制参与PSI要求的基础上自动完成;(2)如果参与率介于75%与90%之间,希腊可能启动CAC,强制未参与的私人部门债权人参与PSI;也可能不启动CAC,并与欧盟和国际货币基金组织(简称IMF)进行磋商,寻求进一步的援助支持;(3)如果参与率介于66%与75%之间,希腊政府将启动CAC,强制未参与的私人债权人参与PSI;(4)如果参与率低于66%,希腊政府无权启动CAC,这意味着希腊将对未参与PSI的债权人硬性违约。②

虽然PSI计划买到的只是时间,而不是解药,但救助效果比较理想,私人部门债券持有人的换债参与率达到85.8%。PSI计划为主权债务危机救助提供了"硬性违约"和"官方援助"之外的第三种选择,发挥了私人部门的救助作用。

---

① 减记就是老债并没有减免,而是换成新债并予以延期,这样对新债根据其延长的期限进行折现、按市价计值时,就必须做减记处理,这个减记就相当于债券面值的损失。例如,一位希腊债权人可能需要放弃10000欧元旧希腊债券,拿回来3500欧元新债券和1500欧元现金。

② 硬性违约包括不能如期支付本息,甚至减记。

3. 政府部门的背后支持

从私人部门参与救助的实践看，在其救助行动的背后，往往有政府部门的影子，包括政府部门的流动性支持、最后成本承担和风险隔离等，还需要政府部门的组织、协调和支持。1998 年，美联储牵线私人部门救助长期资本管理公司（简称 LTCM），就是这方面的典型案例，被反复提及。在救助 LTCM 的行动中，由政府部门出面协调，私人部门参与救助，取得了理想的效果。2008 年 3 月，美联储对贝尔斯登的救助也不是直接救助，而是通过摩根大通对贝尔斯登进行收购，其背后是经美国财政部同意、由美联储保底，为摩根大通提供 300 亿美元贷款的流动性承诺[1]，具体的交易方式是：纽约联邦储备银行（简称纽约联储，FRBNY）[2] 通过贴现窗口，向摩根大通银行提供"无追索权和背对背"（non-recourse，back-to-back）的融资，摩根大通再向贝尔斯登提供期限为 28 天的融资担保，之后，摩根大通银行以较低的价格[3]对贝尔斯登进行收购。

通过分析上面几个救助案例，我们可以看到，私人部门是金融危机救助的重要主体和受益者，拥有丰富的救助资源和巨大的救助潜力。另外，经济人假设有例外，在危急时刻，大部分私人部门是通情达理的，具有较强的责任意识，愿意与政府部门合作，一起实施救助。只要制度设计和激励约束机制合理，能够调动私人部门救助的积极性，发挥难以估量的救助作用。

总体而言，私人部门的市场敏感度比政府部门高，市场感觉更准确、更直接，掌握的信息更充分，这是私人部门的优势。金融危机越严重，越需要拼专业和勇气，拼发现利润的眼光，这是企

---

[1] 伯南克认为，这是自 1929 年"大萧条"以来，美联储首次动用纳税人的钱向非商业银行提供应急资金。

[2] 在美联储 12 家银行中，纽约联储的管辖地域面积是最小的，但其资产总量和活跃性最高。纽约联储除了其他 11 家联储银行都具有的职责外，还独有以下职责：执行公开市场操作；调控外汇市场；替国外央行、政府和国际机构存放黄金储备。

[3] 根据当时达成的协议，摩根大通用自己的 0.05473 股普通股交换 1 股贝尔斯登股票。基于 2008 年 3 月 15 日摩根大通的收盘价是 30 美元，在该交易中贝尔斯登的股票折合每股 2 美元左右。摩根大通同意以出价 2.36 亿美元收购贝尔斯登，这一价格不及一周前贝尔斯登市值的 1/10。

业家的优势,不是政府部门的专长。只要是私人部门愿意救助,就应该尽量由私人部门救助,并加强政府部门与私人部门的协调合作,发挥政府部门的支持和保障作用,这是一条很重要的救助经验。

(三) 国际救助

金融危机国际化的趋势越来越明显,任何一个国家的金融危机都有可能通过贸易、金融、预期等渠道,迅速传染到其他国家,谁都无法躲避,而重要经济体爆发金融危机时,其溢出效应更明显。尤其需要注意的是,当代金融危机具有"金融加速器机制":局部性的金融波动或损失会通过影响企业资产负债状况或金融企业的支付能力,迅速放大到整个金融市场,从国别金融市场放大到国际金融市场,造成的损失会越来越大。这种机制在次贷危机中得到了很好表现:2007年7月,美联储预计次贷危机的损失是1000亿美元;2008年3月,在贝尔斯登陷入困境后,IMF预测次贷危机的损失是8000亿美元;2009年9月,在雷曼兄弟破产后,里昂证券预测次贷危机的损失是1.5万亿美元。其实,由于"金融加速器机制"的存在,我们很难预测次贷危机的损失到底有多大、冲击范围到底有多广。因此,当国际金融危机爆发后,单个经济体很难独善其身,大部分经济体无法独立应对,国际救助必不可少。

国际救助包括国际金融机构救助和其他政府救助等多种方式,具体的救助往往是多种救助方式的组合,救助责任由众多救助主体共同承担,包括私人部门等。实践证明,救助主体众多有利于分解救助责任,同时让救助客体面对众多债主,增加救助客体的还债压力,这是国际救助的常用做法。因为与私人逃债相比,对政府逃债的处理更麻烦,追债更困难,单个救助主体往往很难应对。

在希腊主权债务危机中,希腊就得到了德法等欧盟国家和 IMF(也称国际债权人)的救助。希腊从 2010 年爆发债务危机后,接受了国际债权人的三轮救助。第一轮救助是在 2010 年 5 月,希腊与欧盟、IMF 达成协议,以 3 年内至少额外削减预算 300 亿欧元(约合 430 亿美元）的条件，换取紧急救助；第二轮救助是在2011年7月，国际债权人同意实施1090亿欧元的政府资金救援计划，再加上私营部门债券持有人到2014年中期的捐助（约为500亿欧元），救助规模约1600亿欧元；第三轮救助协议于2015年7月签署，国际债权人同意在希腊履行一系列改革承诺的条件下，向其提供860亿欧元贷款，在三年内分期发放。与希腊约2000亿美元的GDP和1000万人口相比，国际社会对希腊的救助规模之大、救助时间之长，是很惊人的，IMF等国际组织的救助意愿积极，行动迅速。经过多轮国际救助和艰难改革，希腊经济由衰退走向复苏，走出了债务危机的困境。如果没有国际救助，希腊经济复苏是很难想象的。

（四）自我救助

自我救助的措施主要有：问题金融机构的大规模裁员、调整股息、公开发行优先股募集资金、剥离旗下非核心资产及业务、调整资产结构等。在救助中，问题金融机构还可以通过同业拆借或回购、公开市场操作、贴现窗口等各种渠道，获取资金支持。这些大多属于微观层面的救助。

依靠自我救助可以提高处置效率，降低处置成本，同时能发挥优胜劣汰机制，净化市场。当金融危机不太严重时，应尽量通过问题金融机构自我救助来解决问题，同时辅之以必要的政府救助和政策调整等，提升自我救助的能力，提振市场信心。但自我救助存在不确定性，如果对重要金融机构风险处置或危机救助不及时，容易扩大危机传染的范围，加快危机的传播速度。

通过分析各种金融危机救助主体和应该注意的问题，我们可以看到，金融危机救助的主体是很丰富的，随着金融危机的演变，参与救助的主体越来越多元。一场金融危机爆发后，通常需要各种主体风雨同舟，共同参与救助，相互协作和支持。在这些救助主体中，政府部门一般发挥主导作用，但需要约束其权力，要重视调动私人部门的救助积极性，发挥国际救助和自我救助的作用等。

二、救助客体

(一) 定义

金融危机的救助客体就是金融危机救助的对象,包括对金融层面和经济层面产生系统性影响的金融机构、金融市场、实体经济以及发生危机的主权国家等。

到底是应该救助金融机构还是应该救助金融市场?在这个问题上理论界一直存在争论。一些学者认为,为了防止道德风险,应重点救助金融市场,反对将金融机构作为救助对象,反对向金融机构直接注资或者将金融机构国有化。过去在选择救助客体时,大多局限于出现暂时流动性不足、但具有清偿力的金融机构,是"救急不救穷"。在实践中,由于金融危机的复杂性和瞬息万变,为了迅速稳定局势,最后贷款人的救助对象逐渐突破了传统的流动性救助的界限。以英格兰银行为例,当英国某家银行(尤其是大银行)将要倒闭时,很可能会引起人们对整个金融体系的信任危机,英格兰银行既然对英国金融体系的稳定负责,为了避免这种情况的发生,就需要及时救助陷入危机的银行,甚至包括资不抵债的银行。因此在具体的救助行动中,往往是金融市场和金融机构都救助。在救助金融市场方面,救助主体更加重视对金融市场的细分,将救助工具定向化,让救助资金流到最短缺、最急需的市场。

(二) 救助客体不断扩大

在救助金融机构方面,救助客体越来越广泛,除了存款性金融机构外,还有投资银行、基金公司、保险公司,甚至包括实体企业等。在次贷危机中,美国政府部门出面救助并接管了面临破产的"两房"[①]和美国国际集团(简称 AIG),救助福特、通用和克莱斯勒三大汽

---

① 房利美(Fannie Mae)和房地美(Freddie Mac)。

车巨头，还救助了投资银行。华尔街五大投行①中有四家或被收购或转型，只有雷曼兄弟一家没有被救助，却引发了更严重的金融危机，至今还有很多学者质疑美国政府的"不作为"，质问贝尔斯登和 AIG 为什么能成为救助客体，而雷曼兄弟就不能。美联储给出的解释是，与雷曼兄弟相比，贝尔斯登和 AIG 都有公司资产足额担保，并且贷款利率是惩罚性的，还对其股东、管理层和债权人施加了严格限制，所以美联储最终选择对贝尔斯登和 AIG 实施救助，而放弃救助雷曼兄弟。该理由比较牵强，美联储当时放弃救助雷曼兄弟是不明智的，因为雷曼兄弟是美国商业票据市场的重要做市商，关联性太强，它的破产直接导致次贷危机的迅速恶化和市场信心的急剧下跌，造成巨大损失，并加大了后来救助的难度和代价。

（三）"救急"还是"救穷"

在救助决策中往往是"救急"容易"救穷"难，到底该如何确定救助客体目前尚无定论。一般而言，对客体"救"与"不救"的分界线，关键看它是否存在引发系统崩溃的危险。如果存在这个风险，就必须救；如果不存在这个风险，就没有必要救，尽量让客体自己去修复。这是很惊险的选择，往往很难把握"救"与"不救"火候。2008 年 9 月 20 日，布什政府向国会提交 TARP 救助方案，但于 9 月 29 日遭到众议院否决，随后市场出现巨大震荡，道琼斯工业指数单日暴跌 777.68 点，创造了单日点数的最大跌幅，跌幅接近 7%，国际金融市场陷入极度恐慌。在这种紧急情况下，美联储等不得不对金融市场实施全面救助，其实是一种很被动的选择。

金融危机救助客体的发展变化表明，选择救助客体是知易行难的事，不是操盘者，很难体会到那种左右为难的窘境。经济学的事后假设很难描绘金融危机救助面临的紧张场景，缺乏身临其境的感觉，更不要说准确预测了。在分析平常"时期"渐进演变的经济学问题与解决紧急"时点"突然爆发的金融危机这两种情形之间，差异是很

---

① 五大投资银行包括高盛、摩根斯坦利、美林、雷曼兄弟和贝尔斯登。

明显的，需要务实地区别开来，切不可"事后诸葛亮"。

(四) 救助客体的责任

"世上没有免费的午餐"，救助客体在获得救助时，需要付出相应的代价，包括改变薪酬制度、接受限制条件、进行机构重组等。在次贷危机中，花旗银行等救助客体大幅降低了高管的薪酬。美国政府出手救助 AIG 时，要求 AIG 放弃对数家金融机构的起诉权，包括高盛、法国兴业银行、德意志银行及美林等[①]。在欧债危机中，欧元区政府通过购买优先股向银行和其他金融机构直接注资时，要求被救助的银行必须接受"额外限制条件"，以确保公平竞争，防止它们因接受政府注资而获得比其他未注资机构更有利的市场条件。此外，当政府对金融机构注资时，一般会要求金融机构加强风险管理，并监管救助资金的用途。

在国际救助方面，国际组织为保证救助资金的偿还，通常会要求接受救助的危机国承担一定的责任。在亚洲金融危机期间，IMF 向成员国提供援助时就附加了一些条件。例如，当韩国接受 IMF 救助时，需要承担的责任是：整顿金融机构、开放贸易和金融市场、将 1998 年的 GDP 增长控制在 3% 以内、将经常项目赤字控制在 GDP 的 1% 以内、将通胀率控制在 5% 以内等。当印尼接受 IMF 救助时，需要承担的责任是：削减财政开支、紧缩通货、扩大金融市场开放、实行政治体制改革等。这些紧缩措施对就业不利，当时韩国和印尼等国的不少示威者在游行队伍中打出了这样的标语：I. M. F. = I'm fired。2009 年，希腊为了获得欧盟和 IMF 的救助资金，需要承担的责任包括：增加消费税、削减养老金和公共部门职工的薪金、改革公共部门等。另外，欧盟还向希腊派驻了工作组，设立了一个专门账户，援助资金是进入这个专门账户，而不是进入希腊政府的账户。

在金融危机救助中，救助客体是失败和弱势的一方，不管小至企业还是大至政府，当它们向救助主体求助时，首先是承认对方比自己

---

① 在金融危机爆发前，AIG 曾为这些机构的抵押证券担保，最终造成巨额亏损。

强大，然后向强者详细、如实地汇报自己的财务情况和面临的困难，还要信誓旦旦地承诺自己的还款计划。救助客体在接受救助期间，要接受很多约束，要压缩支出，节衣缩食，以保证救助资金能如期偿还。救助客体是用袒露自己的伤疤和隐私，去换取救助主体的仁慈和施舍，那种卑微感是难以名状的。

第三节 救助方式、资金来源和时机把握

一、救助方式

金融危机救助方式的选择也很重要，因为救助方式错误不仅会加深金融危机的伤害，还会引发新一轮金融危机。这就像医生治病救人一样，即便病因诊断正确，如果治病的药方搞错了，轻则延误病情，重则造成医疗事故。所以，救助主体需要根据金融危机的具体"病情"，仔细斟酌救助的"药方"和"手术方案"。

（一）具体方式

金融危机的救助方式很多，主要有：注入流动性、降息、降低存款准备金率、公开市场操作、货币互换、稳定汇率、资本管制、干预股市（停市、限制卖空、修改涨跌幅限制等）、向金融机构提供紧急再贷款、接管金融机构、剥离处置不良资产、对金融机构的债务进行担保、向实体企业提供融资、量化宽松、减税、贸易政策和关税、大规模经济刺激计划、国际联合救助等。在后面的章节中，笔者将逐一解析这些救助方式。

（二）组合

至于采取何种救助组合，主要取决于金融危机的规模和发展态势。当危机事件影响范围较小并无扩散态势时，主要以企业自救、私人部门救助和行业救助为主，发挥市场的自我修复功能；当金融危机

影响范围较小、但流动性急速收缩时，往往是央行先采取措施，通过降息、降低存款准备金率、公开市场操作等手段，向金融市场注入流动性，恢复市场信心；当金融危机影响继续扩大、有重要金融机构倒闭并产生市场恐慌时，就需要启用直接注资、金融机构国有化、担保等，与货币政策协调配合，实施更广、更深的救助；当金融危机大规模爆发并冲击实体经济时，就需要国内各种救助主体共同救助，发挥产业政策优势，促进出口，加强社会救济，改善民生，以拉动有效需求，扩大就业；当金融危机蔓延到国际市场时，还需要涉外部门参与，开展国际协商、国际合作和国际联合救助等。

二、救助资金来源

金融危机救助一般投入巨大，需要雄厚的资金作保障，金融危机越严重，投入的救助资金就越多，所以筹集救助资金极其重要，有钱才能打赢救助战。救助资金主要有三个来源：私人部门、政府部门和国际援助。

（一）私人资金

如果能动用私人部门的资金参与救助，自然是比较理想的选择，但往往很困难，因为在危机期间，私人部门以自保为上，追求"现金为王"，容易形成资金在私人部门的窖藏。如何将这些窖藏的资金释放出来发挥救助作用，通常是政府部门的工作，需要政府部门的担保和支持。

（二）公共资金

政府救助资金主要来源于央行和财政部门，央行资金主要是央行为增加金融体系流动性而增发的基础货币，相当于增加的铸币税；财政性资金主要包括税收和发行国债等，这两者最终都会转变为老百姓的负担。

（三）国际救助资金

国际救助资金包括其他国家所持有的外汇储备、居民和企业所持有的外汇、IMF 的资金等。IMF 由成员国按份额出资，发达国家缴纳得多，发展中国家缴纳得少，还有一些低收入国家不需要缴纳份额，所以 IMF 的救助资金有限，需要扩大其救助能力。2009 年 9 月，在 G20 匹兹堡峰会上制定了一个新借款安排（NAB）[①]，NAB 于 2011 年 4 月启动，为期 6 个月，结束后于 2011 年 10 月再次启动，筹集的资金达到 5710 亿美元。

（四）存款保险基金

存款保险基金[②]也是救助资金来源，但基金规模通常较小。2008 年，FDIC 的基金规模仅有 400 多亿美元，与美国上万亿的救助资金需求相比，就是"毛毛雨"。还有一些国家的存款保险制度属于事后筹钱，在平常不筹集资金，是个"空壳"，金融危机爆发时即便想救助，那也是"巧妇难为无米之炊"。

（五）金融交易税

有的经济体还征收了金融交易税，针对金融机构开展包括股票、债券、ABS（资产支持证券）、MBS（抵押贷款证券化）等各种金融产品的交易收税，以扩大救助资金来源。金融交易税的税率低，规模小，如果没有长期积累，仅在金融危机时临时开征，发挥不了多少救助作用。

---

① IMF 资金来源的一个途径是向会员国借款，并有两个借款安排：一是总借款安排（The General Arrangements to Borrow，GAB），设立于 1962 年，有 11 个参加国；二是新借款安排（The New Arrangements to Borrow，NAB），设立于 1997 年，有 25 个成员国参与。NAB 规定，当 IMF 没有足够的美元基金向成员国提供金融援助的时候，或者为了排除危害国际金融体系稳定的潜在危险而急需大量现金时，25 个成员国同意向 IMF 贷款。NAB 是由 GAB 发展而来的，总额可达 340 亿特别提款权。NAB 信贷限额的提款与 GAB 类似，但比它稍微宽松一些，既对所有参与 NAB 的国家有利，又对没有参与 NAB 的国家有利。

② 存款保险基金是指由国家、银行业界的出资、存款保险在经营过程中的保费及投资收益积累构成的，在投保银行出现经营危机时，存款保险人用以承担保险责任的专门资金。

欧债危机爆发后，法国最早于2012年8月1日开征金融交易税，对在法国境内挂牌交易、市值10亿欧元以上的任何一家公司内的证券交易，征收交易额0.2%的交易税，税收规模约15亿欧元，那还是一年的税收。靠金融交易税救助，黄瓜菜都凉了。在笔者看来，金融交易税与其说是向金融行业征税，还不如说是一种惩罚，是在替民众出怨气，毕竟救助中耗费了纳税人太多的钱。

（六）各种救助资金的比较

在各种救助资金中，私人资金的使用效率高，政治压力小，但规模有限，在金融危机时期筹集比较困难。在亚洲金融危机中，有韩国公民将自己的美元、黄金首饰和外汇积蓄捐给政府，用来救助，确实很感人，但毕竟是个别案例，没有普遍适用意义。申请国际救助资金需要接受许多苛刻的条件，每一项资金的使用都有严格规定，使用时既麻烦又不灵活。公共资金虽然规模大，筹集容易，但使用效率低，政治压力大，如果使用不当，很容易引发社会问题和政局动荡。1995年12月，在"住专"事件救助中，日本大藏省准备从1996年度财政预算中拨款6850亿日元（约合62亿美元）补缺亏空，但由于当时没有详细解释动用这笔资金的必要性，引起广大日本国民的不满，"住专议题"引发了重大政治问题：反对党绝食，要求众议院预算委员会否决"住专"处置方案；东京的水管工人自己扣减1万日元税款，声称这相当于"住专"平摊在自己身上的损失；右翼极端分子甚至将燃烧的卡车开进国会和大藏省大楼。

客观地讲，由公众掏钱救助金融危机，救助那些犯错的金融机构和富得流油的金融家，既不合理，又不公平。但金融稳定毕竟是公共产品，具有非排他性，而一旦爆发金融危机，如果不掏钱救助，整个经济金融形势会更糟，全体老百姓都要跟着遭殃。在20世纪三四十年代，美国就经历了"褴褛时代"，很多人衣服破烂，穷困潦倒，教训很深刻。所以，在其他救助主体不愿出资的情况下，政府部门只好动用纳税人的钱实施救助，虽然是不得已而为之，但这笔钱毕竟是花在维护公共利益上，提供的是公共服务。现在大家已认识到金融危机救助的必要性，能理解政府出资救助的紧迫性，关注的重点是如何在救助中提高公共资金的使用效率，保证公共资金使用得公平、公正、公开，避免引发严重的社会问题。

三、救助时机的选择

（一）选择的两难

当某国爆发外交、军事等政治危机时，政府部门需要第一时间作出强力反应，因为国家主权神圣不可侵犯，维护国家主权、统一和领土完整是政府的职责所在。当某国爆发矿难、食品安全事故、校园公共安全等社会危机时，政府部门需要第一时间作出强力反应，因为保护基本人权①既是政府的职责，又符合民众的本能诉求。而金融危机则不然，金融危机的严重性与紧迫性并不能保证政府救助的合法性，因为金融危机伤害的主要是财产权，而财产权不属于基本人权。例如，当股票价格大涨时，一部分人赚得盆满钵满，他们肯定不会去寻求救助，不会把好处分享给救助主体；而当股票价格大跌，这部分人赔了，就去寻求救助，想让救助主体分摊损失，这是典型的"赚了自己的赔了别人的"，看似既不合理又不合法。须知道，金融市场本来就没有只赚不赔的事，风险自负是入市和从业的基本常识。

由此看来，金融危机救助不是为了保护一部分人的财产权，而是为了防止金融危机蔓延，伤及无辜百姓，是为了维护社会稳定。金融危机救助虽然是必要的，也是可行的，但不一定合法，这是救助主体（尤其是政府部门）实施救助时犹豫不决的一个重要原因，也常常因此错过救助的最佳时机。

（二）时机把握

理论上讲，金融危机救助有一个最佳时机点，但在救助实践中，

---

① 一般认为，基本人权包括生存权、平等权、社会保障权、环境权、自决权、发展权、知情权、接受公正审判权、安全权、基本自由、接受教育权、和平权等。

寻找准确的救助切入点是极其困难的,因为经济问题不能做实验,我们无法通过实验来确定救助时机和手段的准确性。具体的救助实践通常是一个不断试错的过程,需要尽早、及时出手,不做无谓的争论,可通过各种救助手段,分批次、分时间进行试探,在试错中提高救助时机选择的准确性,不能等全部条件成熟时再出手,否则很容易错过救助的最佳时机,增加救助成本。

时机把握是金融危机救助中最难决策的问题,目前没有统一、权威的认识。根据多年对金融危机的跟踪和研究,笔者认为在把握金融危机救助时机时,需重点关注三点:一是流动性短缺;二是重要金融机构倒闭;三是金融市场恐慌。只要金融市场出现这三点中的一点,就应该考虑实施金融危机救助,并设计好可行的救助方案。当金融市场出现这三点中的两点,就应该出手救助,初期可采取针对性比较强的试探性救助,或是救助市场,或是救助机构,或是稳定信心,并通过这些救助来掌握金融危机的危害程度和冲击范围。当这三点同时出现时,就需要重拳出手,快速实施全面救助,甚至需要救助实体经济。总之,金融危机救助需就早不就晚,切忌拖延。

(三) 力度

除了关注救助时机,还要把握好救助力度,因为即便我们选准了救助时机,而如果救助力度不够,"药效"不足,也难以发挥救助的绩效。一些专家认为,2007年次贷危机出现端倪时,美联储就开始向市场注入流动性,但因为救助力度明显不足,未能阻止金融危机的进一步恶化和蔓延。[①] 笔者认同这种看法。

(四) 决策机制

决策机制不同,对于能否快速实施金融危机救助影响很大。当欧债危机爆发时,欧元区17个成员国都能参与决策,在救助问题上常常争论不休,难以达成一致,一再延误救助的最佳时机,导致救助成

---

① 李卓、邢宏洋:"金融救助的最优时机、策略与资产处置的折/溢价选择",《世界经济》2011年第3期,第21-39页。

本越来越大。作为对比，集中决策机制更有利于快速实施救助，因此越来越受到重视，但需要提高救助的专业水准，谨防"拍脑袋"和"乱作为"。在金融危机救助中，救助主体需多听取专业化的意见，进行专业化的决策和行动，提高对危机的认识、认知和判断能力。在救助中需要尽量避免党派之争等政治因素的干扰，不争论、不纠缠，否则很容易使经济问题政治化、简单问题复杂化，增加救助困难，降低救助绩效。

要点小结

本章界定了金融危机救助的基本概念和目标，分析了各救助参与方，并阐述了救助的必要性和可行性，目的是统一大家的认识。金融危机救助是减轻金融危机带来损失的行动，是危机时期的行动。其目标是通过救助降低伤害，并尽早走出危机，使金融市场恢复正常运转，而不是根除金融危机。金融危机救助是全社会的事情，需要调动各方社会力量和资源参与救助，形成救助的合力。同时，需要建立合理的决策机制，选准救助时机，快速实施救助，把握好救助力度。金融危机救助宜疏不宜堵，需要在救助中将各种不平衡因素释放出来，并在救助中成熟和强大起来。

第二章
第一层面救助：一般性救助

一般性风险主要源自虚拟资本的固有特性、参与者的有限理性、交易多元化、信息不对称性、金融不稳定性和脆弱性等，是金融市场内生的必然产物。一般性救助是针对一般性风险采取的救助，是对封闭的、抛弃了国别差异的金融市场爆发危机后所采取的救助措施。在分析一般性救助时，笔者虽然用各经济体具体的救助实践来说明，但梳理和归纳的却是金融危机救助的通行做法。一般性救助的手段主要包括注入流动性、救助重要金融机构、消除金融恐慌和促进实体经济复苏等，这些都是历经一次次金融危机洗礼，在付出巨大代价后总结的经验和教训，是救助主体需要把握的要点和遵循的一般性规律。

第一节 注入流动性

传统的金融危机主要表现为货币危机、股市危机和银行危机等，进入21世纪，无论是货币危机、股市危机、债市危机，还是银行危机、国际收支危机等，都集中表现为流动性危机。流动性短缺（或枯竭）成为金融危机的重要特征，而注入流动性成为金融危机救助的常用手段，一般在救助初期就使用。

一、流动性短缺

流动性是金融市场的灵魂,甚至有专家(Amihud and Mendelson,1988)认为"流动性是市场的一切"。流动性是笔者观测金融危机的核心指标之一。

(一)流动性及含义

流动性是金融学的基础概念,应用很广,它是凯恩斯(1930)首先提出的。凯恩斯曾给流动性做出一个描述性定义:如果一种资产与另一种资产相比,更容易在短期内变现并且不受损失,那么这种资产就比另一种资产更具有流动性。随后,凯恩斯(1936)又提出了流动性偏好理论[①],认为流动性是所有资产都具有的一个属性,但货币最富有流动性,它在任何时候都能转化为任何资产。此后,学者们进一步发展了流动性理论。托宾(1958)等认为流动性是金融资产以较低成本和较快速度变现的能力,是用能力来刻画和衡量流动性。在2000年制定的《货币与金融统计手册》里,IMF对流动性进行了定义:流动性是指金融资产在多大程度上能够在短时间内以全部或接近市场的价格出售。与凯恩斯的定义相比,IMF对流动性的界定增加了两个方面的内容:资产转变价格波动较小和价值损失最低。

以上分析有助于我们从不同视角认识流动性,一般认为,金融学上的流动性有三个含义:"货币""需要时即可获得""易于转换为现金"。(1)"货币"与货币政策等宏观经济政策有关,可称为货币流动性(money liquidity),通常以广义货币供应量为代表,欧洲央行

---

① 凯恩斯认为利率是纯粹的货币现象,货币最富有流动性,它在任何时候都能转化为任何资产。利息由货币的供给和需求所决定。凯恩斯假定人们可以贮藏财富的资产主要有货币和债券两种。流动性偏好理论是指人们宁愿持有流动性高但不能生利的货币,也不愿持有其他虽能生利、但比较难变现的资产的心理,其实质就是人们对货币的需求,我们可以把流动性偏好理解为人们对货币的一种心理偏好。人们流动性偏好的动机有三种:交易动机,预防动机和投机动机。其中,因交易动机和预防动机带来的货币需求与利率没有直接关系,它是收入的函数,而投机动机带来的货币余额的需求与利率有关系。

(2006)指出，国家层面上的流动性为流通中的货币和准货币①。(2)"需要时即可获得"是指资产的融资流动性（funding liquidity），是微观层面的流动性，通常指金融机构、企业等微观主体为增加资产进行融资并按期偿还债务的能力。(3)"易于转换为现金"是指资产的交易流动性（transaction liquidity），也称为市场流动性（market liquidity），是从金融资产交易角度出发衡量的流动性，通常指金融资产以较低成本迅速变现的能力。

（二）观测流动性的指标

流动性是一个复杂的多维度概念，Grossman 和 Miller 等指出流动性具有多维特性。通常将流动性分为即时性、紧性、深度和弹性四个维度："即时性"（Immediacy）考察交易迅速达成的能力；"紧性"（Tightness）考察交易中的成本因素；"深度"（Depth）考察在某一特定价格上可供成交的数量；"弹性"（Resiliency）考察由于交易导致价格偏离均衡水平之后恢复到均衡价格的速度。

在货币理论中，可以根据金融资产的流动性，划分不同层次的货币供应量，其中比较有代表性的划分是：

M_0 可理解为流通中的现金，流动性最高

$M_1 = M_0 +$ 商业银行体系的支票存款

$M_2 = M_1 +$ 商业银行体系的定期存款和储蓄存款

$M_3 = M_2 +$ 其他金融机构的定期存款和储蓄存款

$M_4 = M_3 +$ 其他的短期流动资产

随着金融创新和发展，出现了很多金融衍生品，一般将这些金融衍生品也纳入流动性总量，因为衍生品创新可以把一些流动性较差的资产变为流动性较好的资产。

从宏观层面观测流动性的指标很多，主要有：

1. 信贷/GDP

该指标越大，说明银行流动性越充裕。也有专家用 M_2/GDP 来衡

---

① 准货币主要由银行定期存款、储蓄存款以及各种短期信用流通工具等构成，如国库券储蓄存单、外汇券、侨汇券、金融卡等。准货币 = $M_2 - M_1$。

量,不过这一指标更能反映一个经济体的金融深度。笔者认为信贷/GDP 的政策参考意义更大,而 M_2/GDP 的政策参考意义有限(参见附录三和附录四)。

2. 超额准备金率

超额准备金可以是现金,也可以是具有高流动性的金融资产,是基础货币的重要组成部分,是金融机构流动性最强的资产,其数额和比率一定程度上可以反映金融机构流动性状况。超额准备金率越高,说明银行流动性越充裕。

3. 隔夜拆借利率

比如 Libor 等,是各银行间进行短期的相互借贷所适用的利率,通常是隔夜拆借或者 1-7 天内拆借的利率,它是发达货币市场上最基本和最核心的利率,正常情况下远低于 1%。[①] 流动性强,隔夜拆借利率就低;流动性差,隔夜拆借利率就高。

4. 公开市场操作

主要包括逆回购、正回购以及国库定存[②]等。

$$公开市场操作货币净投放量 = 公开市场操作货币投放量 - 公开市场操作货币回笼量$$

一般用货币净投放量来衡量央行对市场短期流动性的调节。

5. 美国十年期国债收益率[③]

20 世纪 80 年代之后,美国十年期国债收益率总体呈走低趋势,但当国际金融市场流动性紧张时,美国十年期国债收益率会在短期内突然升高。在 1987 年的"黑色星期一"、1994 年的墨西哥金融危机、2000 年互联网泡沫危机以及次贷危机期间,都出现了这种情况。见图 2-1。

---

① 银行本来就需要在其他机构存放隔夜资金,一般认为,对另一家大型银行进行隔夜拆借是非常安全的,所以正常情况下隔夜拆借利率很低。

② 国库定存是指将国库现金余额存入商业银行。在一些发达国家,国库资金在中央银行保留一定的余额以后,其余部分存放在经过招投标产生的商业银行。以美国为例,美国联邦政府在美联储保留 50 亿美元的库底资金以后,其余的国库资金都存入中标的商业银行,并收取利息。

③ 十年期美债收益率是许多金融工具的基准,该收益率突破 3%,意味着全球进入"钱贵"的时代。

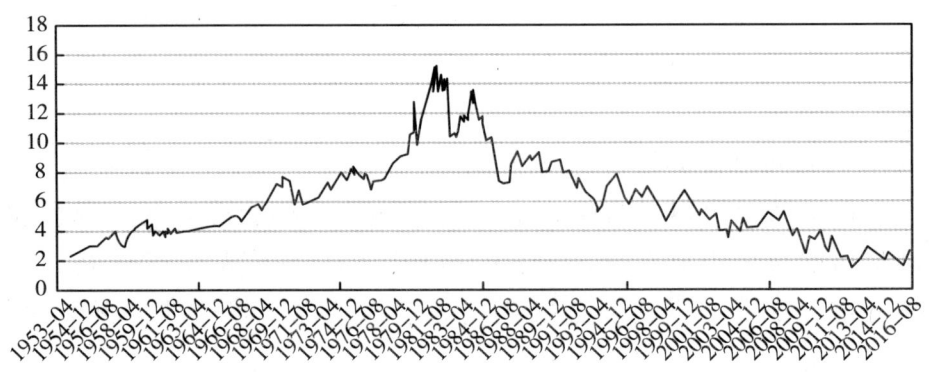

图 2-1 美国十年期国债收益率变动图（%）

资料来源：美联储官方公布数据。

（三）流动性短缺与过剩

流动性是基础货币和货币乘数共同作用的结果，我们可通过下面这个公式理解信用流动性的收缩效应：

$$M_s = C + D + T = \frac{1 + h + t}{h + e + \gamma_d + t\gamma_t} B$$

其中，M_s 表示货币供应量，主要由央行发行的通货 C、商业银行的活期存款 D 和定期存款 T 构成；γ_d 表示活期存款的法定存款准备金率；h 表示通货活期存款比率；γ_t 表示定期存款的法定存款准备金率；t 表示定期对活期存款比率；e 表示超额准备金比率。从上面的模型看，在保持央行基础货币供应量恒定的情形下，货币供给量主要取决于货币乘数 B。[1]

流动性变化受心理因素影响较大，当市场情绪高涨时，由于受货币乘数和套利交易的影响，流动性能以几何级数增加，造成流动性过剩[2]；当市场情绪低迷时，同样受货币乘数和套利交易的影响，

---

[1] 胡庆康：《现代货币银行学教程》，复旦大学出版社 2001 年版，第 275 页。

[2] 从狭义上讲，流动性过剩可理解为央行过多地投放基础货币，商业银行存在过多超额准备金。

流动性能以几何级数减少，造成流动性迅速短缺①，甚至迅速消失，就像陷入黑洞一样，这就是有名的"流动性黑洞"（Liquidity Black Holes）学说。② 一般而言，"流动性黑洞"在同质的市场，或者说在信息、观点、头寸、投资组合、交易主体、风险管理等方面缺乏多样化的市场中，非常容易出现，而在那些存在较大差异性的市场中则较少出现。

Wong 和 Fung（2001）针对亚洲金融危机期间香港股票市场流动性状况进行研究，发现在危机期间市场存在流动性显著恶化的现象，危机结束后流动性则明显恢复。此外，研究还发现，金融危机对流动性的影响主要通过短期利率和价格波动实现，同时全球市场流动性和风险状况对本国流动性有重要影响。③

流动性过剩与流动性短缺之间的逆转是很迅速的，记得2008年上半年笔者还在研究通货膨胀和流动性过剩问题，可到当年秋天，流动性短缺就成为困扰世界经济的难题。次贷危机更让市场感受到从流动性过剩到流动性枯竭转化的"生死时速"，艾伦·格林斯潘在《动荡的世界》一书中指出："随着投资者的情绪从狂热跌入恐慌，市场流动性几乎在一夜之间停滞，庞大而复杂的金融体系瓦解，引起全世界范围的经济紧缩。在9月那个宿命之日以及之后的数周，人性对经济的影响被淋漓尽致地展现了出来。"④ 这段描述既形象又准确，让人有一种身临其境的惊悚和压抑感。

当金融危机爆发时，整个市场存在大量抛售，近乎只有卖方没有买方，市场流动性骤然消失，被抛售的资产价格急速下跌，同时那些资产的卖盘持续增加，又会进一步恶化流动性状况，最终出现市场和

---

① 从狭义上讲，流动性短缺可理解为央行投放的基础货币减少，商业银行的超额准备金相应降低。

② "流动性黑洞"最早由 Avinash D. Persaud 等学者在《流动性黑洞》一书中提出，是一个与"流动性过剩"针锋相对、比"流动性不足"更为深刻的新概念，后来受到业内重视和发展。"流动性黑洞"理论认为，流动性的核心是金融市场的多样性，"流动性黑洞"的形成一般与市场规模没有必然的关系，而与金融市场的多样性密切相关。

③ 孙彬：《金融危机中流动性黑洞问题研究》，上海交通大学2010年金融学博士论文，第17页。

④ 艾伦·格林斯潘：《动荡的世界》，中信出版社2014年版，前言第XIV页。

机构的流动性好像瞬间消失,这是金融危机爆发的一个重要特征,是笔者观测金融危机的首要指标。

二、对流动性短缺的认识

很多研究表明,流动性短缺(或过剩)不仅与短期资产的量相关,还与人们的风险偏好、预期收益相关:当资产总量和资产结构相同时,风险偏好者可能觉得流动性过剩,会把短期资产转换为长期资产,风险厌恶者则相反,认为流动性不足,会减少长期资产的配置,增加短期资产的配置;当长期资产预期收益很低时,即使是风险偏好者配置长期资产的意愿也会下降,转而持有大量的短期资产,风险厌恶者更是如此。由此可见,预期对流动性的影响是很大的。另外,流动性还受投资者的有限理性、信息不完全等因素的影响,所以很不稳定。在众多对流动性短缺的研究中,有两种解释比较有意思。

(一)飞向流动性

Amihud(1990)等以美国1987的"黑色星期一"为例研究发现,在股市崩盘的一段时间内,流动性受到强烈冲击,异常的价格下降造成无法预期的销售压力,同时,流动性的重新评估又反过来打压价格。此外,在股灾中存在"飞向流动性"(flight to liquidity)的现象,当市场总体流动性变差时,投资者会把资金从流动性差的股票替换到流动性好的股票,从而缓解股灾对高流动性股票价格的冲击,并加重对低流动性股票价格的打压。实证发现,1998年LTCM濒临破产时[1],华尔街金融市场上就出现了"飞向流动性"的现象。

---

[1] LTCM利用投资者那里筹来的22亿美元作资本抵押,买入价值3250亿美元的证券,杠杆比率高达60倍。LTCM从1998年5月俄罗斯金融风暴到9月全面溃败,在150天里资产净值下降90%,出现43亿美元巨额亏损,仅剩下5亿美元,走到破产边缘。

(二) 掠夺性交易

Brunnermeier and Pedersen (2003) 首次提出"掠夺性交易"(predatory trading) 的概念。① 后来 Carling (2005) 等发现，当金融危机爆发时，交易者之间的合作停止，并转化为相互之间的"掠夺性交易"，市场流动性短缺是"掠夺性交易"的结果。在每一期，某一流动性事件冲击可能需要交易者短期内变现大量资产，投资者寡头组织里的成员观察到这个流动性需求后，会做出"合作"或"掠夺"的选择。"合作性交易"会以更有利的价格进行交易，而"掠夺性交易"会使受到流动性冲击的投资者遭受更大的损失。在大部分时间里，重复博弈的结果是"合作"，但这种"合作"偶尔会被打断，特别是当"掠夺性交易"的回报很高时，刺激投资者从事"掠夺性交易"，导致流动性迅速短缺。

(三) 流动性短缺的广泛性

流动性短缺会在各金融市场之间迅速传染。Sbracia 等 (2001) 对市场预期与流动性的相关性进行理论建模和分析，他们发现：流动性短缺并不局限于股票市场，而是体现在所有的金融市场，包括银行体系、货币市场、债券市场等，在这些市场上，一致悲观的预期是促使流动性短缺的重要原因。埃森格林 (2008) 发现：2007 年夏天当投资者对证券绩效产生疑问时，他们站在了同一战线，并从其他人的行为来判断当前的情况；当个人投资者进行抛售时，银行以及一些金融机构为降低风险也采取出售策略；这种共同的抛售行为加剧了市场恐慌，最终导致广泛的流动性短缺。

---

① 掠夺性交易行为是指博弈双方中的一方投资者事先知道其他投资者受资金约束而可能卖出股票的信息后，就会先行卖出股票以打压股价，迫使该投资者不得不执行卖出，然后在股价的底部再买回而平仓。掠夺性交易行为显然增加了交易的价格冲击，降低了市场流动性。

三、注入流动性是金融危机救助的通行做法

在金融危机期间,流动性短缺会导致资金成本快速上升,历来如此。1883 年,当美国爆发金融危机时,"资金需求急剧增加,出现流动性缺口,银行间拆借市场不断萎缩,7 月 28 日,拆借贷款占比还是 72%,8 月 4 日猛跌至 51%,而高资质商业票据也只能以 8% ~ 12% 甚至更低价格出售"。① 流动性短缺会导致金融机构及市场参与者无法按照预期的价格和规模获得资金,资金链条处于高度紧张的状态,金融机构的信誉受损。一旦发生金融恐慌或者危机,市场会出现流动性短缺,流动性好像瞬间蒸发了,这时如果不能从外部注入大量流动性,那么货币供给总量就会因为货币乘数的大幅度缩减而出现巨大收缩,货币均衡被打乱,并将严重影响金融市场运行和实体经济增长。

当金融危机爆发、整个市场陷入极度恐慌时,能向市场注入流动性的就剩下最后贷款人——央行。弗里德曼和施瓦茨曾详细分析了美联储在"大萧条"中的各种错误决策,其中最大的失误就是美联储公开市场操作不足,没有采取足够的措施防止危机的扩散。胡佛政府为了维持金本位制,实施了紧缩的货币政策,从 1929 年至 1933 年,美国基础货币存量下降了 35%,狭义货币供应量 M_1 下降了 25%,信贷规模下降了约三成。紧缩的货币政策加剧了市场恐慌和振动,延缓了经济复苏。作为对比,1987 年的"黑色星期一"没有导致经济大衰退,一个重要原因是美联储及时调整货币政策,通过公开市场业务,向金融市场注入大量流动性,稳定了市场信心,摆脱了经济萧条。② 这是格林斯潘引以为傲的决策和救助行动,广受推崇。

---

① W. Jett Lauck, The Cause of the Panic of 1893 (Boston: Houghton, Mifflin, 1907), p. 102.

② 从这个两个案例对比中我们能发现,在金本位制和完全信用货币条件下,央行操作货币政策所受约束是明显不同的。

以上正反两方面的经验和教训太深刻，救助主体所受褒贬明显不同，在此后的金融危机救助中，各央行倾向于积极发挥最后贷款人的作用，向市场注入流动性，并成为一般性救助的重要工具，被频繁使用。在国际金融危机期间，2008年10月7日，俄罗斯银行向银行体系注资9500亿卢布；英国政府宣布英格兰银行将提供2000亿英镑短期信贷额，增加银行流动性；10月8日，日本银行在短期金融市场上实施紧急公开市场操作，向市场注资1.5万亿日元，10月10日，日本银行向银行间资金交易的短期金融市场注资4.5万亿日元，创单日注资新高；10月21日，沙特金融管理局以贷款形式向本国银行注资近30亿美元；10月23日，香港金融管理局向银行同业市场注资38.77亿港元；10月28日，欧洲央行表示，将通过为期一周的定期拍卖，向商业银行贷款3250亿欧元（约合4060亿美元）以上；等等。目前，注入流动性已成为各经济体金融危机救助的通行做法，并不断创新着注入方式和规模。

美联储的流动性供给尤其巨大，资产负债表快速扩张，并创新了很多流动性工具，基本上实现了预定的目标，具体表现为金融危机恶化后一度飙升的Libor-OIS利差[①]逐渐回落，美国股市止跌企稳。从2006年9月至2007年8月，Libor-OIS利差的平均值仅为9个基点；而在金融危机最紧张时刻，2008年10月10日，Libor-OIS利差达到了364个基点的历史高点；之后Libor-OIS利差持续下跌，2009年1月中旬跌破100个基点；到2009年9月，Libor-OIS利差恢复至10-15个基点，接近危机前的水平（见图2-2）。

实践证明，在金融危机期间，央行向市场注入流动性有利于降低融资成本，稳定市场情绪，是一种有效的救助措施，成为一般性救助的常用手段。

---

① Libor-OIS利差（Libor-OIS Spread），也叫Libor/OIS息差，主要反映的是全球银行体系的信贷压力，该利差扩大被视为银行间拆借意愿下滑，与Ted利差有相似之处。隔夜指数掉期（Overnight Index Swap，OIS）是将隔夜利率交换成为若干固定利率的利率掉期。

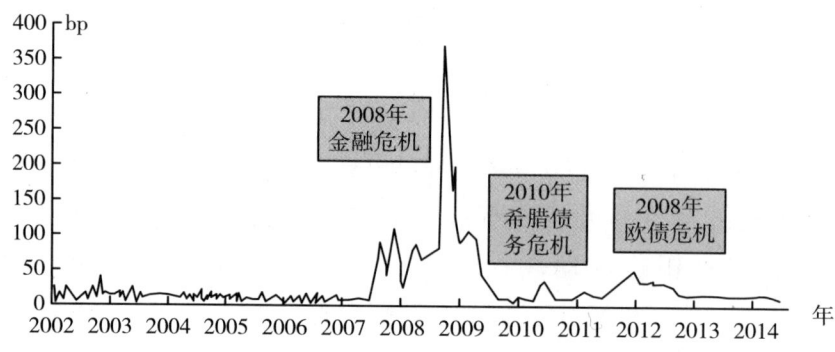

图 2-2 2002~2014 年 3 月期 LIBOR-OIS 利差变动图

四、注入流动性的传导机制

在经济金融正常运行时，货币政策的首要目标是维持币值稳定，而一旦金融危机爆发，经济金融运行进入"异常"状态，货币政策的首要目标就需要从币值稳定转向金融稳定。在"异常"时期，各央行一般会实行宽松的货币政策，开启流动性供给的"水龙头"。从 1933 年至 1934 年，罗斯福政府通过购买黄金向国内投放货币，使美元兑黄金贬值 40%[1]，但这迅速增加了流动性，结束了通缩，刺激并支持了美国经济增长。在金融危机救助的初期，大多使用传统的货币政策工具，包括存款准备金政策、公开市场操作、降低基准利率和再贴现率等，给市场注入流动性，降息是常用的政策工具。在格林斯潘担任美联储主席期间，每逢危机来临，包括 1987 年的"黑色星期一"、海湾战争、日本资产泡沫危机、墨西哥比索危机、LTCM 崩盘、互联网泡沫破裂和"9·11"事件等，美联储总是采取降息的方法来救市，试图防止资产大幅缩水（见图 2-3）。这相当于央行向投资者免费提供了一份卖权（put option），被称为"格林斯潘卖权"[2]。在次

---

[1] 在 20 世纪初，黄金的价格是每盎司 20.67 美元。到 1934 年 1 月 31 日，美国政府收购黄金的价格定为每盎司 35 美元。

[2] 所谓"格林斯潘卖权"，是指在前美联储主席格林斯潘时期实施货币政策的方式，每当发生危机时总是用降息来应对，以避免股市跌幅过大，给投资者的感觉类于看跌期权保护。

贷危机中，伯南克延续了格林斯潘的政策，被业界称为"伯南克卖权"。见图 2-3。

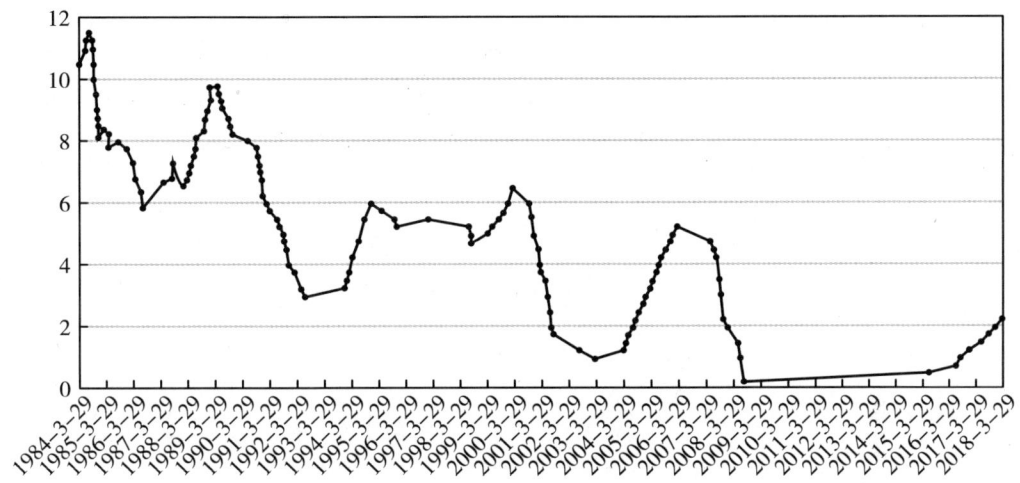

图 2-3　1984~2018 年美国联邦基金目标利率变动图

货币当局通过传统的货币政策传导渠道影响国民支出和收入，其传导机制是：央行实施宽松的货币政策（M↑），下调基准利率（i_n↓），根据费雪方程式（$i_r = i_n - \pi^e$），将导致实际利率下降（i_r↓），从而刺激投资支出增加（I↑），最终拉动总需求（Y↑）上升。

当传统的货币政策失效后，经济陷入流动性陷阱①，此时央行还可以动用非常规货币政策，引导金融机构增加对企业的贷款。在次贷危机期间，美联储为了更好地向金融体系注入流动性，面向不同救助客体，开发了许多流动性供给的工具，包括定期证券借出工具（TSLF）、一级交易商信贷工具（PDCF）、资产支持商业票据货币市场基金流动性工具（AMLF）、商业票据融资工具（CPFF）、货币市场投资人融资工具（MMIFF）和定期贷款拍卖（TALF）等，以提高流动性注入的靶向性。见表 2-1。

---

①　流动性陷阱是凯恩斯提出的一种假说，他认为当利率降低到无法再降低的地步时，无论怎样增加货币量，这些货币都会以"闲资"的方式被吸收，因而对总体需求、所得及物价均不产生任何影响。

表 2-1 美联储创设的向金融机构和货币市场融资融券工具

名称	时间	主要内容
TSLF	2008.3.11	面向一级交易商。美联储允许一级交易商以缺乏流动性的证券作抵押品进行投标，以交换美联储的高流动性政府债券。抵押品的范围包括机构担保抵押支持债券、较高信用等级的住房抵押支持债券和其他资产支持债券等。
PDCF	2008.3.17	面向一级交易商。美联储授予一级交易商进入贴现窗口的权利，一级交易商可按与存款性金融机构相同的贴现率借款，资金数量取决于交易商的需要，且利率固定不变。
AMLF	2008.9.19	面向存款类机构和银行控股公司。美联储以贴现率向存款机构和银行控股公司提供无追索权贷款，供其从货币市场共同基金购入商业票据。AMLF 的运用提高了资产支持商业票据的流动性，对于维护货币市场正常运行起到了重要作用。
CPFF	2008.10.7	面向票据发行机构。美联储通过特殊目的载体（SPV），从符合条件的商业票据发行机构购买评级较高的资产抵押商业票据和无抵押商业票据，为商业银行和大型企业等商业票据发行者提供流动性支持。
MMIFF	2008.10.21	面向货币市场投资者。美联储授权纽约联邦储备银行向一系列特殊目的公司（SPV）提供优先担保融资，促使 SPV 从合格投资者手中购买美元定值存单和商业票据等合格资产。MMIFF 旨在增加货币市场投资者的流动性，增强金融机构满足企业和居民贷款需求能力。
TALF	2008.11.25	面向有价证券持有和发行机构。为应对资产支持证券发行和交易量大幅下降的情况，美联储向持有资产抵押证券的金融机构提供无追索权贷款。资产支持证券信贷便利的范围包括住房贷款支持证券、企业设备贷款或租赁支持证券、交通工具租赁支持证券等。

资料来源：美联储。http://www.federalreserve.gov.

以上融资融券工具是以购买资产的方式向市场投放资金，增加流动性供给，降低长期债券的收益率，提升公众对经济前景的信心。其传导机制是：央行增加对政府债券、机构债券和私人证券的购买，将导致这些证券的价格升高（$P_s \uparrow$），使得持有这些资产的金融或非金融企业净值增加，改善财务状况（as↓，mh↓），所以对实体企业的贷款会增加（L↑），从而刺激投资支出（I↑）和总需求（Y↑）。

除此以外，非常规货币政策还有量化宽松和负利率等。央行执行这些扩张性的非常规货币政策，将增加流动性供给（M↑），改善市场对未来利率的预期（e↑），同时降低利率波动风险，即流动性风险溢酬下降（K_{nt}↓），根据利率的流动性溢酬理论（$i_{nt} = K_{nt} + \frac{1}{n}\sum_{r=0}^{n-1} i_{1+r}$），将引起长期利率水平下降（$i_{nt}$↓），投资者持有的长期资产价格升高（$P_s$↑），促使消费和投资增加（C↑，I↑），加快经济复苏（Y↑）。

五、注入流动性的手段

在金融危机期间，注入流动性是最常用的救助措施，渠道和手段非常丰富，其中受关注程度较高的有：

（一）公开市场操作

通过公开市场操作（open-market operations），央行吞吐基础货币，是调节市场流动性的主要货币政策工具，通过央行与指定交易商进行有价证券和外汇交易，实现货币政策调控目标。央行认为需要收缩银根时，便卖出证券，收回一部分流动性，减少金融机构可用资金的数量；央行认为需要放松银根时，便买入证券，释放一部分流动性，增加金融机构可用资金的数量。当前，同业拆借市场发展很快，不仅能够高效率地配置流动性，保证流动性从资金富裕的机构流向资金缺乏而具有良好信誉的机构，满足流动性需求，还能及时反映资金供求和货币政策意图，是金融危机期间注入流动性的重要渠道。

在次贷危机期间，澳大利亚储备银行（Reserve Bank of Australia，简称澳洲联储）每天都进行公开市场操作，调节银行体系和政府之间的资金流动,确保市场有足够的流动性,使利率维持在目标水平上。这主要是通过回购协议①进行的,即在购买证券时,约定在未来某一日期以某一价格卖出该证券。澳洲联储在某些期限范围内,选择不同种类的债券作为抵押品,进行交易。在这一框架下,2007年8月以后,澳洲联储对其交易做了三方面的技术性修改:(1)提高金融机构在联储支付清算账户的余额;(2)在回购协议下提高非政府债券持有量;(3)延长回购协议的到期日。在平常,澳洲联储主要使用短期回购管理交易结算账户的总余额,很少有超过3个月到期的回购,平均期限是45天。危机爆发后,澳洲联储提高了长期回购的比重,有些期限超过了一年,平均期限提高到80天②。澳洲联储主动采取措施向市场注入流动性,增强了货币市场参与者的信心,对恢复金融市场功能产生了实际影响。

公开市场的流动性注入是通过市场完成的,既能减轻最后贷款人的政治压力,又能防止最后贷款人救助被滥用,有效防范道德风险。在三大货币政策工具③中,公开市场业务是能够直接使银行储备发生变化的工具,具有主动性和灵活性的优点。但通过公开市场业务,央行只能在储备变化的方向上而不能在数量上准确地实现自己的目的,并且影响银行储备需要时间,它不能立即生效,要通过银行体系共同的一系列买卖活动才能实现,这就意味着通过公开市场操作进行救助的靶向性不强,不能满足所有类型的流动性需求。

(二) 贴现窗口

贴现窗口④是央行向商业银行发放贴现贷款的设施,贴现利率由

---

① 当央行购入商业银行或证券经纪商持有的证券时,全社会的流动性供给增加了;反之,当商业银行或证券经纪商再购回该证券时,全社会的流动性供给将恢复到原先的水平。

② 赵越:"金融危机期间澳大利亚储备银行公开市场操作及启示",《中国货币市场》2009年第12期,第26-30页。

③ 即存款准备金政策、贴现率政策和公开市场操作。

④ 贴现窗口是指央行向商业银行提供的一种满足其短期的、非永久性的流动性需求的业务,一般为银行的最后资金渠道,商业银行用短期的国库券、政府债券、商业贷款和银行承兑票据等短期的高质量的票据到央行进行贴现而实现。票据被贴现的利率为贴现率,由央行设定,一般低于银行从其他渠道获得的短期资金,即市场利率。

央行设定,一般低于银行从其他渠道获得的短期资金成本。央行通过变动贴现利率,可以调节商业银行的贷款成本。由于贴现窗口主要充当最后贷款人的角色,规定存款机构在其他资金来源渠道都用完后,才可以到贴现窗口申请贷款,所以是否通过贴现窗口取得贷款及贷款的数量,则由商业银行自己决定,央行处于相对被动的地位。历史上,美联储曾于1974年和1984年分别向当时陷入困境的富兰克林国民银行和伊利诺伊国民银行发放贴现贷款,扭转了潜在的银行业危机。[1]

通过再贴现[2],商业银行或其他金融机构可以将贴现所获得的未到期票据,向央行所作的票据转让。再贴现是央行向商业银行提供资金的一种方式,是央行的货币政策工具之一,它不仅影响商业银行筹资成本,还能控制货币供应总量。近年来,再贴现在货币政策中的份量有所下降,主要是因为再贴现通常是央行官员定价的,带有一定的主观性,而央行愈来愈重视作为一个参与者进入市场,不只是作为一个指导者来调节和引导市场。[3] 作为对比,公开市场操作是按照市场利率定价的,体现一定的风险溢价,比较公平。但在金融危机救助中,再贴现贷款的优点比较明显,可以直接将资金送至急需的机构,受到重视。在次贷危机救助中,美联储为了增强市场流动性,缓解资金压力,不仅积极鼓励商业银行利用贴现窗口融资,还缩小了再贴现率与联邦基金利率之间的差幅。到2008年底,美联储将再贴现率降至0.5%的水平[4],同时再贴现的期限从原来的30天延长至90天。

---

[1] 张翠微:"中央银行货币政策工具变化评析",《国际金融研究》2008年第4期,第75-79页。

[2] 再贴现是央行通过买进商业银行持有的已贴现但尚未到期的商业票据,向商业银行提供融资支持的行为。美联储认为,银行应该自己从市场中获得资本金来满足计提准备金的要求,因此并不鼓励美国商业银行运用再贴现窗口来借入资金,美国的再贴现率一度高出基准利率100个基点。

[3] 再贴现逐渐让位于公开市场业务,但不失为一个重要的而且可行的宏观调控手段,许多国家仍很重视,例如英格兰银行将再贴现率称为"银行率",它的变化对英国乃至整个西方世界的市场利率都有举足轻重的影响。

[4] 作为对比,2007年8月初,美联储的再贴现率是6.25%;到2007年底,美联储的再贴现率是4.75%。

(三) 量化宽松

量化宽松最早由日本银行提出,主要是指在实行零利率或接近零利率政策后,央行通过购买国债等中长期债券,增加基础货币供给,向市场注入大量流动性,以鼓励开支和借贷。量化宽松被形容为"开着直升机撒钱",是注入流动性的一剂"猛药"。

量化宽松在发达国家金融危机救助中使用得比较多,美联储从2007年9月18日开始降息,到2008年12月16日,将基准利率降至0－0.25%的历史低位,此时利率政策已没有下调空间,即常规的利率政策已失效。从2008年底,美联储开始实施量化宽松的货币政策。在第一轮量化宽松（QE1）中,美联储共购买1.25万亿美元的抵押贷款支持证券（MBS）、3000亿美元的国债和1750亿美元的公司债券,累计购买了1.725万亿美元资产,QE1持续到2010年4月28日。[①] 2010年11月4日,美联储又宣布启动了规模为6000亿美元的第二轮量化宽松（QE2）,购买的都是美国国债。此后,美联储又于2012年9月和12月启动了QE3和QE4。

学者们对美国量化宽松的褒贬不一,对其批评的主要原因是：美元是国际货币,美联储释放的美元大约有3/5流向境外,即通过量化宽松释放的美元流动性只有2/5留在美国国内,其余大部分流到国际市场,容易造成全球流动性泛滥,稀释美元债权。虽然有批评,但笔者认为,QE1向当时陷入资金困难的银行提供了流动性,确定降低了流动性短缺的威胁;此后几轮量化宽松的救助效应则明显下降,有画蛇添足之嫌。

(四) 负利率

负利率就是将存款利率改为负值,有时适用于央行接受商业银行

---

① 2007年6月底,美联储持有的证券资产全部是国债,数额是7904亿美元,国债占美联储资产总额的87.9%。到2010年6月10日,美联储持有的资产额是2.057万亿美元,其中国债7769.25亿美元,占美联储资产总额的比重下降至37.8%;收购的由房利美、房地美、吉利美担保的抵押担保证券共计1.114万亿美元,占美联储资产总额的54.2%。

存款的利率。一般情况下，商业银行向央行存款时可获得利息，但在负利率情况下，商业银行不仅不能获得利息，反而还要支付手续费，使商业银行存入央行的钱缩水，促使商业银行积极向企业贷款，从而增加市场的流动性供给。

负利率的历史很悠久，最早可追溯至19世纪西尔沃·格塞尔对货币征税以刺激经济总需求、对抗经济危机的理论。① 在"大萧条"时期，美国国库券收益率曾为负值；在20世纪70年代，瑞士国家银行曾经对外国存款实行负利率政策，防止过度的资金流入对瑞士法郎产生负面影响；20世纪90年代，日本政府债券收益率曾经为负。总的来说，过去那些负利率政策是零星的，大多不是关键利率。国际金融危机爆发后，有多个国家的央行对金融机构在央行的存款便利②（如欧洲央行的边际存款便利或者回购融资活动）实行负利率政策，并将其作为一种频繁使用的货币政策工具。2012年7月，丹麦开始实施负利率；2014年6月，欧洲央行将隔夜存款利率降至 -0.1%；2014年12月，瑞士国家银行将超额活期存款利率设为 -0.25%；在2009~2010年间，瑞典曾经将隔夜存款利率设为 -0.25%，后来调回正值，2014年7月瑞典将其隔夜存款利率再次调为负值。③ 在负利率的具体形式上，欧元区和瑞典是直接将政策利率下调至负数，而瑞士、丹麦是对准备金或超额准备金收取利息。从实施效果看，美国"大萧条"时采取的负利率政策起到了恢复经济的作用。在次贷危机中，负利率政策的救助效果并不好，表明利率政策已被利用到极致，边际效应已很低。当面对严重金融危机时，仅靠货币政策注入流动性，其救助力度是不足的。

总而言之，当金融危机爆发后，实施宽松的货币政策向市场注入

---

① 格塞尔的理论从未被大部分人所接受，但在"大萧条"时期，其理论在欧美部分地区进行过一些尝试。到20世纪，格塞尔的观点被一些主流经济学家所接受，包括了费雪和凯恩斯等。

② 商业银行可以按预定的利率将多余的资金在欧洲央行隔夜存放，该利率一般比央行回购利率低一个百分点。

③ 此外，2015年2月，瑞典央行将7天回购利率下调至 -0.1%。2016年1月，日本央行宣布降息至 -0.1%。但这些不属于危机时期的负利率政策。

流动性，可暂时缓解流动性紧张的局面，降低危机期间的资金获得成本，有利于金融机构的正常经营和风险控制，是常用的一般性救助手段，并在实践中不断丰富和发展。

第二节　救助重要金融机构

一般来说，问题金融机构（尤其是银行）是金融危机的中心，伴随着重要金融机构的倒闭，往往会发生连锁反应，使金融危机达到高潮。1929年10月29日，纽约股市崩溃后，不仅美国的大型金融机构倒闭，欧洲及世界其他地区的大型金融机构也纷纷倒闭，1931年5月，维也纳最大的银行和主要的外资持有者——安斯塔特信用社（Credit-Anstalt）倒闭后，导致许多德国银行陷入信任危机中，并使恐慌情绪蔓延至整个欧洲大陆。在此起彼伏的金融机构倒闭中，欧美等国的金融危机不断恶化，一起进入"大萧条"。如何救助重要金融机构是金融危机救助的焦点，投入巨大，直接关系着成千上万从业者的切身利益，关系着金融危机的走向和救助的成败，极其敏感。

一、重要金融机构

在分析如何救助重要金融机构前，有必要对重要金融机构有个大体界定。

（一）"大而不能倒"

1984年，在美国救助伊利诺伊州大陆国民银行（Continental Illinois National Bank，简称大陆银行）① 的行动中，"大而不能倒"问题进入公众视野。大陆银行危机爆发于1984年5月8日，主因是信贷

---

① 伊利诺伊州大陆公司（CIC）创立于1869年，大陆银行是该控股公司的附属公司。

增长过快，能源贷款占比过高。当时社会上盛传大陆银行即将倒闭，一些投行还散布大陆银行将被廉价出售的谣言，大陆银行随即遭遇挤兑。大陆银行当时是美国第七大银行，是美国最大的代理银行，与2200多家银行存在同业往来和同业存放关系。美国政府认为大陆银行的倒闭会威胁到其他银行甚至整个美国银行体系的安全，因此FDIC、联邦储备局、货币监理署和各大银行等全力救助，最终大陆银行免于破产。时任货币监理署署长托德·康诺佛在美国众议院金融服务委员会上为FDIC的救助行为辩护时称，监管者不会允许11家大银行失败。这样，"大而不能倒"作为一个金融专用术语就产生了。

"大而不能倒"的意思是"太大以致不能倒""太大而不能倒闭""太关联而不能倒"①，是指大银行出现问题并影响到一国金融体系的稳定时，该国政府通常会对其提供救助，不允许其破产、清算。为了保护存款人利益和稳定金融业，政府部门一般对大银行的倒闭持非常谨慎的态度，会采取各种救助措施，尽量挽救和平息大银行倒闭事件。2008年9月，当AIG出现问题时，美国政府认为AIG规模巨大，具有系统重要性，所以对其实施了救助。而在前一天，当雷曼兄弟倒闭时，美国政府没有对其实施救助，理由之一是雷曼兄弟当时的资产约6000亿美元，净资产300亿美元，从规模上看属于中等偏大，还算不上"大而不能倒"。

"大而不能倒"造成金融监管对大银行和小银行实行差别待遇，损害了市场规则，对小银行及其客户不公平。"大而不能倒"加剧了银行业的道德风险，大银行有可能不再谨慎经营而承担过度风险，存款人在选择存款银行时，将更多地考虑银行的规模而不是质量，存款从小银行流向全额保险的大银行，弱化市场约束和纪律。

（二）系统重要性金融机构

为克服"大而不能倒"的弊端，在IMF、巴塞尔委员会、金融稳定理事会（简称FSB）的推动下，识别系统重要性金融机构（简

---

① 伯南克2009年提出，救助金融机构面临的一个关键问题是"太关联了而不能倒"（Too Interconnected to Fail）。

称 SIFIs)、加强对 SIFIs 的审慎监管、提高 SIFIs 的损失吸收能力、为 SIFIs 建立有序处置机构等,成为近年来金融危机救助的重要内容之一。

所谓 SIFIs,是指业务规模较大、业务复杂程度较高、一旦发生风险事件将给地区或全球金融体系带来冲击的金融机构。巴塞尔委员会选择跨境活动、规模、关联性、可替代性和复杂程度等五个指标,用于识别一个银行是否属于 SIFIs。2011 年 11 月金融稳定理事会公布了首批 SIFIs 名单。① 见表 2-2。

表 2-2　　　　　　　　SIFIs 识别方法的基础指标

类别	具体各项的指标	权重(%)
跨境活动	跨境债权	10
	跨境债务	10
规模	巴塞尔Ⅲ杠杆率定义下的总资产	20
关联性	金融体系内部的资产	6.67
	金融体系内部的负债	6.67
	批发融资的比率	6.67
可替代性(金融机构的基础结构)	托管的资产	6.67
	通过支付系统结算和处理的支付额	6.67
	债务和产权交易市场中认购交易的价值	6.67
复杂性	场外衍生品名义上的价值	6.67
	Level3 资产	6.67
	持有交易和可供出售资产的价值	6.67

资料来源:BCBS. Global Systemically Important Banks: Assessment Methodology and the Additional Loss Absorbency Requirement. November 2011: 5.

---

① 具体包括:美国 8 家,美国银行、纽约梅隆银行、花旗银行、高盛集团、摩根大通、摩根士丹利、道富银行、富国银行;英国 4 家,苏格兰皇家银行集团、劳埃德银行集团、巴克莱银行、汇丰控股;法国 4 家,法国巴黎银行、农业信贷银行、人民银行、兴业银行;日本 3 家,三菱日联金融集团、瑞穗金融集团、三井住友金融集团;德国 2 家,德意志银行、德国商业银行;瑞士 2 家,瑞士银行、瑞士信贷集团。另外还有中国的中国银行,意大利的裕信银行,比利时的德夏银行,荷兰的荷兰国际集团,西班牙的桑坦德银行,瑞典的北欧联合银行。

巴塞尔协议Ⅲ的核心思想是要求金融机构进一步增加应对风险的资本，提高资本质量，增强抗风险能力，同时在全球范围内确定 SIFIs，并对 SIFIs 提出附加资本要求（capital surcharge），以及更严格的外部监管，以防止这类机构出问题。

（三）重要金融机构的范围

理论上讲，将问题金融机构市场退出，将经营失败的金融机构与金融体系隔离开来，可减少单个金融机构市场退出对金融体系和金融市场的负面影响。但在金融危机期间，为了避免危机恶化和蔓延，无论是"大而不能倒"还是 SIFIs，甚至比 SIFIs 规模略小一些的金融机构，只要这些机构面临经营失败，一般会尽快对其实施救助，保证其中介功能不中断，避免发生连锁反应。这些金融机构都属于重要金融机构。

至于何为重要金融机构，如何确定重要金融机构的范围，存在很大争议，笔者以中国的银行类金融机构为例说明。在中国，中、农、工、建、交和邮储银行是 SIFIs，自然属于重要金融机构；12 家全国性股份制商业银行虽然比 SIFIs 小一些，但也属于重要金融机构。另外，在证券、保险等行业也有相应的重要金融机构，例如中信证券和中国平安保险等。根据这个范围，我们可以大体对重要金融机构有个初步界定：该类金融机构在金融体系中居于比较重要的地位，并具有较强的关联性，其经营和风险状况直接关系到金融体系整体稳健性以及服务实体经济的能力，当金融危机爆发、该类金融机构面临破产倒闭时，就需要及时对其实施救助。

二、救助方式

当重要金融机构面临倒闭时，需要对其实施紧急救助[①]，以防止危机的进一步恶化和蔓延。常用的救助"药方"是从具体的金融机

---

① 这里分析的救助是一种行政主导的临时性救助，与司法主导的救助有所不同，前者适用于破产前阶段，后者主要涉及破产重整机制。

构入手，减轻问题金融机构的负担，提高其收入水平，包括减少问题金融机构的分支机构，裁减人员，压缩支出；降低央行对问题金融机构的贴现率；对问题金融机构减税；等等。当这些广谱"药方"无效时，还可开一些针对性强的"猛药"，主要有：

（一）国有化

为了救助经营困难的重要金融机构，政府部门可通过出资或提供贷款，取得其所有权和经营权，用政府信用、资源和能量帮助其渡过难关，更为重要的是通过救助，尽可能降低其经营失败的外部性，降低系统性金融风险。在这个过程中，政府部门可通过股权交易，将金融机构的部分或全部所有权转变为国有产权，并提供政策和资金支持，对金融机构的人财物资源配置和经营决策等进行干预，加强对金融危机的监督，帮助金融机构恢复正常经营。

在北欧金融危机中，芬兰同时面临货币和银行双重危机，芬兰的救助措施就是成立政府担保基金，对部分银行实施国有化。1991年9月，芬兰银行接管了SKopBank银行，并将其国有化。[1]

2008年9月，英国财政部根据《2008银行法（特殊条款）》，将房屋抵押贷款银行布拉福德·宾利银行（布宾银行）收归国有，布宾银行的股权、贷款和国债资产均被政府收购。2008年10月，英国推出规模为500亿英镑的"政府支持增资计划"，10月13日，英国财政部宣布动用这500亿英镑中的370亿英镑，建立了银行重构基金，入股苏格兰皇家银行、苏格兰哈里法克斯银行和劳埃德TSB银行。通过直接购买银行股份的方式，英国政府最终获得苏格兰皇家银行和苏格兰哈里法克斯银行的控股权。2008年底至2009年初，德国政府通过金融市场稳定基金投入182亿欧元，获得了德国商业银行（Commerzbank）25%加1股的股份以及价值164亿欧元的不具有投票权的股份。

2008年9月9日，美国政府正式出手接管"两房"，持有"两

---

[1] 陈杰："北欧金融危机对我们的启示"，《对外经贸》2014年第5期，第68-70页。

房"各79.9%的股份。2008年10月，美国推行了CPP计划（Capital Purchase Program），这项计划共斥资2049亿美元，向707家金融机构购买优先股、普通股和认股权证。① 该计划的救助对象主要是SIFIs，花旗集团、摩根大通、富国银行分别获得250亿美元，美国银行获得150亿美元，高盛、美林证券和摩根斯坦利分别获得100亿美元，而小型金融机构获得的资金很有限。美国在这次救助中主要采取了优先股形式，政府对金融机构日常经营管理活动干预较少。采取优先股②形式救助，救助客体的原股东仍然存在，原管理层仍负责问题机构的运营，救助主体不参与、不干预救助客体的日常经营管理活动，在条件适宜时，救助主体可以比较便利地解除国有化救助状态。这表明，美国政府使用国有化这种救助手段是驾轻就熟，为救助SIFIs可以不遗余力，条件也很优惠，与其平常信奉的自由市场明显不同。

国有化能迅速为救助客体提供资金支持，有些资金直接作为金融机构的核心资本，可发挥杠杆效应，放大救助作用。金融机构国有化后，在政府部门的强力监督下，能更加谨慎地经营，可以较好地解决救助中的道德风险问题。通过购买金融机构股份，还可以在市场上显示不同金融机构的相对价值和风险状况。当然，国有化救助也有局限性，被救助金融机构仍然需要面对大量的问题资产，需要花费大量时间和资源去处理这些问题资产。如果被救助金融机构的经营问题较大，则国有化的救助作用有限。

（二）资产救助

资产救助就是直接针对金融机构在危机中所产生的问题资产进行救助，主要方式有：（1）资产购买，救助主体通过购买问题资产，

---

① 认股权证是由股份有限公司发行的可认购其股票的一种买入期权。它赋予持有者在一定期限内以事先约定的价格购买发行公司一定股份的权利。对于筹资公司而言，发行认股权证是一种特殊的筹资手段。认股权证本身含有期权条款，其持有者在认购股份之前，对发行公司既不拥有债权也不拥有股权，而只是拥有股票认购权。尽管如此，发行公司可以通过发行认股权证筹集现金，还可用于公司成立时对承销商的一种补偿。

② 优先股具有股利分配和破产清算时对剩余资产的要求权先于普通股股东、不享有公司经营参与权、公司可赎回股票等特征。

将金融机构从问题资产的亏损中解放出来;(2)资产置换,救助主体通过资产置换,以优质资产或现金置换问题机构的呆滞资产,置换方式包括整体资产置换和部分资产置换。

资产救助的目标是保持金融机构正常运营,维护其中介功能,避免因资不抵债而破产。在雷曼兄弟倒闭后,2008年10月,布什政府授权财政部推出了7000亿美元的TARP计划,对问题资产进行救助。

在资产救助中,一些国家成立资产管理公司,收购问题金融机构的不良债权或不良债权的抵押物,然后打折收购,也可以先按账面价值收购,由资产管理公司在市场上打折出售,差额一般由政府弥补;同时向债务人提供技术和融资帮助,提高问题金融机构的偿债能力。

资产救助的优点很多,它可以迅速切断金融机构与不良资产之间的关联,避免其陷入资产损失和流动性不足之间的恶性循环,类似于对问题金融机构动"外科手术",剥离不良资产等"坏组织",防止病菌蔓延。资产救助还能将救助客体从繁琐的债务追缴中解脱出来,从而集中精力发展核心业务。但资产救助也有缺陷,一是救助成本高,所需资金量较大;二是将金融机构的风险向救助主体转移,容易产生道德风险,变相鼓励金融机构进行高风险交易和投资。

(三) 注资

注资不仅可以增加问题金融机构的流动性,还可以免受国有化的责难,是发达国家常用的金融危机救助手段。当金融机构陷入流动性危机、遭受挤兑时,救助主体对其注入资金,增加现金流,能帮助经营困难的金融机构恢复运营。与接管不同,救助主体直接注资入股并未达到控股的份额。注资后,将改善金融机构的资产负债表状况,提高其资产实力,获得经营所需资金。另外,政府注资相当于向金融机构提供一定的政府信用支持,有利于恢复市场信心,是救助问题金融机构的常用手段。2008年10月14日,美国财政部、美联储和FDIC联合制定了总额高达2500亿美元的银行注资计划,相当于动用了TARP救助资金总额的1/3以上;10月27日,比利时政府宣布向比利时联合银行注资35亿欧元;10月28日,荷兰政府向荷兰全球人寿保险公司注资 30 亿欧元；等等。

注资最好是通过市场、由私人部门注资。但在金融危机紧张时刻，市场融资很困难，大多数情况下还是需要政府部门介入，动用公共资金。为了防止道德风险，注资的条件一般比较苛刻，成本高。如果问题金融机构认为成本过高，可能会放弃注资，而是通过出售资产、压缩资产负债表来减负，同时减少信贷活动。这虽然会阻碍经济复苏，但可以压缩问题金融机构的经营规模，其实有利于降低系统性金融风险。

（四）存款保险处置平台

作为专业化的处置平台，存款保险机构通过对存款人的赔偿，可以保证存款人的利益，在维护公众信心和灵活运用处置工具方面，明显优于其他行业救助基金和监管工具，在金融危机救助中发挥越来越重要的作用。

1984 年 5 月 17 日，在处理大陆银行危机时，FDIC 宣布对该行提供紧急性援助，除了由 FDIC 公开保证所有存款人及其他债权人都将完全获得保障外，还要求 7 家商业银行组成银行团，以购买次级票据的方式，紧急注资 20 亿美元。由于 7 家银行只同意分摊 5 亿美元，其他 15 亿美元由 FDIC 提供。其后，FDIC 经过评估，决定于 1984 年 9 月 26 日对大陆银行实施永久性财务援助计划。

在次贷危机中，由于多数银行损失惨重，收购实力大幅削弱，并且破产银行的风险资产使潜在收购者心存疑虑，FDIC 很难找到经营状况良好的金融机构来收购破产银行资产。为吸引更多的潜在收购者，FDIC 重新启用了"损失分担"机制。"损失分担"机制是由政府承担大部分的潜在损失，以鼓励健康银行收购破产银行的问题资产。但在多数破产案中，买家通常只负责吸收倒闭银行的存款，而倒闭银行的大部分资产则由 FDIC 管理和出售。① FDIC 成为负担很重的救助主体，根据中金公司（2010）的统计，在"损失分担"机

---

① 陈静："美国联邦存款保险公司：问题银行处置的经验与启示"，《中国货币市场》2010 年第 12 期，第 39－42 页。

制下，FDIC 约承担有关资产损失的 80%，其余 20% 由购买银行承担。

依托存款保险平台处理不良资产是一条很好的救助经验，被许多国家借鉴。韩国和日本分别于 1997 年和 2013 年出台法律，扩大存款保险的职能，将存款保险的处置职责进一步扩展至整个金融业，包括存款性金融机构、保险公司、证券公司、银行控股公司和证券金融公司等。① 存款保险平台的救助作用越来越重要。

（五）机构转型

投资银行②只能做跟证券有关的业务，例如证券发行、承销、交易、企业重组、兼并与收购、投资分析、风险投资、项目融资等，而不能做跟银行有关的业务，比如吸收存款、发放贷款等。正常情况下，投资银行不是最后贷款人的保护对象。危机情况下，可以批准投资银行转型，接受最后贷款人的保护，从而扩大最后贷款人的救助范围。

次贷危机期间，美联储就批准摩根士丹利和高盛集团等投资银行的申请，从单一金融机构转型为银行控股公司。银行控股公司与投资银行最主要的区别是：银行控股公司具有设立可吸收存款的商业银行分支机构的权利，还可以与其他商业银行一样，永久地享受从美联储获得贴现窗口融资和紧急贷款的权利，使其更容易地获得稳定的融资渠道。转型后，银行控股公司可以拓展业务范围、扩大收入来源，还可以通过吸纳存款，扩大资金来源，降低流动性危机，帮助投资者和市场重拾信心。③ 这也标志着华尔街由大型投资银行主导的历史成为过去。

（六）压力测试

压力测试（stress testing）最早于 1995 年由国际证券监管机构组

---

① 戴季宁："金融机构处置机制：国际经验与启示"，《当代金融研究》2017 年第 1 期，第 22－28 页。

② 投资银行是美国和欧洲大陆的称谓，英国称为"商人银行"，中国和日本将专营证券业务的金融机构称为"证券公司"。

③ 张晓朴等："美国金融危机的救助措施与启示"，《银行家》2009 年第 11 期，第 34－37 页。

织（IOSCO）提出，是将整个金融机构或资产组合放置在某一特定的极端情况下（比如假设利率骤升 100 个基点，某一个货币突然贬值 30%，股价暴跌 20% 等，这些极端不利的情况是假设的），然后测试该金融机构或资产组合在极端不利情况下的表现，看它能否经受得住这些市场突变，并对可能发生的风险进行认定和量化。[①] 救助主体将根据压力测试的结果，制定有针对性的救助措施。

美国政府在 2009 年 2 月份公布的金融稳定计划中，推出了压力测试项目，负责压力测试的机构包括美联储、货币监理署[②]、FDIC 和储蓄机构监理局。时任美国财政部长的盖特纳认为："压力测试的目的是最大化私人投资者重构金融体系的可能性，减轻最终纳税人的负担，并确保最差的公司将面临最严重的股权稀释。"[③] 根据美联储公布的报告，150 多位联邦监管官员、督察人员及经济学家参与了压力测试。这场压力测试是假定在经济收缩程度超出预期、住房价格进一步下滑的情况下，检测银行资本水平的变化，并假设了两种情景，（1）基准情景：2009 年 GDP 增长率 -2%，失业率 8.4%，房价下降 14%；2010 年 GDP 增长率 2.1%，失业率 8.8%，房价下降 4%。（2）更坏情景：2009 年 GDP 增长率 -3.3%，失业率 8.9%，房价下降 22%；2010 年 GDP 增长率 0.5%，失业率 10.3%，房价下降 7%。压力测试要求银行业对 2009 年和 2010 年的信贷损失和收入做出预测，还包括到 2010 年底时需要为 2011 年的预期损失计提的准备金。此次压力测试结果于 2009 年 5 月公布，在交易资产超过 1000 亿美元的 19 家银行控股公司中，美国银行和花旗集团等 10 家公司需要增资，增资总规模为 746 亿美元，而高盛、美国运通和摩根大通的资本

[①] 根据 IMF 的定义，压力测试是指利用一系列方法来评估金融体系承受罕见但是仍然可能（extreme but plausible）的宏观经济冲击或者重大事件的过程。这一定义与国际清算银行巴塞尔银行全球金融系统委员会（BCGFS，2000）给出的定义是一致的。

[②] 美国货币监理署（OCC）隶属美国财政部，1863 年国家货币法（National Currency Act of 1863）赋予货币监理署监管美国联邦注册银行（国民银行）的职能。货币监理署主要负责对国民银行发放执照并进行监管。

[③] 蒂莫西·F. 盖特纳：《压力测试——对金融危机的反思》，中信出版社 2015 年版，第 397 页。

充足。美联储认为,通过压力测试,提高了美国政府对银行危机的管理效率。① 我们姑且不评论这场压力测试结果的真实性,但这份看似明晰的账单确实让市场踏实了许多,增强了投资者对美国重要金融机构的信心,以至于当时金融类股票带领纽约股市上扬了好几天。

当金融危机爆发后,为防范系统崩溃的危险,需要对陷入困境的重要金融机构实施救助,救助方式比较多,本节做了简要分析。但笔者需要特别提醒的是,与救助金融机构相比,建立有效的金融机构市场退出机制更为重要,是实施金融危机救助的重要前提之一,因为优胜劣汰才能真正释放金融体系的不平衡因素,降低系统性金融风险。这就需要确定一个科学合理的标准,以辨别问题金融机构是否具有继续生存的能力,明确对问题金融机构进行援助、接管和关闭的条件,并对整顿和重组等相关措施进行详细规定。要确定不同情况下金融机构退出市场时应采用的损失分摊原则,制定好相关主体的清偿顺序,实现问题金融机构的有序退出,以防范其退出时对整个金融系统稳定性造成负面影响。

第三节 抑制金融恐慌

金融危机总是与金融恐慌相伴而行,它们互为产物和推动因素。金德尔伯格认为:"恐慌几乎从来不会自行产生与消失。当局总会觉得有必要干预。在一个又一个恐慌中,一个又一个危机中,有关当局或某些'负责任'的公民总会试图用一项又一项的措施来消除恐慌。"② 但恐慌毕竟是一种心理反应,而人们的心理既敏感、脆弱,又深似海,再加上引发恐慌的因素太多,极难预测和掌控,无法消除,是形成一般性风险"硬核"的重要因素之一。抑制金融恐慌历来是金融危机救助的难点,是一般性救助的重要内容。

---

① 张梅等:"压力测试——危机后风险管理的重要工具",《福建论坛》2011年第3期,第29—33页。

② 查理斯·P. 金德尔伯格:《经济过热、经济恐慌与经济崩溃:金融危机史(第4版)》,中国金融出版社2006年版。

一、金融恐慌

(一) 定义

恐慌是一种自我实现的预言，可产生非常强烈的心理、经济甚至政治影响，恐慌事件具有很强的传染性，所以其危害要远大于事件本身。金融恐慌是指由于某种外在的因素，短期资金的债权人对市场的信心和预期突然改变，迅速撤回资金，这是一种集体行为。金融恐慌发生时，每个债权人的决策不是建立在对债务人的基本经济情况上，而是建立在其他债权人的行为上；不是根据自己掌握的信息进行决策，而是根据其他债权人的行动进行决策。当看到或预期到其他债权人要撤离资金，自己的最优选择就是抢在其他债权人之前撤离，这种个体理性预期和行为的加总，会导致集体的非理性，而羊群效应①会进一步加重恐慌，迅速恶化为金融危机，金融危机又反过来加重金融恐慌，形成强烈的反馈机制，推动经济陷入更严重的衰退。从某种意义上讲，金融恐慌比金融危机本身更可怕。

(二) 观测指标

2018年9月，伯南克在《楼市泡沫、信贷收缩与大衰退》一文中强调：恐慌指标（包括金融机构融资成本大幅上涨和证券化非抵押资产收益率飙升等）与住房相关变量（包括房价、次级抵押贷款的市场定价、抵押贷款拖欠率等）相比，对经济衰退时机和深度的预测更显著有效。很多市场人士认同伯南克的观点。那么，观测金融恐慌的指标有哪些呢？

---

① 在经济学里经常用"羊群效应"来描述经济个体的从众心理。羊群本来是一种很散乱的组织，平时在一起也是盲目地左冲右撞，而一旦有一只头羊动起来，其他的羊也会不假思索地一哄而上，全然不顾前面可能有狼或者不远处有更好的草。因此，"羊群效应"就是比喻人们都有一种从众心理，从众心理很容易导致盲从，而盲从往往会陷入骗局或遭到失败。

1. VIX 指数

VIX 指数（Volatility Index）①是观测金融恐慌的一个重要指标，由芝加哥期权交易所（CBOE）在 20 世纪 90 年代初推出。VIX 指数通过计算标准普尔 500 指数（S&P500）的波动率得出，其逻辑是：S&P500 波动率越高，则 VIX 指数越高；VIX 指数越高，意味着投资者对未来市场的恐慌程度越高。

2003 年 9 月 22 日，CBOE 更新了 VIX 指数计算公式，新 VIX 指数的计算不只使用了相邻的执行价的期权合约，而且选择近月和次近月期权合约中的一系列满足特定条件的合约，计算预期波动率。此后，VIX 指数受到更多投资机构的认可。VIX 指数的一个优点是与 S&P500 呈负相关。根据 CBOE 网站的数据，自 1990 年以来，VIX 指数和 S&P500 有 88% 的时间是负相关的。2008 年 9 至 10 月，在日本大和生命保险公司②宣布破产的前后一个月内，S&P500 和 VIX 指数的相关系数更是高达 -98.5%。从 2008 年 9 月 15 日雷曼兄弟宣布破产开始，S&P500 大幅下跌，与此同时，VIX 指数迅速飙升到 80 的高位（见图 2-4），显示国际金融市场陷入极度恐慌之中。

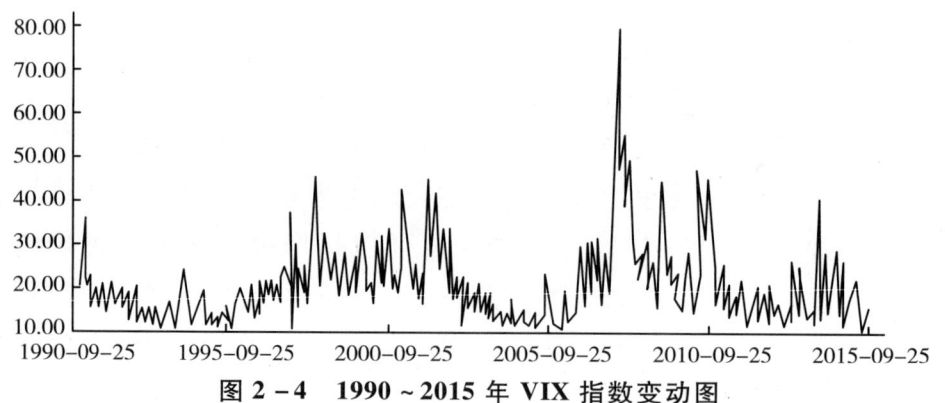

图 2-4　1990~2015 年 VIX 指数变动图

---

① VIX 由范德堡大学教授罗伯特威利在 1993 年创立，最初仅覆盖 S&P100 的 8 个期权合约，后于 2004 年扩大至 S&P500，并在编制方式上有所改进，从而获得了更高的准确性。境外市场在推出期权之后均会推出相应的 VIX 指数。上海证券交易所于 2015 年 6 月推出了中国版恐慌指数——iVIX。

② 日本大和生命保险公司于 2008 年 10 月 10 日向法庭申请债权人保护，成为日本第一家受美国信贷危机拖累而破产的金融机构，破产原因是由于全球金融市场动荡，公司所持有价证券跌幅超出预想，公司负债总额达 2695 亿日元。

2. 其他指标

除了 VIX 指数，可供参考的恐慌指标还有许多，其中美银美林的全球金融压力指数（简称 GFSI）可以用来观察市场的整体金融压力。GFSI 综合了全球金融市场的风险、对冲需求、投资者流向等因素，对金融压力进行评测。GFSI 大于 0，表示市场高于常规金融压力；GFSI 小于 0，表示市场低于常规金融压力。

瑞信恐惧指数（CSFB）可用来评估美股市场信心，观察法人如何通过衍生品控管风险。CSFB 的计算方法是追踪投资人有多少愿意利用 S&P500 三个月期选择权的区间交易（collar trade），针对美股下跌进行避险。如果 CSFB 指数上升，代表有更多投资人需要为自己的资产组合避险，或是 S&P500 的买权需求低落，意味着市场恐慌情绪上升。

国际清算银行研究主管 Hyun Song Shin 发现，美元指数正在成为一种恐惧指标。美元走强会抑制信贷需求，投资者对高风险资产的投资欲望将降低，美元指数可从一个侧面反映投资者的恐惧情绪。

债券收益率的波动情况也可以作为投资者观察市场情绪的一个指标。美国十年期国债收益率飙升，反映国际金融市场上投资者的情绪很紧张。另外，短期债券收益率和长期债券收益率之差被称为期限利差（term spread），当期限利差收窄时，收益率曲线会趋于平缓。如果短期利率高于长期利率，人们普遍认为这很不正常，可能预示着经济衰退即将来临，会加重市场的担忧情绪。一般认为，期限利差是个领先指数，领先时差约为 6—24 个月。见图 2-5。

二、抑制金融恐慌的方法

抑制金融恐慌的斗争历来很艰苦，通常失败多成功少。但"失之东隅，收之桑榆"，[①] 在纷繁复杂的金融危机救助中，人们还是积累了许多稳定市场情绪的经验。

---

① 范晔：《后汉书·冯异传》。

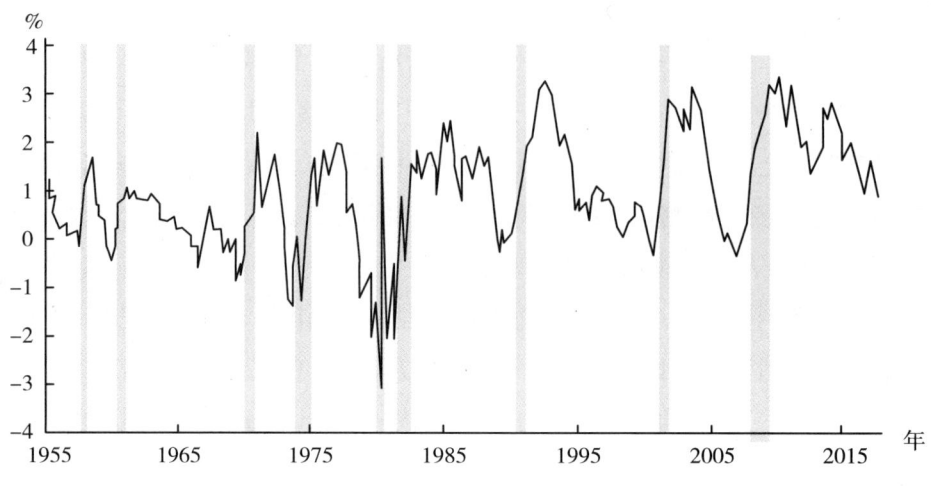

图 2-5 期限利差与经济衰退的关系

（一）发表政府声明

从某种意义上看，金融恐慌是自我实现的，预期在金融恐慌的形成中发挥重要作用，抑制金融恐慌需要从打破非理性的集体预期入手，政府声明就是众多举措之一，也是最常用的举措。政府实力强大，信用等级高，救助资源丰富，政府声明的受众广泛，如果使用恰当，既能向公众展示政府维护金融稳定的决心，又能引导集体预期趋向理性和稳定。

在 1987 年"黑色星期一"期间，美国政府连续发表声明，强调美国的各项经济指标正常，宏观经济运行良好；美联储主席格林斯潘发表讲话："为履行作为央行的职责，联邦储备系统为支持经济和金融体系正常运作，今天重申将保证金融体系的流动性。"2007 年 9 月中旬，英国第五大抵押贷款机构——北岩银行发生大规模挤兑事件①，9 月 17 日，英国财政大臣阿利斯泰尔·达林代表政府向北岩银行所有储户承诺，将保障储户的存款安全。2009 年 1 月底，中国和英国政府发表了关于加强合作积极应对国际金融危机的联合声明。这些

---

① 北岩银行危机在英国股市引发连环"地震"，英国主要抵押贷款机构如联盟·莱斯特、布雷德福·宾利和帕拉冈等股价纷纷下跌，其中帕拉冈的股价跌幅达到 25%。

政府声明在当时或多或少地发挥了抑制金融恐慌、稳定市场信心的作用，值得肯定。

（二）做大救助方案

救助主体共同制定一个规模宏大的救助计划，有助于改善投资者预期。因为一次性公布大规模的救助计划，或者说是大大超过市场预期的救助计划，不仅能表明救助主体的决心，还能产生强烈的震撼感，有利于提振市场信心，打击空头，抑制金融恐慌。而市场信心一旦恢复、金融市场平稳后，实际的救助投入并不大，往往小于承诺的金额。救助计划和规模可以根据金融危机的演变，及时做出调整。

美国TARP计划原定规模是7000亿美元，国会将这7000亿美元一分为二，分别留给小布什和奥巴马两届政府使用。在美国金融市场逐步稳定后，美国调整了TARP计划，2010年通过的《多德－弗兰克法案》将TARP计划的总资金规模压缩至4750亿美元。

2009年6月，西班牙政府推出了"银行有序重组基金"（简称FROB），规模为90亿欧元，其后还通过立法和发债，将FROB的规模增加到990亿欧元。该基金负责监督金融部门改革以及向银行提供资金援助，以加速推进储蓄银行整合进程。但直到2009年底，西班牙政府也没有向金融业进行实质性注资。即便没有注资，FROB在当时还是起到了稳定市场信心的作用。[①]

2008年10月，德国通过了金融市场稳定基金法案，设立了金融市场稳定基金，采取的措施包括：一是由联邦财政部提供债务和应付款项担保，担保金的总金额为4000亿欧元，到2009年3月，实际发放了1430亿欧元，其中大部分是向地产融资抵押银行提供的担保金。二是通过国家注资参股企业，以维持其资金流动性，联邦政府设立了一个特别基金，数额暂定为1000亿欧元。在实际操作中，德国政府并没有对银行和其他企业大规模注资参股，到2009年4月，该基金

---

① FROB真正的救助投入是在2012年的那场银行业危机，FROB的规模在2012年扩容至1200亿欧元。

仅使用 117 亿欧元①，不足原定数额的 1/8。虽然实际使用资金远小于计划，却发挥了稳定德国金融市场的作用。

（三）暂时关闭市场

在 1873 年 9 月的金融恐慌中，纽约证券交易所关闭了 10 天。第一次世界大战爆发后，1914 年 7 月 31 日，伦敦证券交易所暂停了交易。在 2008 年国际金融危机期间，冰岛、俄罗斯、乌克兰、罗马尼亚和印度尼西亚等曾临时关闭了本国证券交易所。

宣布法定假日也是关闭市场的另一种变通方法。1907 年，当美国俄克拉荷马、内华达、华盛顿、俄勒冈和加利福尼亚等地出现金融恐慌时，就采取了这一办法。1933 年 3 月 6 日，富兰克林·D. 罗斯福总统上任不久，就宣布全国银行休假 4 天，下令关闭美国所有银行，暂停银行的一切支付行为，不允许资金抽逃，稳定了市场情绪。

暂时关闭市场是阻止金融恐慌蔓延的一个办法，可以给人们更多的思考时间，让人们从惊恐中冷静下来，更加理性地分析市场。在关闭市场的这段时间里，救助主体可以通过媒体等各种渠道，大范围报道利好消息，反复告诉民众，危机肯定会结束，最危急的时间往往是最好的反转时间，是黎明前的黑暗，要让民众看到投资机会和希望，看到光明的前景，进而消除金融恐慌。

（四）设立平准基金

平准基金（又称稳定基金）是指政府通过特定的机构（证监会、财政部、交易所等），以法定的方式建立的基金，该基金通过对证券市场的逆向操作，熨平市场的剧烈波动，缓解市场恐慌。平准基金具有以下特点：具有很强的政策性；不以营利为目的，旨在稳定证券市场，抑制恐慌；资金来源有法定渠道；操作和管理有特别的规定和程序等。平准基金可以通过对证券市场的逆向操作，在股市非理性暴

---

① 史世伟："德国应对国际金融危机政策评析"，《经济社会体制比较》2010 年第 6 期，第 32–42 页。

跌、股票投资价值凸显时买进，在股市泡沫泛滥、市场投机气氛狂热时卖出，以熨平股市非理性波动，达到稳定证券市场的目的。

目前设立平准基金的国家和地区主要集中在东亚，包括日本、韩国、越南以及我国的台湾和香港等。1990年，韩国股市下跌了23%，市场极度恐慌，韩国政府先后成立股市稳定基金（Korean Stock Market Stabilization Fund）和保证股价基金（Guaranteed Stock Fund），干预股市，基金总规模为6.6兆亿韩元。从1992年开始，日本政府动用邮政储蓄基金及其他保险基金和养老基金等，多次干预股市，在当时稳定了市场情绪；后来没能阻止股市的持续下跌，主要是因为日本经济的基本面没有好转。平准基金只能减小股市波动的幅度，无法阻止股市衰退的趋势。2008年10月22日，土库曼斯坦利用财政盈余，设立一项稳定基金，以遏制国际金融危机对土库曼斯坦的冲击。

1998年8月中下旬，为了对抗国际炒家对港股的恶意打压，稳定市场情绪，香港特区政府果断动用外汇基金入市干预股票、期货和外汇市场。当年8月14日，恒生指数重挫并接近6500点，港府决定干预股市及期指市场，斥资介入33只蓝筹股，炒家不断抛空股票，港府则力接沽盘。经过14天的较量，最终守住了绝大多数大盘股，只有香港电讯这一只股票被冲破了防线。在十几个交易日的对抗中，港府为托市共投资1100多亿港元，占当月股票市场总交易量的一半。巨大的救助投入表明了港府护市的决心和力量，最终维护了香港金融市场的稳定。1999年恒生指数重回10000点以上，港府基金从股市中全部退出，赚了数十亿美元。

总体来看，平准基金可在短期内抑制金融恐慌，稳定金融市场，维护金融安全，有的还能获得收益。当然平准基金中不乏失败的事例，我国台湾在2000年成立了"国安基金"①，总额为5000亿元新

---

① 1997年7月，台湾当局提出设立"国安基金"的构想，2000年成立，是一种以公权力来保证实现行政意志的经济管制行为，设有专门的"金融安定基金管理委员会"，委员会由11至13名委员处理"国安基金"重大决策，并由"行政院副院长"兼任"主任委员"，主要功能就是干预股市。

台币。从2000年至2004年,"国安基金"频频出手入市托盘,但几年下来,"国安基金"不仅未能托住台湾股市,账面亏损还曾经高达800多亿元新台币。

通过以上案例可以看出,平准基金能发挥救助作用,抑制金融恐慌,但救助作用有限,不宜夸大和寄予过高期望。另外,平准基金作为一种紧急救助手段,不宜频繁使用,因为其有效运营并发挥作用是需要条件的,包括:(1)市场严重恐慌,市场波动远超过合理的估值水平,在短期内难以自行矫正;(2)平准基金引导的市场方向与经济基本面的发展方向一致;(3)其他救助手段短期内难以发挥作用;(4)如果不尽快熨平市场的大幅波动将带来严重后果等。只有以上条件都具备时,才适合动用平准基金进行救助。

(五)前瞻性指引

在20世纪90年代以前,央行都蒙着一层神秘的面纱,央行的货币政策注重实际行动,忽视与市场的沟通交流。在国际金融危机期间,越来越多的货币当局意识到,有效的沟通对稳定公众预期和维护市场稳定至关重要,前瞻性指引(Forward Guidance)应运而生。

前瞻性指引是指央行向公众发布关于未来货币政策取向的信息,通过提高货币政策的前瞻性,引导经济平稳运行。早在1999年,日本银行就率先使用了前瞻性指引。在次贷危机救助中,美联储主席伯南克高度重视与市场的沟通,增加了货币政策的透明度,频繁使用前瞻性指引,借助预期进行宏观调控,并发挥了重要的救助作用。美联储的前瞻性指引大体可分为两类:第一类是正式的前瞻性指引,比如美联储在历次FOMC[①]利率决议中公布的货币政策导向;第二类为非正式的前瞻性指引,比如在两次FOMC会议之间,美联储官员大量、频繁的讲话。2008年12月16日,美联储在FOMC声明中表示:"美联储将使用一切可用工具,促进经济持续增长复苏,并保持物价稳

---

① 联邦公开市场委员会(The Federal Open Market Committee),简称FOMC。

定。尤其是，委员会预期疲弱经济环境可能令联邦基金利率在一段时间内处于超低水平。"这一声明表示了美联储维持金融市场流动性充裕的决心，属于正式的前瞻性指引。

Eusepi & Preston（2010）运用标准的动态随机一般均衡模型，从理论上分析了央行前瞻性指引如何对货币政策策略提供帮助。研究发现，前瞻性指引使得公众可以做出更加精准的预测，产生更加稳定的产出、通货膨胀和名义利率，一个透明的央行给出关于它的货币政策规则的全部信息，可以提高名义利率的可预测性，进而预期稳定。现在前瞻性指引已成为许多央行的常规操作，频繁使用，不再局限于危机时期。甚至有专家这样评价：现在货币政策98%在说，只有2%在做。

（六）极端手段

"盛世施仁政，乱世用重典。"在金融危机高度紧张时刻，可以采取一些极端措施，通过严厉打击投机或诈骗行为，转移民众的视线，进而减轻金融恐慌。这种手段早在英国"南海泡沫"[①]事件中就得到使用。

18世纪20年代，英国经济强盛，大量资金闲置，此时发行量极少的股票就成为特权的象征。1720年初，南海公司决定对高达3100万英镑的国债提供资金，以提高其声誉，受到政府欢迎。1720年1月1日，南海公司的股价在一天之内就涨了3倍，此后继续以惊人的速度上涨，连英国国王乔治一世[②]都认购了南海公司的股票。这时，没有实体业务的南海公司夸大业务前景并舞弊，还通过贿赂政府，向国会推出以南海公司股票换取国债的计划，其股票再次受到追捧，股价从年初的120英镑飙升至8月的1050英镑。1720年6月，为了制止各类"泡沫公司"膨胀，在财政大臣罗伯特·沃波尔倡导下，英国

---

① 1711年，牛津的哈里·耶尔伯爵创建了南海公司。"南海泡沫"（South sea bubble）是经济学上的专有名词，是指在1720年春天到秋天之间，脱离常规的投资狂潮引发的股价暴涨和暴跌，以及之后的大混乱。

② 1718年，乔治一世担任南海公司的董事长，南海公司的信用大增，提出了承包全部国债的计划。

国会通过了《取缔投机行为和诈骗团体法》（又称《泡沫法案》）①。该法案规定，在没有议会法案或国王特许状给予的法律权利场合下，禁止以公司名义发行可转让股票或转让任何种类的股份，严惩非法的证券交易。随后南海公司股价暴跌，到1720年12月跌至124英镑，"南海泡沫"破灭了，投资者从疯狂陷入一片恐慌。在救助中，政府依据《泡沫法案》，没收了哈里·耶尔伯爵等上百个官员的财产，用来赔付股民。尽管当时的赔付率很低，不足10%，但暂时缓解了市场恐慌和民怨。见图2-6。

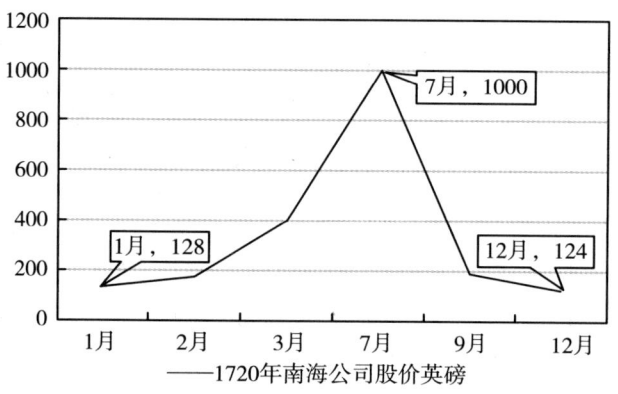

图2-6 南海泡沫期间股价变化图

数据来源：兴业证券经济与金融研究院整理。

影响心理稳定的因素虽然众多，抚慰心理的方式同样众多，本书只做了简要分析。在抑制金融恐慌方面，我们可以充分开动脑筋，大胆创新，有的方法看似不讲理，却能有效抑制金融恐慌，所以不必拘泥于过去的救助经验和理论阐释。

第四节　促进实体经济复苏

当金融危机比较严重时，其危害会从虚拟经济扩散到实体经济，抑制消费和投资，企业利润大幅下降，纷纷裁员或倒闭，失业率大幅

---

① 《泡沫法案》（Bubble Act）一直到1825年才被废除。在长达一个多世纪里，人们谈股色变，股票买卖几乎在英伦群岛销声匿迹，证券市场遭到重创。

攀升，经济陷入衰退。此时金融危机救助的对象就需要从金融领域延伸至实体经济，重点扩大消费和投资需求，刺激经济复苏，促进就业。在救助实体经济中，需要政府部门发挥更加积极、主导的作用，实施宽松的货币和财政政策等，打好救助的组合拳。

一、降息

促进实体经济复苏的货币政策很多，通常实施扩张性货币政策，包括下调利率、存款准备金率和再贴现率等，以降低金融机构和经济主体的融资成本，其中利率政策使用得最频繁，备受关注。

利率是货币的价格，几乎所有的资产定价均与利率有联系。降低利率后，货币不值钱了，既可以抑制持有货币的动机，增加货币交易的意愿和信贷行为，还可以拉升以货币计价的各种资产的价格。降息不仅可以提高整个金融市场的流动性，还可以放松信贷，是救助实体经济的常用手段。早在"大萧条"救助中，英国从1932年2月起实行了低利率政策，英格兰银行将再贴现率降至2%左右，刺激经济复苏。70多年后，面对经济衰退，韩国银行连续6次下调基准利率，将基准利率从2008年8月7日的5.25%，降至2009年2月12日的2%。这些降息都取得了异曲同工之效。目前降息已成为救助实体经济的通行做法。

降息也是美联储金融危机救助的重要政策工具，并且只需要考虑国内因素，使用起来非常果断。面对1987年的"黑色星期一"，美联储大幅降息0.75个百分点；1998年LTCM经营失败时，金融体系动荡，美联储连续、快速降息三次；面对次贷危机，美联储从2007年9月到2008年12月，连续10次快速降息，将联邦基金目标利率从5.25%[①]下调至0~0.25%的水平。

在金融危机救助中，频繁降息使利率政策的边际效应逐步下降，宽松的货币政策受到名义利率下限与流动性陷阱的约束。金融危机

---

① 从2006年6月至2008年8月，美国的基准利率维持在5.25%的水平上。

前，美联储对存款准备金实行零利率政策。金融危机爆发后，由于存款机构大多都紧缩了贷款投放，这直接降低了对准备金的需求，对联邦基金利率①产生了下行的压力，并且市场不确定性使联邦基金利率大幅波动，如果不采取稳定性措施，联邦基金利率就可能一路下滑到零，这意味着利率工具失效。在此情况下，为了使利率政策继续发挥作用，促使银行机构主动增加超额存款准备金以稳定利率水平，2008年10月9日，美国国会首次授权美联储对超额存款准备金支付利息，利率为0.75%；2008年10月23日，美联储将超额存款准备金利率提高到1.15%；2008年12月16日以后，美联储将法定准备金和超额准备金利率确定为0.79%和0.25%。

另外，降息虽然是救助金融危机的重要举措，但其负面作用很明显，非主要国际货币发行国使用利率工具时需谨慎，因为大幅降息有可能使普通国家的货币大幅贬值，加剧市场恐慌，甚至引发货币危机，刺激资本外逃。而加息有利于抑制资本外逃，2014年3月克里米亚事件发生后，俄罗斯央行连续5次加息，将基准利率从5.5%提高至17%，以遏制资本外逃。

二、发挥财政和产业等政策的作用

正如伯南克（2014）所言，货币政策犹如钝器，虽有总量性影响，却无法解决结构性问题。② 因此，在救助实体经济中，还需要发挥财政等各种政策的作用，需要财政、税务、社会保障等众多国内经

---

① 根据1933年和1935年银行法案，美联储成立了联邦公开市场委员会（FMOC），通过投票设定联邦基金目标利率水平（Target Federal Funds Rate），然后以公开市场操作买入或抛出国债、改变商业银行超额准备金头寸、收紧或放宽同业拆借市场的资金面，从而将拆借利率控制在联邦基金目标利率水平，进而影响其他短期市场利率走势。FOMC能决定的仅是联邦基金目标利率，这个目标利率是其自身向商业银行拆借资金的利率。当实际运行中的联邦基金利率高于这个目标时，商业银行之间的拆借就会转向商业银行与美联储之间进行，这时市场流动性增加，联邦基金利率降至目标值；反之，若联邦基金利率低于目标水平时，美联储则会通过公开市场操作吸纳银行超额储备，同业拆借市场资金紧张，进而使联邦基金利率提升至目标水平。

② 伯南克还认为：提高利率就好比因为一个孩子的错，就打所有孩子的屁股。

济部门的参与。当金融危机比较严重时，一般需要财政政策发挥更大作用，因为财政政策可以直接提供公共资金的援助，对实体经济的刺激作用比货币政策更直接、范围更广泛，能够影响实体经济的方方面面。

财政政策本身具有"自动稳定器"功能，在金融危机期间，居民和企业的收入减少，政府的税收收入自动减少。随着金融危机深化和失业人口增加，政府失业救济和各种福利支出增加，促进消费，可缓解金融危机对有效需求的影响。

"罗斯福新政"后，随着凯恩斯主义的流行，财政政策在金融危机救助中的作用越来越重要。实施扩张性财政政策，增加政府支出和减税，替代部分私人投资的减少，已成为各国金融危机救助的通行做法。比如，2008年12月1日，英国将增值税从17.5%降至15%；美国于2010和2012年通过了《减税法案》和《美国纳税人减税法案》。

另外，政府注资和信用担保也是应对金融危机的重要措施。在亚洲金融危机期间，韩国政府向韩国第一银行和汉城银行出资11800亿韩元，向起亚集团及其下属企业提供1万亿韩元特例信用担保和200亿韩元的紧急救助资金；泰国政府对91家金融财务公司的债权和储户提供担保。

当然，在救助中实施扩张性财政政策，其负面作用很明显，最直接的后果就是提高财政赤字率，所以财政政策受到政府既有债务水平及赤字率的限制。2009年，各经济体的财政赤字率与2007年相比，均有大幅上升（见表2-3），其中发达国家财政赤字率增长得更多，美国甚至突破了10%，所以在救助退出中更加关注财政赤字问题。另外，实施扩张性财政政策时，公共部门会扩大发债规模，这既对民间消费和投资产生"挤出"效应，又拉升债券发行利率，增加财政负担。在亚洲金融危机期间，债券利率的上升就大大增加了菲律宾政府的负担，有专家估算，债券利率每上升1个百分点，菲律宾政府一年的利息支出就会增加30亿比索。

表 2-3　　　　不同经济体的财政赤字率情况（%）

年 份	2007	2009
世界	0.3	6.7
发达国家	1.1	8.8
G7	2.1	10.0
欧元区	0.6	6.4
新兴市场国家	0.0	4.9
低收入经济体	2.1	4.1

注：数值表示财政赤字占基于购买力平价的加权 GDP 的百分比。

资料来源：IMF：《全球金融稳定报告：在未来的金融挑战中破浪前行（2009 年 10 月）》，中国金融出版社 2010 年版。

三、政府投资

金融危机爆发后，市场信心低迷，私人部门的消费和投资需求明显不足。为了弥补有效需求的不足，需要政府扩大投资，发挥投资的乘数效应，消化存货和过剩的生产能力。这是凯恩斯主义所推崇的，实践和研究很丰富，并有将危机时期的救助政策长期化的趋势。本书只做简要分析。

在"大萧条"中，美国政府的救助行动相对较慢，胡佛政府虽然采取了一些措施，但总体力度不大，救助效果有限，而日、德政府的救助行动则迅速得多，力度很大。从 1931~1936 年间，日本政府向财阀发出的军事订单达到 50 亿日元[①]，还投资兴建、扩建和改组国营军事工业，以拉动国内需求。德国为解决严重的失业问题，大力扩充公共工程和刺激私人生产，修建了许多高速公路、飞机场和兵营等，还构筑了齐格非防线（Siegfried Line）。日、德在"大萧条"中较早扩大政府投资，救助效果明显，失业率迅速下降，尤其是德国的失业人口从 1932 年的 600 万减少至 1936 年的不足 100 万，失业率从 34% 降至 8%。

1933 年罗斯福总统上台后，美国才实施大规模的经济刺激计划，

---

① 1932 年 6 月，1 美元兑换 3.33 日元，1 日元相当于 0.45 克黄金。

即"罗斯福新政",其核心是"3R":救济(Relief)、复兴(Recovery)和改革(Reform)。① "罗斯福新政"的实施,对美国走出"大萧条"发挥了重要作用,但存在不足,主要有:一是在扩大就业方面收效甚微,1931年美国失业率是15.9%("大萧条"之前是3%左右),到1939年失业率仍高达17.2%;二是私人投资的恢复很有限,1929年私人投资占GDP的16%,到1941年也就恢复到14%;三是居民收入水平提高有限,1939年美国的人均GDP仍低于1929年的水平。笔者认为,"罗斯福新政"的胜利主要政治上的胜利,是政府干预的胜利。

在美、德、日等国大规模政府投资、刺激经济的实践上,凯恩斯进行概况、抽象和理论升华,出版了著名的《就业、利息和货币通论》,建立了现代宏观经济学的基础。当金融危机爆发时,各国政府通常受凯恩斯主义的影响,积极实施救助,通过刺激经济,扩大有效需求。在此后的金融危机救助中,不管发达经济体还是新兴经济体,我们都能看到凯恩斯主义的身影。

2008年8月至2009年4月,日本政府共出台了4个经济刺激计划,总规模75万亿日元。2008年11月4日,韩国政府推出了经济刺激方案,新增支出11万亿韩元,减税3万亿韩元,其中90%的新支

---

① 罗斯福新政的主要措施包括:(1)整顿银行与金融系。下令银行休业整顿,逐步恢复银行的信用,并放弃金本位制,规定在涉及私人和政府合同中使用黄金偿付的条款一律无效,使美元贬值以刺激出口。(2)复兴工业。通过《全国工业复兴法》,建立了"全国工业复兴委员会",一方面监督生产,另一方面,给大资本家提供大量贷款,帮助他们渡过经济危机的难关,加强了政府对资本主义工业生产的控制与调节。(3)调整农业政策。1933年5月,国会通过了"农业调整法",成立了农业调整管理局,专门负责农产品的生产管理、加工和销售。在具体措施中,该局在1933年从农产品加工费中抽出数亿美元作为津贴,给减耕减产的农户发放经济补贴(农民缩减大片耕地,屠宰大批牲畜,由政府付款补贴),提高并稳定农产品价格。(4)实行失业救济和以工代赈政策。联邦政府成立社会救济机构,开展大规模的失业救济工作。同时从1935年至1941年间工程振兴局共耗资113.65亿美元,其中78%用于公共建设和环境保护,以增加就业机会,并刺激人民群众的购买力。(5)建立社会保障体系。通过了《社会保障法》,使退休工人可以得到养老金和保险,失业者可以得到保险金,子女年幼的母亲、残疾人可以得到补助。还建立急救救济署,为人民发放救济金。(6)关注社会福利事业。1933年6月,政府颁布《房主贷款法》,发放长期低息贷款,作为资助有可能失去房屋的房主之用。(7)颁布劳资关系法和工资时数法等。

出将拨付到地方政府，用于基础设施和建设项目。2008 年 11 月，中国推出了进一步扩大内需、促进经济平稳较快增长的十项措施，初步匡算到 2010 年底约需投资 4 万亿元，简称"四万亿计划"。2008 年 12 月，欧盟委员会启动了 2000 亿欧元（约合 2660 亿美元）的经济刺激计划，主要包括增加政府投资、减税、对弱势群体补贴等。2008 年 12 月 4 日，法国政府公布了一项 260 亿欧元的经济刺激计划。2009 年，奥巴马总统上台伊始，便推出了总额高达 7870 亿美元的《美国复苏和再投资法案》（简称 ARRA）。2009 年 2 月初，加拿大政府通过了一项为期 2 年、总额 400 亿加元的经济刺激计划。德国也实施了经济刺激计划，[①] 其中大量资金用于基础设施投资、对企业的税收减免以及对中小企业的扶助等，在这个计划中，有一个刺激企业雇佣短工的补贴措施很有特色：当雇主选择短时工作、而非解雇人员时，雇员工资的 60%（没有孩子）或 67%（有一个孩子）由政府来支付；企业为雇员缴纳前 6 个月社会保障费的 50%，以后的 100% 由国家来支付；雇佣关系从 2009 年开始的，上述补贴适用 24 个月，雇佣关系从 2010 年开始的，上述补贴则适用 18 个月。德国政府促进就业的条件很优厚。

当面临严重经济衰退时，扩大政府投资是必要的，但要看到，这些都是短期的救助行为，是刺激性的，类似于打"强心针"，不宜长期化，因为当期过度的投资需求可能引发未来的产能过剩。另外，救助会强化政府对经济的干预，弱化市场的自我修复能力。

四、政策配合

金融危机救助的最终目标是促进经济复苏和健康运行，政府部门承担着艰巨复杂的救助工作，通常需要货币、财政、产业等各种政策共同发挥作用，需要各种政策的有效配合。在 2008 年下半年次贷危机高潮后，美国实施复苏与再投资法案，增加对教育、清洁能源和交

---

① 2008 年，德国推出的第一套经济刺激方案规模为 310 亿欧元；2009 年 2 月 13 日，德国联邦议院下院 13 日批准了政府关于 500 亿欧元（合 650 亿美元）的经济刺激方案。

通基础设施建设的投资,促进出口,复兴制造业,引导制造业回流,促进就业,救助范围极其宽泛,该法案的实施需要美国众多政府部门的参与、协调和相互配合。2009年2月,韩国利用财政货币政策刺激经济的同时,还加强社会救助和保障工作,投入5.9万亿韩元帮助低收入人群维持生计和医疗补助,随后又紧急调入6万亿韩元帮助贫困人口和失业人员,另有86万人每月可获得现金和消费券,① 救助涉及的部门也很多。

在实施扩张性的财政政策时,为了抑制市场利率上升,降低私人部门的融资成本,通常需要实施宽松的货币政策增加货币供给,现在这种救助组合使用得比较多。在国际金融危机期间,韩国、泰国等亚洲新兴经济体就实施了扩张性财政政策与宽松的货币政策相配合的政策组合,以加大救助力度。

如果各种政策配合衔接不利,或者过于倚重某一政策工具,例如财政政策,会削弱救助的效果。20世纪90年代,日本经历了资产泡沫危机和亚洲金融危机,日本政府采取了扩大内需的宏观经济政策,其中财政政策发挥主导作用。从1992年10月到2002年12月,日本政府共追加了11次补充预算,金额达130万亿日元。持续巨额的财政支出积累了巨大的债务负担,从1996年开始,日本财政赤字占GDP的比重达到8%②,远高于3%的国际警戒线;从1998年起,日本国债收入占政府支出的比重维持在40%左右。而在货币供给方面,1992年日本的货币供给量不仅没有增加,反而比1991年减少了近9000亿日元。日本以财政政策为主的救助行动不但没有启动经济,反而累积了巨额的政府负债。从1999年2月,日本启动了零利率政策,但为时已晚。

---

① 马晶:"韩拟投40亿美元援助弱势群体",《新京报》,2009年3月13日。
② 赵臣:《金融危机的比较研究与启示——兼论次贷危机下的美国政府的救市政策》,西南财经大学2008年金融学硕士论文第46页。

要点小结

本章分析的一般性救助是金融危机救助的通常做法。由于金融危机的影响范围和危害程度不同,对其救助的"药方"应有所不同。随着金融危机的不断恶化,需要逐步加大一般性救助的力度。在金融危机之初,重点救助金融市场,主要发挥央行的作用,向市场注入流动性;当这种救助不足以防止重要金融机构倒闭时,就需要对重要金融机构采取注资、国有化等救助措施,维护其中介功能;当金融危机继续恶化,造成金融恐慌、冲击实体经济时,就需要各救助主体通力协作,需要货币、财政、产业等各种政策的配合,实施全方位救助。这些都属于一般性救助的范畴,是救助的通行做法。值得注意的是:一般性救助是危机时期的短期救助行为,不能将这些救助行为长期化,否则将扭曲市场功能,降低资源配置效率。

第三章
第二层面救助：制度性救助

在第二章我们分析了一般性救助，救助对象是一般意义的、无差别的金融市场。当然，这是一种假设，是为了方便研究，便于总结救助的通行做法。现实情况是，各国金融市场的差异很大，这种差异不仅体现在发展水平和规模上，还体现在制度差异上。由于金融市场的发展、壮大并达到一定规模通常需要很长时间，属于"时期"分析的范畴，不是本书研究的对象。那些因为制度缺陷、路径依赖、金融衍生品、问责制等制度性因素引发的系统性金融风险，笔者称之为制度性风险。与一般性风险不同，制度性风险具有系统性、隐蔽性和累积性等特点，即便整个金融体系的制度缺陷很明显，已经"锁定"在一种低效甚至无效的状态，该体系也不会主动弥补自己的制度缺陷，降低制度性风险，甚至还会自我强化，并形成与之相依附的利益集团和金融文化习俗，自觉维护既定制度和利益分配格局。沿着既定路径长期走下去，必定不断加重制度性风险，使整个金融体系在高风险状态下运行。一旦被意外因素诱导，制度性风险便会暴露并迅速释放出来，放大整个系统性金融风险，甚至可能引爆金融危机，产生巨大破坏。

金融危机爆发后，为降低制度性风险而采取的应急性救助措施，笔者称之为制度性救助。制度性救助是完善金融体系的过程，是制度变迁的过程，其重点是弥补在金融危机中暴露出来的制度缺陷和不足，需要通过制度创新迅速推进。在救助中，救助主体需要解放思想，打破惯性思维，避免陷入路径依赖。实施制度性救助需要对本国的国情和制度了如指掌，洞悉国内经济政治格局的风云变幻，顺制度而为，随机应变。

第一节 制度创新与制度性救助

金融危机救助的过程也是制度创新的过程，因为一旦金融危机爆发，金融体系的许多制度缺陷便会暴露出来，并迅速放大。此时，不合理制度的既得利益者成为众矢之的，声名狼藉，反抗制度创新的力量最小；而利益受损者遭受切肤之痛后，推动制度创新的欲望强烈、动力十足。在这正反两方面力量的此消彼长中，将形成推动制度创新的最大合力，酝酿制度创新的爆发期，并加快制度变迁的步伐。比如，2008年国际金融危机催生了《巴塞尔协议Ⅲ》，该协议的草案于2010年提出，在短短一年时间内就获得通过，并于当年11月在韩国首尔举行的G20峰会上正式批准实施，非常迅速，这是平常根本无法实现的制度创新。救助主体需要充分利用这个爆发期，实施制度性救助，弥补金融体系的制度缺陷，降低制度性风险。

一、针对救助主体的制度性救助

金融危机越来越复杂，需要更多的救助主体参与救助，所以救助主体不断丰富，从最早的财政部和央行，到后来的存款保险机构、资产管理公司等，这些主体的救助职能通常是在救助中、通过一系列的制度创新确立下来的。

（一）最后贷款人制度

在金融市场上，单个机构失败的影响将快速扩散和放大，可能导致整个金融系统遭受到雪崩一样快速坠落的冲击和窒息。建立最后贷款人①制度，可以防止金融恐慌与金融危机的蔓延，是重要的金融安全网。如果没有最后贷款人提供救助，一般金融危机很可能迅速恶化成严重金融危机乃至金融体系的崩溃。

1. 最后贷款人的制度创新

最后贷款人制度是市场实践的结果，产生于19世纪，是英国救助一系列银行挤兑的产物。尤其是在1866年，伦敦的批发折扣银行欧沃伦格尼（Overend, Gurney & Company）②倒闭后，爆发了严重的银行业危机，对英国建立最后贷款人制度产生强烈需求。

1861年4月，美国南北战争爆发，在战争时期英国纺织业因需求大增而极度繁荣。那时美国是世界上最大的棉花产地，由于内战爆发，美国棉花出口一度停滞，原料紧缺的英国纺织业不得不去印度等地收购棉花，导致国际市场上棉花价格暴涨，棉花国际贸易的利润很丰厚，英国有很多进出口贸易公司从事棉花投机买卖，还吸引了大量英国金融业特别是海外殖民地银行的投资。到1865年4月，美国内战结束了，美国棉花大量出口，导致国际市场上棉花价格暴跌。1866年，英国金融业参与棉花投机失败，纺织业不景气又加重了金融业灾难，使大量贷款无法收回，银行破产，股市暴跌，损失惨重，并造成严重的金融恐慌，而欧沃伦格尼的倒闭将危机推向高潮。

反复出现的问题，需要从制度上找原因。英国当时拥有世界上实力最雄厚的中央银行——英格兰银行，却频繁爆发金融危机，说明早期的英格兰银行在制度设计上是有缺陷的，比较明显的缺陷是：（1）英格兰银行成立于1694年，由英国皇室特许苏格兰人威廉·彼

---

① 最后贷款人，又称最终贷款人（Lender of Last Resort），即在出现危机或者流动资金短缺的情况时，负责应付资金需求的机构（通常是央行）。该机构一般在公开市场向银行体系购买质量理想的资产，或透过贴现窗口向有偿债能力但暂时周转不灵的银行提供贷款。该机构通常会向有关银行收取高于市场水平的利息，并会要求银行提供良好抵押品。

② Overend, Gurney & Company was a London wholesale discount bank, known as "the bankers' bank", which collapsed in 1866 owing about £11 million.

得森等人创办①，正值奥格斯堡同盟战争（1688—1697年）期间，英格兰银行的主要功能是为政府筹措战争经费，并因此而取得货币发行权。英格兰银行当时作为一个私人性质的、逐利的银行，为了追求利润最大化，总是把储备保持在最低的水平（因为储备不产生利息收入），这个最低水平是以自身支付安全为基础，而不是以英国整个金融体系安全为基础。（2）政府为了整个金融系统的安全，不可能把银行券的发行决策权无限制地下放给私人性质的英格兰银行，所以在金融危机期间，英格兰银行首先想到的是保全自身的安全，而不愿把储备贷给其他银行，而且它还将贴现率定得很高，这反而限制了商业银行的再贴现能力。英格兰银行的这两大制度缺陷在欧沃伦格尼危机中充分暴露出来，并加重了危机，所以英国下决心改革英格兰银行，就是将其国家化，让其放弃商业银行业务，在危机时期专心为其他银行提供流动性支持，从而建立了真正的最后贷款人制度，这是金融史上的一次重大制度创新。历史上，一般把欧沃伦格尼危机的救助看作是英格兰银行最后贷款人职能的开始。之后，英国金融体系进入相对稳定期，即便是1907年美国的信托危机和"大萧条"，对英国的金融体系的冲击也比较有限。

美国曾饱受银行恐慌的折磨，与其政治制度有很大关系。美国最早由13个殖民地以联邦形式组织在一起，大部分行政权集中在州政府，而不是联邦政府，美国建国的宪法没有对设立银行的授权主体做出明确规定，因此联邦政府和州政府对银行授权问题曾展开争夺，最终州政府占了上风。当时，各州政府规定银行都必须设立在所在州界内，不得在州外成立分支机构，有的州还禁止银行设立分支机构，这就使美国银行在那时的规模普遍较小，投资集中在州内，资金跨境流动效率低下。正是因为银行规模小、分散化，无法

---

① 当时出面组织与政府谈判的是William Peterson，但真正的运作人是John Houblon爵士。英格兰银行的提案很快得到国会批准，国王授予了特许权（Royal Charter），允许这家银行突破当时的法律规定，以不受限制的人数成立股份公司，建立一家资本雄厚的融资机构，前提是把钱长期借给政府。拿到特许权之后几天，金融城中1208位股东只用了两周时间就筹集到120万英镑，购买英国政府的公债。英国政府支付公债的年息为8%，并支付银行每年4000镑的管理费，即每年支付10万英镑，但这120万英镑就成为英国政府的永久债务了。

图 3-1　1694 年英格兰银行特许权文件签署

满足美国工业快速发展的巨大融资需求，所以促成了投资银行等各种影子银行的兴起。19 世纪美国证券市场迅速发展，工业融资高度依赖于投行业务，造成投融资链条较长。只要这个链条上一个环节出现问题，就会引起整个链条共振，很不稳定。在 20 世纪前，美国没有成立真正意义上的中央银行①，经常遭遇银行危机。在南北战争时期，美国经历了 11 次金融恐慌，此后又在 1873 年、1884 年、1890 年、1893 年、1907 年爆发了金融危机。尤其是 1907 年的信托危机造成严重的金融恐慌，损失惨重，这才导致美国下决心建立了美联储这一最后贷款人制度。由此可见，美国当年建立美联储看重的不是美联储的融资功能，而是美联储的最后贷款人功能，希望通过美联储对商业银行进行票据再贴现，来杜绝金融危机的再次发生。当然，这一愿望没能实现，说明最后贷款人制度治标不治本，只能救助和缓解金融危机，不能根治金融危机。美联储由位于华盛顿特区的联邦储备委员会和 12 家分布在全国主要城市的、地区性的

---

① 美国第一国民银行和第二国民银行都只有 20 年的特许经营期，不是真正的央行。

联邦储备银行①组成，12家联邦储备银行不属于联邦政府机构，而是非营利性私营组织。美联储的体制独具特色，是联邦与州两个利益集团在遵守美国既有政治制度的框架下进行的制度创新，是相互博弈妥协的结果，是美国的国体、政体和基本政治制度决定了美联储这一最后贷款人的制度模式，并决定了美联储此后的制度变迁。

在20世纪30年代，澳大利亚能从"大萧条"中迅速复苏，一个重要原因是澳大利亚联邦银行②提供紧急救助资金，发挥了最后贷款人的作用。在布雷顿森林体系末期及解体后，许多央行频频以最后贷款人角色现身，发挥救助作用。各经济体建立的最后贷款人制度有差异，主要受各自的政治和经济制度影响。

在希腊债务危机救助中，欧盟实施了一揽子救助计划，其中包括欧洲金融稳定基金（简称EFSF）和欧洲金融稳定机制（简称EFSM）③等。但无论是EFSF还是EFSM，都属于临时性的救助措施，它们无法持久缓解欧洲的债务困境。2010年12月，欧盟议会通过修改《里斯本条约》，允许建立永久性救助机制——欧洲稳定机制（简称ESM）④，接替EFSF和EFSM的职能，防止欧债危机进一步蔓延。ESM于2012年10月正式创立，这是欧元区的重要历史时刻。ESM总部设在卢森堡，理事会由欧元区17国财长组成⑤，ESM运营的重大决策，包括是否提供金融援助、提供援助的条件、贷款规模以及工具等，由17国财长做出。ESM的总资金规模为7000亿

---

① 目前12个联邦储备银行的总部分别位于波士顿、纽约、费城、克里夫兰、里士满、亚特兰大、芝加哥、圣路易斯、明尼阿波利斯、堪萨斯城、达拉斯和旧金山。
② 1911年，在Andrew Fisher的工党政府支持下，依据《1911年联邦银行法》成立澳大利亚联邦银行，这是一个国有化银行。联邦银行在当时既具有央行的作用，又有普通银行的功能，比如存储业务等。1959年，澳大利亚成立储备银行，执行央行的职责，同时将澳大利亚联邦银行的商业和储蓄银行服务转到一个新的机构，并保留了"澳大利亚联邦银行"的名字。
③ EFSM由27个欧盟成员国支持，可筹集600亿欧元；欧洲金融稳定基金（EFSF）最高可筹集4400亿欧元。
④ ESM的主要任务是在严格的前提下为成员国提供金融救助，并保持受助国国债的可持续性，同时提高受助国从金融市场自筹资的能力。
⑤ 欧元区现有19个成员国。

欧元，其中 800 亿欧元是 ESM 的自有资本金，由欧元区成员国按照各国在欧洲央行的资本金份额，以现金的形式分摊缴付，其中德国、法国、意大利和西班牙分摊 27%、20%、18% 和 12%，其他 13 国分摊 23%；其余的 6200 亿欧元以欧元区成员国承诺救助金和担保的形式存在，需要时才缴付给 ESM。ESM 实质上扮演着欧元区最后贷款人的角色，向陷入债务危机的成员国提供流动性支持。ESM 的贷款金额庞大、利率优惠、期限较长，有利于促进欧元区的整体稳定。由此可见，ESM 这一跨国界的最后贷款人模式就是在欧债危机救助中建立起来的，填补了欧元区救助结构上的缺口，弥补了欧洲央行的制度性缺陷，是一次比较成功的制度性救助。

2. 最后贷款人制度的理论阐释

央行是最重要的最后贷款人，为了更好地发挥其作用，《经济学人》总编沃尔特·白芝浩（Walter Bagehot, 1873）丰富和发展桑顿（Henry Thomton）等前人研究成果，并在他 1873 年出版的《伦巴第街》[①] 一书中提出了著名的白芝浩原则（Bagehot's Dictum）：一是最后贷款人政策在危机之前就应该宣布，事先承诺在危机时期将迅速有力地提供贷款；二是最后贷款人以惩罚性利率提供贷款；三是借款人应提供良好抵押品；四是最后贷款人仅向具有清偿力的银行提供贷款。随后，经济学家们不断发展白芝浩原则[②]，对最后贷款人制度的合理性做了系统阐释，大多认为需要扩充最后贷款人的职能，Solow（1982）认为，无论银行是否具有清偿力，在危机时刻最后贷款人都应提供救助，以防止系统性金融风险的传染。[③] 为了实现这个目标，各国进行了一系列制度创新，其制度变迁的路径大体呈现以下趋势：央行不再延续古典的财政融资路径（虽然其财政融资功能依然存

[①] 沃尔特·白芝浩：《伦巴第街》，商务印书馆 2017 年版。

[②] 比如 Meltzer（1986）将白芝浩的思想简化为四条：一是央行是整个金融系统而不是单个银行的最后贷款人；二是央行抵押贷款发放中的抵押品应该是经济正常运行下的可以市场化的资产；三是央行的贷款和贴现应当及时回收并收取高于市场利率的惩罚性利率；四是以上三个原则需提前宣布并在实际操作中遵守。

[③] 郭建伟：《最后贷款人——公共产品角度研究》，复旦大学 2006 年博士论文。

在），而是转向了最后贷款人的路径，并且沿着这条路径不断强化下去。

3. 各种最后贷款人

谈到最后贷款人，现在大家很自然地就想到央行，其实央行并不是唯一的最后贷款人。19世纪中叶，在美国产生了纽约清算所（New York Clearing House）①，其结构类似于由所有银行组成的卡特尔组织，当清算所发现某家会员银行出现头寸短缺时，会组织其他会员银行动用各自的储备向该银行提供贷款，甚至发行贷款凭证来结算银行间的借贷差额，这有利于遏制金融恐慌。在1907年的信托危机中，摩根集团曾承担过最后贷款人的角色。加拿大的财政部和外汇管理局等都曾对陷入危机的银行进行援助，执行了最后贷款人职能。在2013年的塞浦路斯银行危机救助中，"三驾马车"② 是最后贷款人，这是由欧盟特殊的政治和经济制度决定的。

总之，最后贷款人制度是维护金融稳定的重要防护线，可以在金融危机救助中提供紧急流动性支持，帮助问题金融机构走出困境，防止暂时的流动性危机转化为系统性金融危机。这是历次金融危机救助积累的经验，是救助的通行做法，并在救助中通过制度创新，逐步完善最后贷款人的制度设计。正是在金融危机救助中，经过一次次制度创新，最后贷款人职能得以不断加强并与商业银行、存款保险机构、政府部门等合作，共同实施救助。

（二）存款保险制度

为了应对国内商业银行可能出现的挤兑现象，避免清偿力危机可能导致的自我实现型流动性危机，很多国家和地区制定并实施了存款保险制度，③ 而最早的存款保险制度就是美国在"大萧条"救

---

① 1853年10月11日，62家银行在华尔街14号地下室共同创立了纽约清算所，会员银行要为清算所支付服务费。
② 本书提到的"三驾马车"是欧盟、欧洲央行和IMF。
③ 我国大陆、台湾和香港分别于2015年、1985年和2004年建立了存款保险制度。

助中建立起来的。① 1933 年，美国国会通过了《格拉斯·斯蒂格尔法案》，建立了以 FDIC 为主体的存款保险制度。FDIC 是一个联邦政府的、独立的存款保险及金融监管机构，其监督权限是在该公司投保的所有联邦储备体系会员银行和州注册银行，以及其他金融机构。FDIC 对前者采取强制投保，对后者采用自愿投保。FDIC 的资金来自投保银行的保费、投资政府债券的利息和从财政部借入的资金。

存款保险制度在抵御金融危机方面发挥了重要作用，成为金融安全网的重要组成部分，其救助作用主要体现在最大限度地保护存款人利益和增强存款人信心上。国际金融危机爆发后，一些经济体的存款保险制度发挥了重要救助作用，有的还临时扩大了救助范围，实施了临时性全额存款担保政策、提高存款保险限额和扩大存款保险保障范围等救助措施。2008 年 10 月 3 日，FDIC 宣布将存款保险限额临时从 10 万美元提高到 25 万美元，直到 2009 年 12 月 31 日。当一些大银行出现危机时，FDIC 取消了保险上限，以防止出现挤兑。当一些货币市场基金的价格跌破面值时，即净资产价格跌至 1 美元以下，导致了巨大的自残型挤兑，美国还将存款保险延伸至货币市场基金。美国、澳大利亚、新西兰和我国香港还将存款保险的担保范围扩展到外资银行分行，以加强对存款人的保护。

根据巴塞尔委员会和国际存款保险机构协会（IADI）的一项调查显示，截至 2010 年 6 月末，全球有 48 个国家和地区采取了强化保护中小额存款者利益的存款保险保障措施，其中 19 个国家（地区）提供了全额存款保险；23 个国家永久性上调了存款保险限额；6 个国家临时性上调了存款保险限额（见表 3-1）。金融稳定理事会的统计则表明，在其成员国（地区）中，有 15 个在金融危机期间采取了特别措施，强化存款保险制度安排。②

---

① 有专家认为，1924 年捷克斯洛伐克建立了世界上最早的全国性存款保险制度。但由于其影响较小，一般被忽视了。在第二次世界大战前，捷克斯洛伐克是世界第七大工业国。

② BCBS, IADI, 2009, "Core Principles for Effective Deposit Insurance Systems", BIS Press & Communications, June, pp. 3-25.

表 3-1　　次贷危机期间强化存款保险制度的国家和地区

类　型	国家和地区
全额存款保险（19个）①	希腊、奥地利、葡萄牙、德国、丹麦、冰岛、匈牙利、爱尔兰、约旦、科威特、中国香港、马来西亚、黑山、蒙古国、新加坡、斯洛伐克、斯洛文尼亚、泰国、阿联酋
永久性上调存款保险限额（23个）	美国、英国、捷克、阿尔巴尼亚、比利时、芬兰、保加利亚、克罗地亚、塞浦路斯、爱沙尼亚、印度尼西亚、哈萨克斯坦、塞尔维亚、拉脱维亚、立陶宛、卢森堡、马耳他、菲律宾、波兰、罗马尼亚、俄罗斯、瑞典
临时性上调存款保险限额（6个）	巴西、澳大利亚、瑞士、荷兰、乌克兰、新西兰

注：①德国、希腊、匈牙利、冰岛、葡萄牙、新加坡等国家政府还同时做出了保证存款人利益的政治承诺；②FDIC还出台了对非生息账户给予临时性全额担保的临时流动性担保计划；

数据来源：IADI，IMF，"Update on Unwinding Temporary Deposit Insurance Arrangements"，June，p.3，2010.

除了保护存款人的利益，存款保险制度在金融危机救助中还可以发挥很多作用，以维护金融稳定，并不断扩大其保障范围。下面以FDIC为例予以说明。

一是保证问题金融机构的有序运行或退出。FDIC可以遵循成本最小化原则，运用"收购与承接"（Purchase and Assumption）方式，通过向健康金融机构提供贷款、担保等，帮助健康机构购买破产机构的资产，进行处置。对部分资产规模较大的银行还采取"过桥银行"策略，先自行经营再择机出售。只有当处置成本高于直接赔付时，才采取由存款保险基金直接赔付的方式。多样化的风险处置方式保障了存款保险基金的安全，增强了FDIC的救助能力。到2008年11月底，FDIC就成功处置了22家破产金融机构，其中包括一些资产和存款均超过千亿美元的银行，比如美联银行（Wachovia）①、华盛顿互惠银

---

① 2008年10月10日，美国反垄断监管机构批准富国银行以117亿美元的价格收购美联银行。

行（Washington Mutual）① 等。

二是对金融机构采取早期纠正措施，控制危机点蔓延。2008年9月，在雷曼兄弟申请破产保护后，FDIC及时向雷曼兄弟控股的银行实施"停止令"（Cease and Desist Order），即规定未经FDIC同意，该银行不得向雷曼兄弟提供有担保交易或其他形式的授信，不得进行分红或减少其资金头寸。

三是促进商业银行加强内部风险管理，完善基于风险的费率制度。2008年10月7日，FDIC宣布修改费率制度，更多考虑反映银行风险动态变化情况的客观因素，如大额存单、银行发行的有担保和无担保债务头寸等，以引导各受保机构不断加强风险控制和审慎经营。② 2009年第二季度，FDIC将金融机构的风险等级为Ⅰ级的基准费率（存款保险费率由基准费率和风险差别费率构成）区间从2个基点扩大到4个基点。见表3-2。

表3-2　　　　2009年二季度的初始基准费率表　　　　单位：万分之一

	风险等级				
	Ⅰ级		Ⅱ级	Ⅲ级	Ⅳ级
	最低	最高			
初始基准费率	12	16	22	32	45

资料来源：FDIC网站。

四是为部分资产提供担保，增强市场流动性。在次贷危机最紧张时期，FDIC于2008年10月14日出台了"临时流动性担保计划"（Temporary Liquidity Guarantee Program，TLGP），该计划由交易账户担保计划（TAGP）和债务担保计划（DGP）组成，其中债务担保计划是为受保银行和符合条件的金融机构提供全额担保，由FDIC对其在银行间市场于2008年10月14日至2009年6月30日期间发行的高

---

① 华盛顿互惠银行成立于1889年，是美国第四大居民住房抵押服务供应商，是一家区域性的金融服务公司。2008年9月25日，FDIC将其关闭，涉及资产达3070亿美元。经过拆分，华盛顿互惠银行分布在美国23个州的5400家分支机构被摩根大通收购。

② 王聪等：《西方金融危机对我国建立存款保险制度的启示》，金融时报2009年3月23日。

级无担保债提供担保,但对金融机构依托 FDIC 担保发行债券的额度有限制,不能超过其于 2008 年 9 月 30 日止在银行间市场未清偿的、在 2009 年 6 月 30 日之前到期的高级无担保债余额的 125%。① 债务担保计划是金融危机救助的一项制度创新,FDIC 不再拘泥于存款类金融机构,将 FDIC 保险的范围从存款延伸至非存款类债务,扩大了存款保险制度在危机时期的救助范围。

在一次次金融危机救助中,存款保险制度经受住了实践检验,其优势得到了强化,其不足通过制度创新得以弥补。现在,存款保险制度覆盖的国家和地区不断扩大,救助职能得到不断完善和加强,这是对存款保险制度救助作用的认可。

(三) 资产管理公司

金融资产管理公司通常是金融危机时期成立的专门机构,用来处理问题金融机构的不良资产,是重要的金融危机救助主体,比如美国的重组信托公司(简称 RTC)、瑞典和韩国的资产管理公司、日本的过桥银行(Bridge Bank)② 等,都属于这类机构。资产管理公司的实质是由政府出面,设立专门机构,处理金融机构的不良资产。

RTC 是在救助储贷协会危机过程中建立的。20 世纪 80 年代中期,由于美国经济衰退引发房地产价格下跌,储贷协会(S&L)的大量贷款无法收回,联邦储贷保险公司③的保险基金于 1987 年耗尽,储贷协会危机全面爆发。据统计,从 1980 年至 1994 年的 15 年时间里,共有 1295 家储贷协会和 1617 家商业银行倒闭或接受援助,平均每隔一天就有 1 家存款机构倒闭或接受援助。为了救助储贷协会危

---

① 刘晶:"存款保险制度的新发展:以英美为例",《时代金融》2013 年第 3 期下旬刊第 125 页。

② 日本过桥银行是指破产金融机构在规定时间内未找到接盘金融机构时,暂时承接业务的公共接盘银行。

③ 联邦储贷保险公司是美国政府一个独立机构,负责管理储蓄存款和住宅资助,是美国资助建筑和购买住宅的主要私人资金来源。凡是打算通过信贷方式获取住宅的人,只要加入属于联邦住宅贷款银行系统的储蓄信贷协会,就可以把该系统作为他购买和建筑经济住宅的可靠资金来源。

机，美国国会同意政府签署了一项10年筹款1590亿美元用于救助储贷协会的法案，还出台《联邦存款保险公司改良法》《RTC完成法》等，设立了RTC，并明确规定了RTC的目标、权力和责任。从1989年至1994年，RTC在化解金融风险、推进金融创新等方面有很多建树，是处置金融机构不良资产的重要制度创新，随后这一救助模式被许多国家借鉴和模仿。在某种意义上讲，正是从RTC开始，组建资产管理公司成为各国实施金融危机救助、处置不良资产的通行做法。

进入20世纪90年代，全球银行业不良资产加速膨胀，处理工作日益繁重。在北欧金融危机救助中，瑞典、挪威、芬兰和丹麦等北欧国家设立了金融资产管理公司，对银行的不良资产进行大规模的重组。瑞典的资产管理公司也是在金融危机救助中由政府建立的，它是独立于央行、财政部和监管机构之外的金融机构，主要目标是将问题资产与金融体系隔离，处理变卖银行的不良资产，包含不动产和贷款，通过取得有问题的授信抵押品并予以整理出售，以尽可能回收资金。

瑞典政府在银行不良资产处置中，还成功运用了"好银行""坏银行"模式。作为"坏银行"，资产管理公司大规模购买银行的不良贷款和资产，没收贷款抵押物；再对资产进行分类，并发挥专业优势，针对不同资产制定相应的促销策略，提高资产处置效率。作为"好银行"，在将不良资产剥离后，可以集中人力物力发展核心业务，提高经营效益，不再被过去的不良资产拖累，并在资本市场上筹集新资本进行资本重组。① 瑞典资产管理公司处理不良资产的速度比预期的快，在成立后的5年内就卖掉了所有的工业和房地产业的资产，处理价格比预期的高。在整个处理过程中，瑞典共投入650亿克朗，相当于其GDP的4%，其中130亿克朗来自私人资本。到1996年底，

---

① 赵璐："国外银行化解不良资产风险的经验与借鉴"，《云南财贸学院学报》2002年第4期第45—48页。

瑞典已成功地解决了不良资产问题,其标志是政府取消了对银行的担保①,资产管理公司的成本几乎都被补偿了。

随后,中东欧经济转轨国家、拉美国家和法国等加强制度创新,成立了许多独具特色的资产管理公司。波兰成立了工业发展局(APR),墨西哥成立了FOBAPROA资产管理公司。1994年初,法国里昂信贷银行面临破产危机,法国政府向里昂信贷银行注资230亿法郎,并为400亿法郎的存款提供担保,同时成立了全资子公司——房地产经营信托公司(OIG),负责处理该银行及其子公司的房地产坏账,之后又在OIG的基础上设立"清盘银行"(CDR),负责清算、变现该银行在工商业、房地产及娱乐业的资产,将非银行业务更加彻底地分离出去,使里昂信贷银行更加专注地发展银行核心业务。②

亚洲金融危机爆发后,东亚以及东南亚也开始组建金融资产管理公司,例如泰国的金融机构重组管理局(FRA)、印度尼西亚的银行处置机构(IBRA)和马来西亚的资产管理公司(Danaharta)等,对银行业的不良资产进行重组。

从各国处理不良资产的过程看,有两条经验很重要:(1)成立资产管理公司有利于发挥专业优势,提高救助效率;(2)立法支持是重组不良资产的重要制度保障,制度创新和政策配套是不良资产重组顺利实施的基础。

在金融危机救助中,为了增强救助力量,扩大救助资源,针对救助主体的制度创新是很多的,本书分析得比较简略。随着金融危机的演化,将来会有更多的救助主体参与进来,投入越来越多的公共资金。为了保证这些救助主体职能的合理和合法性,最大限度保护纳税人的利益,需要以相应的制度创新作保证,并用制度来规范和约束救助主体的行为,从而保证制度性救助的顺利进行。

---

① 李文政、宗良:"瑞典运用资产管理公司处理银行危机的经验",《国际金融研究》1999年第3期,第41-45页。

② 赵高翔:《政府金融救助研究:理论与经验》,华东师范大学世界经济专业2009年博士论文,第57-58页。

二、针对救助客体的制度性救助

伴随着金融危机的演化和对金融安全的重视,金融危机救助的客体也在不断丰富和扩大,从最初救助金融市场、金融机构,扩大到救助实体经济,实施全面救助;不仅传统的商业银行可以得到救助,投资银行、保险公司等非银行金融机构也可以获得救助。而救助客体的扩大需要通过审慎的制度创新来实现,同时需要用制度创新约束救助客体的投机行为。

(一) 限制救助客体的投机行为

救助主体一般会通过一系列制度设计,限制救助客体的投机行为,以实现救助目标,这方面的案例极其丰富,其中"沃尔克法则"(Volcker Rule)就很有代表性。

2010年1月,奥巴马总统宣布对美国银行业进行重大改革,推行"去杠杆化"(Deleveraging)①的"沃尔克法则"。沃尔克法则是由美联储前主席、时任美国总统奥巴马的经济复苏顾问委员会主席保罗·沃尔克提出的,其核心是禁止银行从事自营性质的投资业务,以及禁止银行拥有、投资或发起对冲基金和私募基金。沃尔克法则的主要内容包括:(1)限制商业银行的规模。规定单一金融机构在储蓄存款市场上所占份额不得超过10%,此规定还将拓展到非存款资金等其他领域,来限制金融机构的增长和合并。实际上,美国在1994年就通过法案,要求银行业并购时不得超过存款市场份额的10%,2010年的提案将此限制扩大到了市场短期融资等其他非储蓄资金领域,限制了银行过度举债投资的能力。(2)限制银行利用自有资本进行自

---

① "杠杆"指使用较少的本金获取高收益,"去杠杆化"是指金融机构或金融市场减少杠杆的过程。

营交易（proprietary trading）。① 自营交易是金融机构用自有资本在市场买卖，而不是作为中介机构代表客户执行交易，这种自营交易加重了金融风险。(3) 禁止银行拥有或资助对私募基金和对冲基金的投资，让银行在传统借贷业务与高杠杆、对冲、私募等高风险投资活动之间划出一个明确的界线，今后将不再允许商业银行拥有、投资或发起对冲基金，不能拥有私募股权投资基金，不能从事与自己利润有关而与服务客户无关的自营交易业务。

虽然沃尔克法则没有被严格执行，最终法案与初始版本相比作出了很多妥协，没有全面禁止商业银行的自营业务和投资对冲基金、私募基金等业务，但有效限制了大银行的衍生品交易，有利于降低系统性金融风险。另外，在金融危机的关键时刻，沃尔克法则作为一种应急性制度设计，具有很强的震慑和冲击性，对抑制投机行为、缓解金融危机发挥了积极作用，是一次有效的制度性救助。

（二）生前遗嘱制度

生前遗嘱（Living Wills）制度是在金融危机期间实施的、针对救助客体的一项制度创新。生前遗嘱制度又称"恢复与处置计划"，该制度是在2008年国际金融危机爆发后，各国为处置SIFIs而创新的一种制度。生前遗嘱制度是金融机构在存续期内或者在危机来临之前，能够较为清晰地描述客户之间的关系和破产清算预案；危机爆发后，在救助主体提供救助的同时，也允许金融机构有序地破产。生前遗嘱制度的核心内容包括：①责任主体及其职责；②恢复与处置计划的策略分析和要素；③数据和信息支持；④计划的审查与更新；⑤计划的触发及条件；⑥跨境合作安排等②。简单地说，就是机构不行了该怎么办，让后人照着办，不至于忙乱并产生更大

---

① 自营交易是指投资银行利用自有资金和融入资金直接参与证券市场交易并承担风险的业务，主要包括：(1) 做市业务，投资银行为证券交易制造市场，通过为证券交易报价为证券市场创造流动性的一项业务。(2) 自营交易业务，在二级市场中投资银行通过自己的账户用自有或筹措资金进行交易，获取差价的业务。

② 李仁真、周忆：论金融机构的"生前遗嘱"制度，《证券市场导报》2012年7月，第10—15页。

风险。

英国是第一个在金融机构领域推行生前遗嘱制度的国家。2009年，英国金融服务局首次明确要求银行订立生前遗嘱；2011年，英国金融服务局（FSA）出台了《恢复与处置计划》，就生前遗嘱制度的逻辑框架和价值追求进行了制度设计。2010年6月20日，美国参议院和众议院表决通过《多德－弗兰克华尔街改革和个人消费者保护法案》（简称为《多德－弗兰克法案》），该法案于2010年7月21日经奥巴马总统签字生效。《多德－弗兰克法案》第165条专门就"生前遗嘱"规则的适用条件、责任主体及实施要求等做出明确规定。2011年11月，金融稳定理事会发布了《金融机构有效处置框架的关键属性》，将"恢复与处置计划"设定为有效处置框架中的一项重要制度安排。目前，生前遗嘱制度已经在很多国家初步确立。①

具体地说，生前遗嘱制度就是监管当局和SIFIs合作，为了保证SIFIs发生危机时能够有充足的准备和计划，采取市场化处置的方式，实现对危机机构的有效处置。监管机构的目标是降低SIFIs的处置成本、保护纳税人利益、维护金融稳定；SIFIs的目标是让金融机构尽快恢复健康，以免被市场抛弃、退出市场。生前遗嘱制度的实施需要SIFIs在完成内部治理结构的前提下，事先提交生前遗嘱，处置当局对生前遗嘱进行审查和监督。当SIFIs发生危机时，处置当局或者促使问题机构恢复正常经营能力，或者实现系统性业务和功能的隔离拆分，或者对问题机构实施有序关闭。通过制定生前遗嘱，金融机构从制度上事先准备好应对机制，明确规定出现问题后如何处置、处置中怎么承担责任等，可以把救助责任内部化，尽量不把问题甩给公众。

（三）放松股权控制约束

股权分配是公司的核心问题，涉及收益分配和经营管理等关键问

---

① 李景杰："论金融机构的生前遗嘱制度及其对我国的启示"，《经济问题》2014年第12期，第1－8页。

题。美联储在判定银行控股权问题上是非常谨慎的,任何持有银行25%以上股份的投资者都有可能被视为控股股东,而如果判定某家私人资本运营公司持有银行的控股权,就将其归类为"银行控股公司"①,美联储将对母公司进行直接监管,并将限制母公司的对外投资活动。

当面对金融危机时,为了增强救助主体对问题银行的救助意愿和救助能力,美联储会暂时放松对问题银行的股权控制限制。在次贷危机中,为了帮助陷入资金困难的银行获取更多的资金,2008年9月22日,美联储放宽了长期以来限制私募股权基金和私人投资者大量入股银行的规定,允许投资者持有最多可达到33%的银行股权(其中具有投票权的普通股可以达到15%),并且允许投资者占有董事会席位。这一制度创新鼓励私募股权基金等机构入股银行,大大扩充了救助资金来源,引导资金入市,抑制股市暴跌。

在金融危机期间,针对救助客体的制度创新很丰富,总体而言是通过制度创新,扩大救助资金来源和救助客体的范围,明确救助条件和救助资金的使用,建立事前预警机制,并严格约束救助客体的行为,促使救助客体在低风险状态下运行。

三、针对交易方式的制度性救助

在金融危机期间,改变金融交易制度可以改变投资者的交易行为和预期,能发挥一定的救助作用。针对交易方式的制度性救助是很多的,其中比较常用的有:

(一)"断路器"制度

在大宗商品交易和金融交易中,一种被广泛采用的制度是每天设立价格最大变动区间,一旦变动达到最高限度,交易就自动关闭,这就是"断路器"(Circuit Breakers)制度,是从交易规则上防止股价

---

① 银行控股公司简称 BHC,为美国金融体制之一,是指掌控一家或两家以上银行或其他银行控股公司的企业。

剧烈波动，主要为了防止非理性的大幅下跌，维护证券市场的稳定，保护中小投资的利益。

"断路器"制度是在1987年"黑色星期一"后采用的，1989年股市暴跌后又进行了修订。"断路器"制度经常变化，但通常包括暂停交易和对股指期货交易的价格变动进行限制。设计"断路器"制度的目的是通过重新平衡买卖订单，以防止股市急剧下跌，这一制度被很多证券交易所借鉴。雷曼兄弟倒闭后，奥地利维也纳证券交易所于2008年10月10日设置"断路器"制度，规定当某个金融工具的价格变动超过10%时，交易所就有权暂停该证券的交易。

（二）暂停卖空交易

卖空（Short-selling）是指交易者卖出自身当时并不实际拥有的股票，投资者在某种股票价格看跌时，从经纪人手中借入该股票抛出，日后该股票价格果然下跌时，再以更低的价格买回股票归还经纪人，从而赚取中间差价。卖空交易始于17世纪的荷兰，后来英、法、美等国在18世纪出现了卖空交易，目前卖空交易在发达的证券市场很普遍。金融危机爆发后，证券交易所暂停卖空交易，可以防止股价持续下跌和股票市场剧烈波动，保护投资者，是制度性救助的重要措施之一。

2008年7月15日，当房利美和雷曼兄弟等大型金融股连续大跌时，美国证券交易委员会（简称SEC）紧急推出限制"裸卖空"（Nake Short-selling）[①]的禁令，要求杜绝对19家主要金融机构股票的卖空；9月19日，又将限制卖空的金融机构股票扩展到79只金融股；10月2日，进一步将暂停时间延长至30天。2008年9月19日，英国开始禁止投资者建立新的做空金融类股票的头寸，之后，法国、德国、荷兰也公布了限制卖空的股票名单。2008年11月，日本实施了

---

① "裸卖空"是指投资者没有借入股票而直接在市场上卖出根本不存在的股票，在股价进一步下跌时再买回股票获得利润的投资手法。进行"裸卖空"的交易者只要在交割日期前买入股票，交易即获成功。由于"裸卖空"卖出的是不存在的股票，量可能非常大，因此会对股价造成剧烈冲击。一些专家认为，雷曼兄弟公司就是"裸卖空"行为的受害者之一。

"裸卖空"禁令。这些禁令有效抑制了当时极其不理性的投机行为，抑制了股市的大幅下跌。

至于卖空限制的"标的"，有的国家选择金融股，有的国家选择全部上市公司，还有的国家根据市场情况在这二者之间动态调整。在多数情况下，金融类股票被率先作为限制对象。在次贷危机前，发达证券市场的许多金融类上市公司从事了高杠杆业务，使这类股票的风险很高，比如雷曼兄弟的股票，在危机爆发后就率先成为被抛售的对象，这必然加剧了整个证券市场的异常波动。对金融类股票采用卖空限制尤其是禁止"裸卖空"，有利于遏制金融危机的蔓延。一些市场干脆"一刀切"，限制卖空所有上市公司股票。当然也有例外，澳大利亚在次贷危机初期对所有上市公司股票实施短期的禁止卖空，随后重点禁止金融股的卖空，待市场平稳后，只禁止所有上市公司的"裸卖空"。①

为了防止金融危机中的空头打压，报升规则（Uptick rule）② 也是一种比较有效的制度设计。报升制度要求卖空的价格必须高于最新的成交价，否则该证券将不能被卖空。报升规则起源于美国，但美国从2005年开始在pilot项目中逐步取消了报升规则，2007年彻底废除报升规则，但此后不久爆发了金融危机，市场上又出现了重设报升规则的呼声，2010年SEC重新制订了报升规则，规定单日股价跌幅超过10%时，就触发报升规则。另外，日本、希腊、俄罗斯和我国香港的监管部门曾要求卖空者遵守报升规则。

（三）放松股票回购监管

股票回购是指上市公司利用现金等方式，从股票市场上购回本公司发行在外的一定数额股票的行为。股票回购的基本动机和直接意义是向市场传递公司价值低估的信息，其逻辑是：上市公司及管理层对公司信息的了解和掌握程度要胜过其他投资者，如果上市公司肯花真

---

① 周斌等："金融危机后全球卖空监管政策比较及启示"，《证券市场导刊》2010年第9期，第64-70页。

② 报升规则又称上涨抛空，该规则要求交易者在卖空时必须以高于前一笔成交价格的水平成交，促使卖空不会直接引起股票交易价格的下跌。

金白银回购自己的股票，就足以显示其对未来股价的信心。而放松股票回购监管，可以加大上市公司的回购力度，在金融危机紧急情况下能够发挥救助作用。另外，由于每股收益=（税后利润-优先股股利）/流通在外股数，通过回购股票减少在外流通股，可以提升每股收益，有利于推动股票估值提高。

在1987年的"黑色星期一"救助中，SEC取消了上市公司持有本公司股票10%的上限限制，约有650家上市公司宣布了回购本公司股票的计划，这相当于为不断下跌的华尔街股市接盘托底，对稳定股市发挥了重要作用。上市公司回购股票，除了救市外，还可以在公司股价偏低时及时买入，防止股票落入前来抄底的金融炒家手中。

（四）对金融交易征税

保罗·克鲁格曼认为华尔街及伦敦金融城的大部分金融活动"对社会毫无用处"，对金融交易征税[1]能产生大量收入，有助于降低政府赤字。此外，征收金融交易税还可以减少投机性交易，降低金融风险。2009年11月，在苏格兰大学城圣安德鲁斯召开的G20财长及央行行长会议上，时任英国首相布朗提出"全球金融交易税"（global transaction tax），并建议将该项税款拨入特别基金，作为应对未来金融危机的储备，但当时未能实现。法国和德国一直主张征收金融交易税，欧债危机爆发后，2011年8月16日，法国总统萨科齐和德国总理默克尔在巴黎共同提议，在欧盟范围内征收金融交易税，随后这一提议得以实施。可以说，是欧债危机促进了欧盟金融交易税的制度创新和迅速开征，此时欧盟推动税制改革面对的阻力最小，他们把握住了这一制度创新的最佳时机，确实很老辣。如果换做是平时，不要说是推动涉及如此众多国家的金融交易税制度创新，就是在一国之内推动也很艰难，必定面临旷日持久的谈判和复杂的利益博弈。

---

[1] 金融交易税的税基一般是金融资产的交易额，主要与金融部门的盈利、交易等行为有关。金融交易税可分为广义和狭义两种。广义的金融交易税指对国内外所有金融资产的交易及相关的资产增值等所征的税。狭义的金融交易税指仅对国内金融资产（不包括外汇交易）的交易按一定的税率征税。按照征收对象分，金融交易税可以分为证券交易税、货币交易税（即托宾税）、交易印花税、金融增值税和银行税等。

(五) 修改涨（跌）停板制度

为了防止股价暴涨暴跌而影响股市的正常运行，证券市场的管理机构针对每日股票买卖价格涨跌的上下限而制定的制度，这一制度被称为涨（跌）停板制度。在该制度下，当每日股价达到了上限或下限时，不允许再有涨跌。当天股价的最高上限称为"涨停板"，最低下限称为"跌停板"。① 金融危机爆发后，修改涨跌停板制度是一项有效的救助措施。2008年10月13日至17日，中国台湾股市就修改了涨（跌）停板制度，将跌幅限制从7%缩小至3.5%，而涨幅限制仍维持在7%。②

通过以上分析可以看出，制度创新是把"双刃剑"，既能加剧金融危机，又能抑制金融危机。创新金融交易方式可在一定程度上抑制金融投机，稳定市场预期。这方面的制度创新具有旺盛的生命力，被许多经济体借鉴、推广和完善，也印证了金融危机救助中制度创新的重要性。

四、针对金融消费者的制度性救助

次贷危机后，金融消费者保护问题引起了各国政策制定者和金融监管部门的高度关注，很多学者认为，金融消费者保护缺失是引发次贷危机并最终酿成国际金融危机的重要原因之一。一些国家将加强针对金融消费者保护的制度建设，作为金融危机救助的重要措施，这既能加快制度创新进程，弥补原有金融体系的制度缺陷，降低系统性金融风险，又能缓解社会怨气，树立政府部门代表民意的良好形象。

---

① 中国的涨（跌）停板制度与国外的主要区别在于股价达到涨（跌）停板后，不是完全停止交易，而是在涨（跌）停价位或涨（跌）停价位之内的交易仍可继续进行，直到当日收市为止。

② 从2018年8月，中国台湾股市的涨（跌）停板制度从此前的7%放宽至10%。

（一）英国的制度创新

在金融消费者权益保护方面，英国的做法就具有代表性。早在2000年，英国就初步确立了金融消费者权益保护制度。英国监管当局认识到，保护消费者权益与维持伦敦国际金融中心地位是息息相关的，要求金融服务局（FSA）负责保护消费者权益，推行消费者教育，加深公众对金融体系的认识，以及确保消费者获得适当保护。次贷危机爆发后，英国金融系统遭受重创，监管当局在保持原有监管制度下，加大金融服务局的监管权力，完善监管制度，加强消费者赔偿制度的建设，巩固风险防范措施等，这些改革措施均以保护金融消费者权益作为落脚点，试图对现有金融监管体系进行重建。英国在《2000年金融服务与市场法》中首次在法律上采用了"金融消费者"的概念，[1] 区分了专业消费者和非专业消费者（例如普通民众），规定非专业消费者所需要的保护程度要高于专业消费者，并在确认消费者保护基础上，增加了大量保护消费者权益的私法[2]规范，包括规范金融机构销售劝诱等行为、民事赔偿责任规则、消费者纠纷解决机制等。[3] 国际金融危机爆发后，英国对金融监管体制进行了大刀阔斧的改革，并以此为契机，屡次推动了金融消费者保护的制度建设。2010年6月，英国财政部公布了《金融监管的新方案：判断、焦点及稳定性》，决定新设立消费者保护和市场管理局（CPMA），负责监管所有的金融服务行为，保护金融消费者。2011年2月，英国财政部公布了《金融监管的新方案：建立更坚固的体系》，CPMA改名为金融行为准则局（FCA）。2011年6月，英国财政部向国会提交《金融监管的新方案：改革蓝皮书》，于2012年底建立包括FCA在内的监管新框架。在对消费者的教育方面，英国金融服务局于2010年4月成立"消费者金融教育局（CFEB）"，2011年4月更名为货币咨询服务公司

---

[1] Financial Services and Markets Act 2000, Part I. 5（3）。
[2] 私法主要是指调整普通公民、组织之间关系的法律。宪法、行政法、刑法以及所有诉讼法都属于公法（民事诉讼法），民法、商法属于私法。
[3] 管斌："金融消费者保护散论"，《华中科技大学学报》2010年第1期。

(MAS),独立、系统、全面地组织开展英国消费者教育工作。总之,在金融危机期间,英国抓住机遇,推动了一系列针对金融消费者保护方面的制度创新。

(二) 美国的制度创新

美国在次贷危机救助中很重视对金融消费者的制度保护,并加快了这方面的金融立法。依据《多德-弗兰克法案》,美联储下设一个独立的金融消费者保护部门——金融消费者保护署(CFPB)。CFPB致力于保护金融消费者免受不公平金融产品和金融服务滥用侵扰。CFPB的法定职责包括:(1) 制定有关向消费者提供信用卡、抵押贷款和其他贷款等金融产品或服务的监管法规,并监督落实;(2) 对资产规模超过100亿美元的大型银行和信用社进行消费者保护的定期检查,该规模以下的银行和信用社仍保持危机前的监管格局,以减轻小型金融机构的监管负担;(3) 禁止损害消费者权益的金融交易行为,发布金融产品的信息披露标准,颁布金融产品销售行为规则,确保公平交易;(4) 调查取证、举行听证和进行裁定,发布禁止令和临时禁止令,对提供重要证词和信息的检举者给予保护;(5) 建立免费的消费者投诉热线和网站。CFPB履职的重点领域包括按揭、信用卡、金融知识教育、消费者投诉、监管公平贷款、收集信息等。根据规定,CFPB设置局长和副局长职位,局长由参议院推荐和同意并经总统任命,全面负责CFPB的工作,任期5年。CFPB内部设立公平信贷与平等机会办公室、金融教育办公室、研究部、投诉追踪与收集部、社区事务部等部门。

(三) 澳大利亚的制度创新

澳大利亚在危机救助中成立独立机构,加强对金融消费者保护。2008年7月,澳大利亚成立了"金融申诉专员服务署"(Financial Ombudsman Service，FOS）。① FOS 是非营利性社会机构，独立运行争议解决程序，其工作范围涵盖存款、贷款、理财、投资、股票、基金、信托等金融服务领域里的消费者投诉。如果金融消费者和金融机构之间发生纠纷，金融消费者可以使用 FOS 免费、独立解决纠纷的服务，而无需诉诸法庭，这是一种替代性争议解决机制。

完善的金融消费者保护机制是金融体系健康发展的重要制度保障，受到发达国家立法机构和政府部门的重视。为了维护金融消费者权益，发达国家加强了在立法、职能部门设置、投诉处理程序、行业自律和金融消费者教育等方面的制度建设，构建了适合各国国情的金融消费者保护制度。总体看来，很多国家在制度上增强了消费者保护机构的独立性，保护的范围在不断扩大。这也可以作为衡量一国金融发展水平的重要指标。总体而言，加强金融消费者保护，有利于防止监管部门过于容忍金融机构侵害消费者权益的行为，可减轻"监管捕获"（regulatory capture）② 的道德风险，有利于维护金融市场的长期稳定，是顺应市场需求的制度性救助。

五、针对金融衍生品的制度性救助

金融衍生品的经济角色是双重性的，它既能在套期保值和风险管理中发挥重要作用，促进资本流动和经济繁荣，又会增加金融市场的系统性风险，经常成为金融危机的"导火索"，加快金融危机蔓延的速度，增加金融危机救助的难度。

次贷危机充分暴露了金融衍生品的"两面性"，各国金融监管部

---

① 澳大利亚此前曾成立过银行和金融服务督察机构、金融行业申诉服务机构、保险督察服务机构、信托争议处理中心、保险经纪争议处理有限公司，分别处理各领域的金融消费者纠纷，2008 年 7 月 1 日，澳大利亚将这些机构合并为 FOS。

② "监管捕获"是一种政治腐败现象。在政府建立管制起初，管制机构能独立运用权力公平管制；但在被管制者与管制者的长期共存中，管制机构逐渐被管制对象通过各种手段和方法所俘虏，管制机构最终会被产业所控制，为少数利益集团谋求超额利润，使真正的守法者损失利益，结果使被监管行业更加不公平，降低整体效率。

门开始重新思考和审视金融监管问题,把金融监管延伸到衍生品的层面,希望通过加强对衍生品研发、交易和传播链条上每一个环节的监控,实现对衍生品风险发生和蔓延的控制。监管机构分析衍生品的杠杆率,研究金融衍生品风险跨越不同地区、机构和市场的内在机理,并从制度设计上控制金融衍生品的风险传导。在金融危机救助中,各国普遍加强了对金融衍生品的监管,抑制投机行为。在金融危机救助中,针对金融衍生品的制度创新呈现以下趋势:

(一) 推动金融衍生品标准化

标准化包括合约标准化、操作标准化和法律标准化,其中国际掉期与衍生工具协会(ISDA)主协议①通过单一协议、瑕疵资产与终止净额结算这三项制度安排,为场外衍生品合约标准化提供了可靠的和普遍适用的法律基础;操作标准化则使交易发起、变更、确认、清算等各个流程,按照约定的时间和方式执行;法律标准化则强调了产品要素与合约条款的一致性。

(二) 促进清算集中化

《多德-弗兰克法案》就规定了"常规的衍生品交易必须在交易所或类似电子交易系统中进行,并通过清算中心结算"。欧洲委员会在《关于场外衍生品、中央对手方及交易登记机构的监管条例》的议案中要求,所有适合进行清算的合约都必须在授权的中央清算所进行清算。英国也支持那些"具有统一清算可能"的场外衍生品通过中央对手方进行清算。集中清算实现了集中统一管理,对衍生品可能出现的风险点实现统一防范和管理,有助于降低金融市场的系统性风险。

---

① 20世纪70年代以来,金融衍生品应运而生并迅速发展。为满足市场参与者关于订立金融衍生品统一交易标准、秩序与协议的迫切需要,ISDA组织自成立后致力于推动国际场外金融衍生品协议的发展和完善。

（三）提高市场透明度

《多德-弗兰克法案》明确规定，"按客户需求量身定制的衍生品允许通过场外市场进行交易，但相关交易数据必须及时上报中央数据库"。英国监管机构要求，交易主体须披露更多关于场外衍生品交易价格和交易量的信息。这样做既可以增加场外衍生品市场的透明度，又便于监管机构全面掌握衍生品市场的整体交易状况。

（四）规范参与场外衍生品交易的用途

"沃尔克法则"禁止受联邦担保的银行进行衍生品自营交易，将银行的场外衍生品业务限定在套期保值和做市商业务活动中，同时剥离以能源、农产品、大宗商品和大部分金属作为基础资产的互换业务。

（五）发挥资本金的作用

2009年9月，在G20匹兹堡峰会上，与会各国承诺："凡未经中央对手方统一清算的合约应当比统一清算的合约执行更加严格的资本金要求，以与其风险相匹配。"欧洲委员会和英国监管机构提出，要加大中央对手方统一清算和双边清算之间的资本差异，以进一步控制市场风险。[①]

六、针对金融监管体制的制度性救助

在金融危机的冲击下，金融监管在平时不易察觉的一些制度性缺陷就暴露出来了，各经济体一般会推动制度性救助，加强金融监管，并对原有监管体制进行创新和结构性调整。这在日、英、美等国的金融危机救助中表现得很充分。

[①] 斯文："金融危机后全球场外衍生品市场监管改革及借鉴"，《南方金融》2013年第3期，第38-42页。

（一）日本的金融监管体制创新

第二次世界大战后至 20 世纪 90 年代初，日本实行分业经营①，金融监管由大藏省和日本银行共同负责。大藏省作为金融行政主管机关，在金融监管和协调中处于绝对的主导地位。大藏省有权对包括日本银行在内的所有在日登记注册的金融机构实施监管。大藏省下设证券局和银行局，银行局下设保险部，具体负责对保险业的监督，证券局负责对证券业的监管。大藏省管理金融事务，日本银行在行政上受大藏省的领导、管理和监督，也承担一定的监管职责。日本银行主要官员的任命、货币发行最高限额的确定、存款准备金的决定、变更与废除等，须经大藏省大臣认可，独立性较差。日本虽然在 1971 年 4 月就根据《存款保险法》，建立了存款保险制度，但事实上，存款保险机构仅仅是根据大藏省的决策，承担向经营危机的投保金融机构提供资金援助、安排金融机构合并等辅助角色。在第二次世界大战后经济复兴阶段，日本这种大藏省主导的金融管理制度降低了融资成本，能够调动和集中金融力量保证重点产业发展，促进了日本经济的快速增长，但使金融体系的风险向大藏省转移。

伴随着日本经济的增速回落，其金融监管体制的缺点就逐渐暴露出来了，主要有：一是缺乏合理的金融风险预警和防范机制；二是金融监管体制僵化；三是金融监管当局与金融机构之间存在利益勾结，大藏省甚至为金融机构遮掩问题；四是大藏省主导的"保驾护航"（Convoy System）式监管理念，推动了日本金融泡沫的膨胀等。虽然经历了资产泡沫危机和"住专"事件的冲击，但日本原有监管体制并未从根本上受到触动。

直到亚洲金融危机爆发并蔓延至日本，大量金融机构破产，打破了日本银行不会破产的神话，日本才在金融危机救助中切实推动了监管体制改革。1998 年 6 月，日本制定了《金融体系改革法》，开启了"大爆炸"金融改革，组建金融监督厅，将原隶属于证券局与银行局

---

① 日本在 1948 年《证券交易法》中，复制了美国的银行、证券分离制度，韩国等国家后来也实行了类似的分业经营。

的金融监管部门、金融检查部门、证券交易监督委员会从大藏省中分离出来组成。金融监督厅在总理府直接管辖下，负责对大多数金融机构的监管。1998年10月，日本临时国会通过了《金融再生法》《早期健全化法》，成立金融再生委员会，该委员会作为临时机构，负责执行《金融再生法》《早期健全化法》以及金融机构破产和危机管理等方面的立案，负责处置大型金融机构的破产案件。同时，将之前成立的金融监督厅归并到金融再生委员会，但仍继续行使其原有的检查和监督职能。大藏省此时继续负责金融制度方面的重大决策、企业财务制度检查，而对存款保险机构的监管则由以前的大藏省单独监管改为与金融再生委员会协同监管，大藏省的权力已被大大削弱。2000年7月，日本成立了金融厅（Financial Services Agency），金融厅逐渐成为金融监管的最高机构。到2001年1月，日本撤销了金融再生委员会，其处理濒临破产金融机构的职能也划归到金融厅，大藏省改制为财务省，金融厅升格为内阁府的外设局，由内阁府直接管辖，独立地全面负责金融监管业务，同时协助财务省共同对存款保险机构进行监督。至此，日本以金融厅为核心、独立的央行和存款保险机构共同参与、地方财务局等受托监管的金融监管体制正式形成了。

从日本金融监管体制的变迁看，日本原来以大藏省为核心的金融监管体制的弊端早就显露了，但经济的高速发展和繁荣掩盖了这些弊端，再加上既得利益集团的维护，所以迟迟未能改变，一直延续原有的监管模式。在经历资产泡沫危机和"住专"事件后，比较充分地暴露了日本原有金融监管体制的各种弊端，初步动摇了大藏省的声誉和监管地位。而亚洲金融危机的爆发，则直接推动了日本金融监管体制的根本性改革。日本是在亚洲金融危机救助中推翻了原有监管模式，是一次比较彻底的制度创新，是一次比较成功的制度性救助。

（二）英国的金融监管体制创新

英国原有的金融监管体制是在1997年形成的。1997年10月，英国财政部、英格兰银行和金融服务局签署了《英国财政部、英格兰银行和金融服务局之间的谅解备忘录》，对三方在维护金融稳定的职责分工、日常的稳定协调机制以及金融应急管理等内容进行了约定，是一种"三龙治水"的监管格局。在救助北岩银行的过程中，这一监管体制的弊端暴露出来了。

2007年9月，北岩银行发生了储户挤兑事件，之后英格兰银行提供紧急贷款，为北岩银行注资129亿英镑；金融服务局（FSA）承诺对北岩银行的客户在3.5万英镑以内的存款提供100%的保障；① 9月20日，英国财政部确认了对北岩银行客户存款的担保安排。② 此后，英国当局还对北岩银行实施了一系列救助措施，并于2008年初将北岩银行国有化。

在北岩银行救助中，英国的三个金融当局，即财政部、金融服务局和英格兰银行，相互指责，争吵不休，暴露了英国金融监管体制的缺陷：（1）维护金融稳定的职责划分不清晰、不明确，部门间的协作尚需细化；（2）英格兰银行拘泥于道德风险的防范，在履行最后贷款人职能和向金融市场提供流动性方面行动迟缓；（3）FSA在审慎监管方面存在重大失误，缺乏对问题银行的持续性监管，在日常监管中存在监管宽容的现象，低估了北岩银行的经营风险。

英国以此为契机，推动制度性救助和金融监管体制改革，通过了《2009年银行法》，这部法律从银行系统性风险监管、危机银行救助、银行破产、存款人保护等多个方面发展了英国银行法律制度，创建了针对危机银行的"特别解决机制"，完善了"金融服务赔偿计划"，强化了对存款人的保护，建立了专门针对银行业的破产制度。该法还确立了英格兰银行在金融稳定中的核心地位，授予英格兰银行实施宏观审慎监管的权力，改革后的英格兰银行集货币政策、宏观审慎监管和微观监管于一身，职权空前扩大，地位空前提高。改革具体包括：（1）将FSA重组为审慎监管局（Prudential Regulation Authority，PRA），作为英格兰银行的下设机构，负责银行、证券、保

---

① 此前金融服务局的存款保障计划仅对2000英镑以内的存款提供100%保障，对超过2000英镑、3.1万英镑以内的存款则仅提供90%的保障，总保障金额最高为3.17万英镑。

② 担保范围包括：截至2007年9月19日午夜的所有现有账户、现有账户的新入存款、现有账户之间的利息和资金往来、9月13日至9月19日之间曾要求关闭而后重开的账户。

险行业的审慎监管。(2) 设立独立于英格兰银行的金融行为监管局（Financial Conduct Authority, FCA），负责对包括银行、证券、保险在内的所有金融机构以及诸如债务催收等行业的行为监管和消费者保护。(3) 在英格兰银行内部新设金融政策委员会（FPC）①，负责制定宏观审慎政策，从更广的视角考虑系统稳定性问题，识别各种金融稳定风险，检测金融体系的整体风险状况，及时制止过度杠杆问题，维护金融体系稳定。英国的金融稳定压力测试就是由 FPC 负责的。

(三) 美国的金融监管体制创新

与日、英相似，美国在次贷危机救助中也加强了金融金融监管制度创新，通过了《多德－弗兰克法案》，加强了监管部门之间的协调机制，对具有系统重要性的金融机构进行甄别并实施监管；对联邦层级监管体系进行微调，加强监管体系中事后处置机制建设；加强金融消费者和投资者保护新设了消费者金融保护局；修补监管体系漏洞扩大联邦监管的范围，将金融衍生品和对冲基金纳入监管范畴等。这方面的研究很多，本书不再详细分析。

(四) 趋势

从日、英、美等国的监管制度创新看，金融危机暴露并放大了原有监管体制的弊端，各国普遍实施制度性救助，推进金融监管体制的创新，并呈现以下趋势：(1) 央行在金融危机救助中发挥更重要的作用，并普遍强化了央行的监管职能。(2) 金融监管的范围不断扩大，涵盖了对商业银行表外业务、投资银行、对冲基金、信用评价机构的监管。(3) 金融监管更加严格，对金融衍生品尤其是场外衍生品的监管进一步加强。(4) 分业经营有所回归，比如《多德－弗兰克法案》中的规定停止银行业混业经营；英国在 2010 年

---

① 英国还有货币政策委员会（The Monetary Policy Committee, MPC），与多数发达国家相似，MPC 从 1997 年开始，货币政策的首要目标是保持物价稳定，将通胀率控制在 2% 以内。

的威尔斯报告提出蔚蓝法则；欧盟 2012 年的利卡宁报告要求银行集团强制隔离银行法人实体和其他银行业务法人实体，建立起有效的防火墙等。①

第二节 路径依赖、制度变迁、问责制与制度性救助

在制度性救助中，最重要的是仔细梳理危机中暴露的各种制度性缺陷，及时推进制度创新，弥补制度性缺陷，进而完善金融体系。另外，还需要重视路径依赖、问责制等问题，避免"锁定"在低效甚至无效的救助路径和模式；需要发挥政府部门的推动作用，加快制度变迁的步伐。

一、路径依赖与制度性救助

（一）路径依赖

路径依赖（Path Dependency）类似于物理学中的"惯性"，是指人们一旦选择了某个制度，由于规模经济、学习效应、协调效应、适应性预期②以及既得利益约束等因素的存在，会导致该制度沿着既定的方向不断自我强化。一旦人们做了某种选择，就好比走上了一条不归路，无论这个选择是好的还是坏的，惯性的力量会使该选择一直坚持下去。如果没有外力介入，支持这种选择的力量会不断加强，让人们轻易走不出去既定路径。

---

① 孙国峰：《分业经营是金融支持实体经济、防范风险的根本》，五道口全球金融论坛 2018 年 5 月 19 日。

② 适应性预期是把预期现象体现在经济思想中的一种广泛使用的方法，即把行为看作是在对预期事件和实际事件之间的差别起适应作用。菲利普·凯金对于恶性通货膨胀的分析就是这种方法的一个适例（1956 年）。

（二）救助中的路径依赖

路径依赖问题在金融危机救助中是很常见的，因为面对严重的金融危机，为了稳妥和慎重起见，救助主体通常会选择以前用过的、比较成功的救助路径和方式，并且相互学习和参考。例如在处理不良资产方面，很多国家借鉴美国的做法，成立资产管理公司。这意味着，人们过去的救助经验影响着他们现在的救助选择，很多救助是凭经验办事，具有很强的惯性。因为沿用传统的救助方式，符合市场预期，即便救助失败了，救助主体承担的压力和责任也会比较小。而一旦既定的救助方式没有被采纳，路径依赖被打破，超乎市场预期，将大大加重金融恐慌和危机。

美国在救助大型金融机构破产方面很有经验，一个比较成功的案例是在1998年救助LTCM。在亚洲金融危机期间，LTCM摔了跟头，赌错了方向，造成巨额亏损，滑到破产边缘，造成纽约金融市场恐慌。LTCM曾向乔治·索罗斯求援，遭到拒绝。LTCM又邀请沃伦·巴菲特注资，巴菲特同意注资25亿美元，收购LTCM的股权，但先决条件是必须赶走那些胆大妄为的"天才"，LTCM的管理者不愿接受巴菲特的条件。LTCM还找过雷曼兄弟、美林、瑞银，却没有人愿意出手救助。LTCM的形势越来越糟糕，从1998年9月初，一些华尔街巨头找到纽约联储行长麦克多纳，向他表示对LTCM前景的焦虑和担忧。9月22日，纽约联储召集LTCM的四个交易对手以及最大的债权人——高盛、J.P.摩根、美林和瑞士联合银行，共同成立一个核心救助小组，商议对LTCM的救助计划。这个核心小组提出了一个"财团方案"计划：由交易对手和债权人共同组建一个财团，对岌岌可危的LTCM注资，取得LTCM大多数股权，并控制LTCM的日常经营权。到9月23日晚上，纽约联储利用自己在华尔街的地位，召集14家公司共同加入财团，一起为LTCM注资。当时到纽约联储开会的大佬太多了，房间的皮椅子不够坐，有的只能坐折叠椅。在各家金融机构协商决策过程中，纽约联储的官员做出回避，离开了现场。在纽约联储的协调下，经过激烈的讨价还价，14家金融机构最后达成一致协定：共同向 LTCM 注资 36.25 亿美元，同时向 LTCM 提供流动资金和延期贷款，并取得 LTCM90% 的股权和日常经营权。最后，LTCM 接受了纽约联储牵线的联合收购。该财团还成立了一个监事会，负责指导 LTCM 的战略并管理其风险。根据这一救助方案，消化 LTCM 庞大头寸的责任和负担仍旧交给了那些纵容 LTCM 的债权人和交易对手，然而 LTCM 的投资者却损失了 90% 的股权。这样，纽约联储通过私人部门救助把 LTCM 的问题解决了，没有花公众的钱，防止了风险蔓延。虽然参与救助的金融机构有怨言，但事后发现各有收获。最终，对 LTCM 的救助没有动用财政资金，避免了政府部门的直接介入，是一次比较成功的救助。

2008 年 9 月，当雷曼兄弟出现问题时，最初美国指望韩国金融机构和英国巴克莱银行出手救助，如果能成行，可将雷曼兄弟的风险向境外分散和转移，这对美国来说是理想的救助路径，但最后没有谈成，只能由美联储出面组织对雷曼兄弟的救助。这一次，美联储又选择了救助 LTCM 的路径，采取了以前救助 LTCM 的办法，召集各家金融机构来开会，商讨对策。那些金融机构有了上次经验，也很配合，来的时候把机器、设备、资料、数据等全带齐了，甚至连吃的都带了。一些场景还被拍成了电影。当然，最终结果是放弃救助雷曼兄弟，超乎市场预期，引发了金融恐慌，雷曼兄弟的破产将次贷危机推向高潮。

（三）教训

从以上两次救助行动看，美联储救助重要金融机构存在严重的路径依赖问题，总想秉承传统，选择原来成功的救助路径，希望通过私人部门参与救助来解决问题，救助成本尽量由私人部门来承担。问题是私人部门有逆反心理，不会一而再、再而三地被强迫着参与金融危机救助。一旦没有按照预期的路径走下去，救助失败，必定造成混乱，加重金融危机。这表明，无论多么成功的救助路径，都没有普遍适用性，如果被反复使用，其救助的边际效应也会逐渐下降。这就需要救助主体敢于打破常规，创新救助路径、方式和组合；救助客体也要降低救助预期，不能过度依赖传统的救助路径，不能迷信那些所谓的救助"潜规则"，需知道，"想当然"会害死人的。

二、制度变迁与制度性救助

（一）制度变迁

现代制度经济学认为，有效的制度变迁在某种程度上就是"帕累托改进"①的过程，是用一种效益更高的制度替代另一种制度的过程，而有效制度的形成与变迁是制度需求和供给相互作用的结果。制度变迁通常是很艰难的，它需要一系列的促成条件，需要付出成本，而对制度变迁时机和方式的选择尤为重要，甚至决定着制度变迁的成败。

当经济正常运行时，维护既定利益格局的势力强大，推进制度变迁将面临很大阻力。而在金融危机紧张时期，市场自我调节机制和价值规律失灵，推进制度变迁不仅可以缓解市场的恐慌情绪和保护投资者，还可以修复市场功能，是一种"帕累托改进"，阻力比较小。制度变迁包括自下而上的诱致性制度变迁②和自上而下的强制性制度变迁，强制性制度变迁是指通过行政权力和立法手段等外在强制力，推行制度、变革制度的一种制度变迁方式，通常由政府部门主导和供给，具有及时、激进、强势的特点，有利于稳定市场信心，并能为市场指明发展方向。在金融危机救助中，需要充分发挥政府部门稳定经济安全的职能，抓住问题要害，选准切入点，通过强制性制度变迁，迅速弥补各种制度缺陷和漏洞，降低制度性风险。下面通过几个典型案例说明。

---

① 帕累托改进（Pareto Improvement）是指在不减少一方的福利时，通过改变现有的资源配置而提高另一方的福利。
② 诱致性制度变迁是指人们为争取获利机会，自发倡导、组织和实施对现行制度安排的变更或替代，创造新的制度安排，是人们在追求由制度不均衡引致的获利机会时所进行的自发性制度变迁。

(二) 魏玛政府推动《银行法》

第一次世界大战期间,德国为筹措战争经费而大举向德意志帝国银行(Reichsbank)贷款,引发了通货膨胀。而在战争结束后,德国面对高额的战争赔款、公债和战争受害者的补助金,只有通过帝国银行增加货币发行量,才能摆脱困境。但此举的恶果很严重,造成德国国内的货币供给急剧增加和恶性膨胀。根据需尔特弗雷里希的研究,1923年6月德国流通中的货币达到17万亿马克,是1914年的63亿马克的2698倍;流动债券在1923年11月达到19万万亿马克,是1914年7月的30万亿马克的6333倍;1923年6月的物价是1913年物价的19985倍,德国民众生活在极度恐慌中。在这次货币危机救助中,魏玛政府勇于对自己掌控的货币权开刀,于1924年颁布了《银行法》,该法规定:帝国银行独立于政府;帝国银行独立对其货币政策及其贷款活动承担责任;帝国银行向政府提供贷款数额有严格的限制;帝国银行对于流通中的货币必须至少拥有40%的黄金及外汇储备,承担以黄金和外汇兑换其纸币的义务。另外,在机构设置上,为了保证帝国银行的独立性,摆脱德国政府的控制,设置了行使实质性权力的股东大会和理事会。为了保证政府对战胜的协约国履行赔款义务,该法还规定:在帝国银行理事会中半数成员应当是外国人,而且其中负责发行货币的专员必须是外国人。

1924年《银行法》的颁布是德国货币发行制度的重大创新,是德国政府的自我革新,是一次典型的强制性制度变迁,从制度上保证了帝国银行的独立性,迅速消除了通货膨胀的产生机制。

(三) 罗斯福政府推动分业经营

在"大萧条"救助初期,盛行清算主义,[①] 美国时任财政部长安

---

① 清算主义(Liquidationist)认为,20世纪20年代美国经济过于繁荣,信用过度膨胀,投资过度扩张,经济过度增长,待一切清算后,经济将重回健康、合理的状况。

德鲁·梅隆①认为，为了清除经济中的杂质，应该"让劳动力市场自我出清，让股票市场自我出清，让农产品市场自我出清，让房地产市场自我出清。"即便如此，胡佛政府还是支持了一批重大公共工程，包括胡佛大坝、旧金山港湾等。然而受"财政预算平衡"思想的禁锢，在增加财政支出的同时，美国于1932年通过《增税法案》，使扩张性财政政策的效果大打折扣。同时，胡佛政府不仅没有实施宽松的货币政策，反而为了维持金本位制度，提高了基准利率，使美国经济雪上加霜。这就是说，胡佛政府是在维护原有财政、金融等经济制度框架下实施救助，思想不解放，救助力度不够，没有取得预期的救助成效。

1933年罗斯福就任总统后，立即加大救助力度，首先是根据《对敌贸易法》，于3月6日强令全国银行"休假"4天，暂停银行的一切支付行为，不允许资金外逃，这是很激进的强制性救助措施。罗斯福政府还在救助中强势推动制度变迁，从根本上完善美国原有金融体系的缺陷。罗斯福上台3个月，就推动美国国会迅速颁布了针对银行业改革的《1933年银行法》（又称《格拉斯-斯蒂格尔法》）、《1933年联邦存款保险法案》、《1933年证券法案》等多部法案，放弃金本位制，从制度上确立银行、证券分业经营的体制。现在回头看，如果没有"大萧条"和罗斯福政府的强制推动，美国从混业经营向分业经营的制度变迁不可能如此迅速地完成。

（四）小布什政府推动打假法案

安然公司（Enron Corporation）曾是世界上最大的综合性天然气和电力公司之一。2001年10月16日，安然公司宣布亏损6.18亿美元，拉开了安然事件的序幕。2001年11月8日，安然公司向SEC承认做假账，加上之后的重大决策失误，2001年12月2日，安然公司正式向破产法院申请破产保护，破产清单中所列资产高达498亿美元。2002年1月15日，纽约证券交易所宣布对安然股票进行摘牌

---

① 安德鲁·梅隆还是美国金融家、慈善家，曾连任哈定、柯立芝、胡佛三届政府的财政部长，以梅隆银行为金融中心，控制着美国铝公司和海湾石油公司和另外五家钢铁公司。

处理。

安然事件后,美国对企业制度作出了深刻反思,意识到公司治理缺陷是导致公司舞弊的根源。针对一系列企业造假事件,美国加快了法制建设。民主党参议员 Sarbanes 在 2002 年 6 月 18 日提交了一份关于"公众公司会计改革与投资者保护法案",但参议院内部的意见不统一,共和党资深议员 Gramm 不支持该提案。如果不能取得 Gramm 的支持,该提案在 2002 年内无法通过。但 6 月下旬至 7 月上旬的一些事件对该提案产生重大影响,其中影响最大的是 2002 年 6 月 25 日发生了"世界通信"(WorldCom)① 38 亿美元假账事件,这一事件令美国社会异常愤怒。6 月 26 日,小布什总统承诺要推进对"世界通信"事件的调查,将相关人员绳之以法,同时小布什要求国会在 7 月底休会前能够提交让他签字生效的法案。在小布什政府的推动下,参议院快速通过了《2002 年萨班斯-奥克斯利法案》(Sarbanes-Oxley Act),该法案对美国《1933 年证券法》《1934 年证券交易法》做出大幅修订,在公司治理、会计职业监管、证券市场监管等方面作出了许多新的规定。

《2002 年萨班斯-奥克斯利法案》的主要内容:一是改进公司治理结构,强化内部控制与责任。明确公司管理层责任(如对公司内部控制进行评估等),要求管理层及时评估内部控制、进行财务报告,尤其是对股东所承担的受托责任。同时,加大对公司管理层及白领犯罪的刑事责任。二是强化审计师的独立性及监督。法案要求:建立一个独立机构负责监督上市公司审计;审计师定期轮换;全面修订会计准则;制定关于公司审计委员会成员构成的标准,并独立负责审计师的提名;对审计师提供咨询服务进行限制等。

通过以上案例可以看出,制度变迁涉及利益的重新分配,是很困难的事情,通常需要复杂的博弈、细致的修订和漫长的过程。而在金融危机救助中,政府可以进行强制性制度变迁,强势推动,从而大大缩短制度变迁的时间。魏玛、罗斯福和小布什政府都抓住了救助的良

---

① "世界通信"是美国第二大长途电话公司。

机，成功地推进了制度变迁，这些都是突出的政绩和贡献。

三、问责制与制度性救助

在金融危机救助中，建立问责制（Accountabilty）可以在确认救助主体责任的基础上，追究救助主体的责任落实。问责制的强弱对金融危机救助的路径和方式选择等影响很大。在严格的问责制下，救助主体要对救助决策、行为和结果进行解释和辩护，并接受失责的惩罚，所以救助主体在实施救助时会非常谨慎。

（一）问责制

问责制包含着"你的责任，出了差错，唯你是问"的意思，是一种责任追究制，是体现民主和宪政原则的重要制度安排。问责制不同，救助主体对于金融危机救助的边界把握、时机判断、方式选择和退出机制等会明显不同。

从宏观层面看，政府部门实施金融危机救助，是将金融市场和机构的风险向政府部门转移的过程。而政府的收入取之于民，政府救助支出的最终承担者是全体老百姓，从某种意义讲，政府的救助支出也是对政府信用的透支。金融危机救助频繁，会助长金融系统的道德风险，热衷高风险投资，一旦投资失败，在救助中可以将经营风险向救助主体乃至全社会转嫁，这相当于是金融部门对其他部门利益的剥夺。金融系统高收益低风险，收益与风险不匹配，会促进更多社会资源涌向金融系统，加速金融体系的膨胀。频繁的金融危机救助使金融主体与救助客体的利益紧密结合在一起，救助主体有可能从不太愿意救助转向愿意救助，甚至是积极救助，这不仅会促进金融寡头的形成，还会促进金融寡头对救助主体的支配和绑架，丧失了金融危机救助的意义和价值。而加强问责制，就是为了从制度上遏制以上问题的发生和恶化，并从制度上约束和规范政府部门的救助权力。

(二) 问责制对救助的影响

问责制对金融危机救助的影响是很明显的。在问责制强的国家，救助主体通常是能不救就不救，实在不得已才救助，其优点是促进金融市场竞争和优胜劣汰，弱化金融系统的道德风险等各种风险向其他部门的转移。在问责制弱的国家，政府虽然也不太愿意救助，但多数情况下还是救助，救助比较及时，问题是救助成本比较高，会弱化市场竞争，不利于抑制道德风险等问题。

在20世纪90年代的拉丁美洲金融危机中，阿根廷和墨西哥这两个国家都属于中等收入经济体，经济发展不均衡程度相似，但是由于政治体制不同，问责制不同，它们金融危机救助的方式明显不同。阿根廷的问责制比较强，金融危机救助更偏向市场型，而墨西哥的问责制比较弱，金融危机救助更偏向政府包揽型。阿根廷政府希望问题金融机构尽可能快地退出市场，而墨西哥政府尽量延长问题金融机构的存活期。最终的结果是，阿根廷政府能够以较低成本救助金融危机，财政损失占GDP的2%；而墨西哥政府的救助则使纳税人负担沉重，财政损失占GDP的19.3%[①]。由此可见，问责制不同，政府部门实施金融危机救助的方式、成本和效果明显不同。

(三) 合理的问责制

由于金融危机难以预测和预防，错综复杂，金融危机救助受关注程度高，需要快速启动和实施救助，而很多救助是应急性行动，难免考虑不全面，不可能完美并让所有的利益攸关方满意，所以很容易遭受攻击，对救助主体而言是典型的高风险治理行为。为了尽量发挥救助主体的积极性，需要建立一套合理的问责制。在合理的问责制下，既能激励救助主体敢于担当，迅速介入危机治理并启动整合机制，勇于承担失败的结果，又能设置具体的程序保证官员与社会的沟通，增强救助主体行为的透明度，让官员接受民主监督，随时随地接受社会

---

① Leaven and Valencia, "Systemic Banking Crises: A New Database", IMF Working Paper, 2008.

各界质询。在合理的问责制下,如果救助主体确实存在过错、负有责任,那就法不容情,追究责任,但同时应允许并鼓励救助主体用"业务判断规则",为自己辩护和免责。

在这方面,美国的问责制有可取之处。客观地讲,次贷危机的爆发与此前美联储对金融市场的自由放任有很大关系,美联储前主席格林斯潘也承认,但美国社会的主流意见没有追究格林斯潘的责任,继任主席伯南克更没有怨天尤人,而是勇于担当,敢于打破传统金融监管理念和政策。当金融危机救助措施引发诸多争论时,伯南克频繁前往国会接受质询,耐心说服国会议员。美国国会议员们表现出良好的专业素养,与伯南克等官员辩论、博弈和沟通,共同改善救助方式,以尽快达成金融危机救助的共识,这对遏制次贷危机蔓延和恶化发挥了正面、积极的作用。总体而言,美国的问责制是比较合理的,值得研究。

(四)问责制与选举

谈到问责制,大家必然联系到投票选举问题。理论上讲,如果公民能够分辨出有代表性和不具代表性的救助主体,通过选举保留表现良好的救助主体,并给予适当奖惩,同时使表现不好的救助主体去职,便能有效约束救助主体的行为。但现实情况是,选举制有缺陷,在实际救助中,需要注意选民与救助主体之间的内在合约,防止救助主体被利益集团俘获和支配。在亚洲金融危机期间,韩国政府对陷入困难的财阀[①]实施大规模救助,就饱受诟病;在"住专"事件救助中,日本政府部门对利益集团的偏袒也很明显,这些都暴露了选举制的问题。(参见附录一)

[①] 财阀是在同一金融寡头控制下,结合同族、近亲而形成的垄断资本集团。财阀具有几个特质:一是紧密的家族企业,企业内主要的资源掌握在少数人身上,而且彼此拥有血缘关系。二是企业经营的范围广泛,员工众多。第三,财阀旗下通常都有金融业。第四,企业集团内的交叉持股严重。第五,财阀通常与政府关系良好,经常获准经营政府特许的行业,而财阀会透过政治献金、参选等方式,直接或间接介入政治。1997年亚洲金融危机时,韩国前30的财阀杠杆率平均突破500%,而同时期美国为154%,日本为193%,中国台湾为86%。

要点小结

制度性救助的内容很丰富，涉及面极广，包括救助主体、救助客体、交易方式、金融衍生品、监管体制、制度变迁、问责制等。制度性救助受各国国情和制度差异影响大，推动制度性救助需要从各国实际出发。制度性救助的重点是弥补制度缺陷，降低制度性风险。而推进其中任何一项制度创新都涉及既得利益的重新调整和分配，必有利益受损者，即便是正确的、符合时代潮流的制度选择也会遭遇各种阻力，如果没有合适的环境和时机，很难推进，而金融危机救助往往为制度创新提供了难得的机遇。本章通过分析各种制度性救助，主要是为了让大家认识到制度性救助的重要性，认识到金融危机救助期是制度创新的爆发期，此时推动制度变迁的阻力小，是弥补制度缺陷的良机，是降低制度性风险、完善金融体系、提升救助能力的关键期，机会稍纵即逝，救助主体需好好把握。各经济体有必要在平时就仔细梳理本国金融体系的各种制度性缺陷，设计好制度性救助方案，以便在金融危机救助中迅速推进。

第四章
第三层面救助：输入性救助

在分析一般性救助和制度性救助时，我们是以封闭的金融市场作为研究对象，当然这也是一种假设。为了更贴近现实，我们需要引入外部因素，在国际化的背景下，以开放的金融市场作为研究对象，分析针对输入性风险所采取的救助，即输入性救助。①

布雷顿森林体系崩溃后，世界进入完全的信用货币②时代，主要央行掌控货币发行权和定价权，竞相释放流动性③，其他货币当局为保持自身国际竞争力和比较优势，防止本币单边升值，只能被动效仿，由此造成全球流动性泛滥，仿佛所有的经济体都徜徉在浩瀚的"货币海洋"里，输入性风险日益严重。在这个"货币海洋"里，每个经济体就像一条轮船，虽然它们大小不同，但都被动地跟随"货币海洋"浮动，自我掌控浮动的能力有限。一旦"货币海洋"风云骤起，波涛汹涌，一些轮船就无法稳定运行，剧烈波动甚至翻船，金融危机就此起彼伏地爆发了。例如，2018年8月土耳其爆发里拉危机，在8月的第二周（8月6日至8月12日），新土耳其里拉对美元一周

---

① 至于针对国内传导风险采取的救助，不是本书的研究对象，将来单独研究。
② 信用货币是由国家法律规定的、强制流通的、不以任何贵金属为基础的、独立发挥货币职能的货币。
③ 信用货币条件下，政府拥有印刷技术（Printing Press），允许政府几乎不付出成本，便想印多少货币就印多少货币。

之内就下跌了20%①，人均GDP大幅缩水，里拉危机演化成经济危机，并迅速波及南非、巴基斯坦等国②。而当爆发严重的金融"海啸"时，所有的"轮船"都不能幸免于难，比如"大萧条"和次贷危机。因此，每一个经济体都需要高度重视输入性风险问题，在危机时迅速实施输入性救助。

输入性风险是从境外传导给金融体系的风险，传导途径极其丰富，包括贸易、产业、心理、资本跨境流动、净传染等，传导速度非常快，很难预测和控制，许多传导机制至今仍无法解释。还有的输入性风险是被恶意转嫁的，不讲道理，没法用理论解释。当输入性风险严重时，就能直接引发金融危机，即便自身经济金融状况良好也无法避免。对于那些弱小的经济体而言，它们应对输入性风险的能力较小，迫切需要开展双边和多边合作，加强国际联合救助。针对输入性风险采取的救助，包括货币政策、资本管制、贸易关税、资金援助、政策协调、信息沟通等，笔者将其称为输入性救助。

第一节 输入性救助中的单边行动

面对严重的输入性风险，各经济体不会坐视不管，会主动采取救助行动。在这些救助行动中，有的是单个经济体能够掌控的，可以根据自己的情况独立决策和行使，包括货币政策、资本管制、贸易政策等，属于输入性救助的单边行动。

---

① 从2018年年初至8月13日，里拉大幅贬值，美元兑里拉从年初1∶3.79升至1∶6.43。

② 土耳其的经济泡沫严重，风险很高，特朗普的几个推特就把它搞垮了。不是特朗普厉害，而是土耳其的经济金融风险积累到一定程度，就像积雪厚度达到一个临界点，哪怕是几声咳嗽，都可能引发雪崩。

一、汇率

金融危机爆发后,危机国央行通常会放松银根,向市场增加货币供给,希望通过对内增加流动性刺激投资和消费,也希望通过对外货币贬值,提高本国产品竞争力并扩大出口,以缓解就业和社会压力,是金融危机救助中常用的政策工具。

在"大萧条"期间,美国先后通过《放弃金本位法令》和《黄金储备令》,使美元贬值41%,大大改善了美国商品在国际贸易中的出口竞争力①。在次贷危机救助中,美日欧都实行了超宽松的货币政策,日本的解释是为了消除国内通货紧缩,不是为了促使日元贬值;美国也重申,其量化宽松政策是为了促进美国需求的复苏,而美国经济复苏有利于世界其他国家。当然,这些都是能说出口的理由,而能说出口的理由往往不是真的。美日欧等发达国家的外向型经济发展水平高,处于全球产业链的高端,它们的货币都是国际货币,金融危机时其货币贬值,肯定会对其他国家带来二次冲击,尤其是与其经济联系紧密的国家。2010年,美联储宣布实施QE2,大规模购买美国国债,压低长期利率,结果造成美元对外贬值,巴西雷亚尔在2010年前后的一年中对美元升值50%以上,严重抑制了巴西对美国的出口。时任巴西财长Guido Mantega将美联储的措施称为"贸易保护主义"行动,谴责美国利用"货币战"将经济衰退转嫁给其他国家,特别是新兴经济体。对于国际上的各种批评,伯南克则认为,他更在乎国内的声音②。这也许就是所谓的"善意忽视"(benign neglect)吧。

在相关国家货币贬值的情况下,一国货币不贬值,该国产品出口竞争力必然下降,抑制总需求。如果没有其他办法弥补这种损失,则该国整体福利水平将下降。在亚洲金融危机期间,人民币和港币坚持不贬值,对缓解亚洲金融危机做出了重要贡献,但付出了代价,出口

---

① 范忠廷等:《美国政府危机救助行为的比较研究》,经济研究参考2017年第33期,第80-86页。

② 本·伯南克:《行动的勇气》,中信出版社2016年版。

明显受阻。所以，在一国货币贬值的情况下，与其经济联系紧密的国家为了保护本国经济，就不得不被动跟进。比如，当日元贬值时，不仅可以增强日本出口产品的竞争力，还可以使日本企业在海外投资的收益兑换成更多日元，促使产业回流，而这对与日本经济联系紧密的韩国影响很大。作为应对，韩国就让韩元贬值，由此就引起了竞争性贬值[①]。

竞争性贬值是典型的非合作博弈，会导致某个国家金融危机的国际化，其后果将是一系列竞争性贬值和货币危机的扩散。[②] 亚洲金融危机从泰国开始，迅速扩散到东南亚和东亚，再扩散到俄罗斯、拉美国家，并进而影响欧美和全球经济的增长和金融的稳定，从经济学角度看，这种非合作博弈发挥了重要的助推作用。

需要注意的是，在货币贬值方面，发达国家和发展中国的境遇明显不同。发达国家货币贬值可促进出口，稀释以本币计价的债务，比较主动；而发展中国家货币贬值则可能引发资本外逃，加重以国际货币计价的外债还本付息的负担，很被动。另外，通过货币贬值扩大出口，缩小贸易逆差，不一定能增加就业。从2007年至2010年，美元指数维持在80左右的历史低位，并于2008年3月跌至71的低点（见图4－1），美国在2007年的贸易逆差占GDP的6%，失业率为4.5%；而到2010年美国的贸易逆差虽然下降至GDP的3%，失业率却升至10%。

竞争性贬值广受批评，因为这是一种明显的以邻为壑的做法，会引发资产和资源价格的快速上涨，加大全球性通货膨胀的压力，会再次损害实体经济，对全球经济复苏不利。这个道理大家都懂，在金融危机救助中，虽然没有哪个国家明确宣布以货币贬值作为自己的救助政策，但在实际操作中却经常或明或暗地使用，手法不断翻新，有的

---

① 所谓竞争性贬值，是指一些主要经济体在面临经济衰退时，相互攀比不断使本国货币贬值，试图以此来提高本国在国际贸易中的竞争力、刺激本国出口和就业。公认的竞争性贬值发生在"大萧条"期间，当时欧美以及日本各国陆续放弃了金本位使其货币竞相贬值，并同时大幅度提高了进口关税，目的是刺激出口、抑制进口，以增加本国就业。

② 陈学彬：《金融危机扩散中的示范效应和竞争性贬值效应分析》，金融研究1999年第5期，第41－47页。

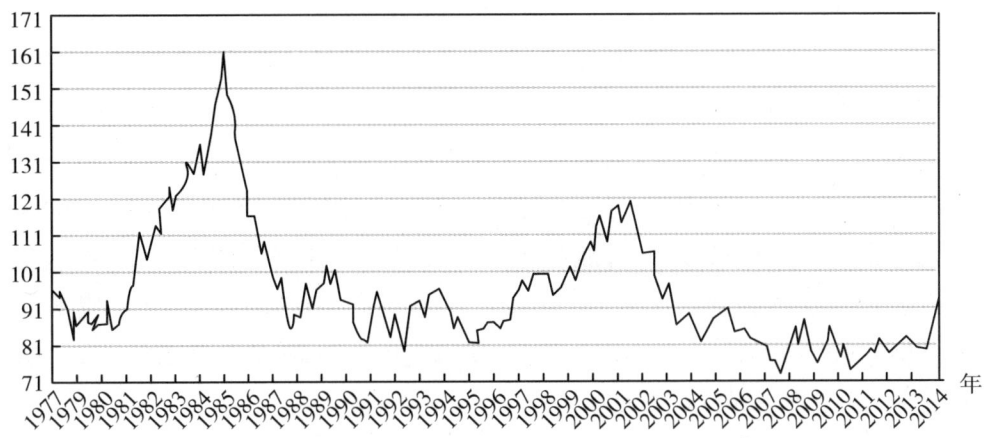

图 4-1　1997~2014 年美元指数图

还给货币贬值贴上冠冕堂皇的标签。例如，发达国家将自己的货币贬值称为"量化宽松"，而将发展中国家的货币贬值称为"汇率操纵"。同一个金融专业术语就有不同的说法，是典型的指鹿为马。这说明发达国家目前还牢牢掌控着金融游戏的规则和标准，连专业术语的话语权都不放过，想怎么解释就怎么解释，明显不公平。见微知著，推动国际货币体系改革仍然任重道远，前路漫漫。

二、汇率制度改革

与浮动汇率制相比，固定汇率制有利于维护本币的汇率稳定，但很不灵活，在危机时期容易遭受攻击。从 19 世纪初①到 20 世纪 20 年代末，英国长期实行金本位②，金本位制也维护了英镑的国际地位，英镑成为国际上最主要的清算手段，但在"大萧条"时期遭受了严重挤兑。从 1931 年 9 月 15 日至 18 日的 4 天内，国外金融机构对英国的提款达到 3300 万英镑。在挤兑风潮的冲击下，9 月 20 日英国宣布退出金本位制，英镑一贬再贬，还实施资本管制。单就经济效果而

---

① 1816 年，英国通过了《金本位制度法案》，以法律的形式承认了黄金作为货币的本位来发行纸币，从而建立了金本位制。

② 从第一次世界大战到"大萧条"之前，实行的是金块本位制和金汇兑本位制。

言，英镑贬值可以在短期内刺激英国出口，改善国际收支失衡，但也引起其他国家对英国实行报复性的关税壁垒和货币贬值，加剧了世界经济的萧条。固定汇率制的缺点很明显，这是大家的共识，即便如此，一些新兴和发展中国家为了稳定汇率，为实体经济发展创造一个相对稳定的汇率，还是实行了与美元挂钩的固定汇率制度[1]。有的实行与美元严格挂钩的货币局制度[2]，例如 1991 年的阿根廷[3]；有的实行与美元相对固定的汇率制度，美元占本币名义汇率定价中的权数很大，达到 90% 以上，例如 20 世纪 90 年代初的韩元、泰铢、印尼盾（卢比）等东亚货币（见表 4-1）。

表 4-1　　美元在各国货币名义值中隐含的权重

货币名称	韩元	新加坡元	林吉特	印尼盾	泰铢
美元权重	0.96	0.75	0.78	0.95	0.91

资料来源：International Monetary Fund. World Economic Outlook，1997.

在固定汇率制下，一些经济体的本币相对美元高估，导致经常项目逆差增大，宏观经济失衡，金融脆弱性增加，这是用牺牲内部均衡换取相对的外部均衡，还丧失了部分货币自主权。当经济疲弱时，在投机资本的攻击下，固定汇率制度无法继续维持，很容易爆发货币危机和金融恐慌。下面我们以巴西雷亚尔危机为例说明。

从 1990 年 3 月，巴西总统费尔南多·科洛尔推行大规模的结构性改革，主要措施包括贸易自由化、金融市场开放化等，初期货币有

---

[1]　1954～1976 年，墨西哥实行与美元挂钩的固定汇率制度，墨西哥比索对美元的汇率保持在 12.5：1 的水平上。这期间墨西哥的经济发展很稳定，被称为"墨西哥奇迹"。

[2]　货币局制度是指政府以立法形式明确规定，承诺本币与某一确定的外国货币之间可以按固定比率进行无限制兑换，并要求货币当局确保这一兑换义务实现的汇率制度。其原则是：本国货币钉住一种强势货币，与之建立货币联系，此强势货币被称为"锚货币"；本国通货发行以外汇储备（特别是"锚货币"的外汇储备）为发行保证、保证本国货币与外币随时可按固定汇率兑汇。货币局制度包括货币发行局制度、钞票局制度、货币发行板、货币发行局机制、货币局安排。

[3]　1991 年，阿根廷根据《自由兑换法》将比索和美元的汇率固定为 1：1，要求央行用等量的外汇、黄金和其他外国证券担保比索的发行，保证两种货币可自由兑换。

所稳定，但到 1993 年，巴西的通胀率达到惊人的 2477.1%①，引发剧烈的社会动荡②。1994 年 7 月巴西政府制定了以反通胀为核心、全面推进经济改革、稳定社会发展为主要内容的"雷亚尔计划"（Real Plan）。在该计划中，巴西央行将巴西新货币雷亚尔兑换美元的汇率定为 1∶1，雷亚尔发行要求有 100% 的外汇储备。雷亚尔兑换美元的汇率一旦超过 1∶1，央行将进入外汇市场进行干预。巴西央行还大幅提高利率吸引国际资本，恢复市场信心和稳定货币。

实行"雷亚尔计划"后，随着大量外资流入，巴西确实稳定了雷亚尔的汇率，通胀率降至 10% 以内，巴西的外汇储备最多时达到 780 亿美元，但这些外汇储备主要是投机资本堆积的。③ 另外，在这一时期美元处在升值通道，钉住美元的汇率制度造成雷亚尔高估和巴西国际收支严重失衡，进而造成经济衰退。

受亚洲金融危机影响，特别是受 1998 年 8 月俄罗斯金融危机的冲击，巴西的股市和汇市发生了多次金融动荡，引起资金大量外流，而大量资金外流又打击了巴西经济，并导致巴西外汇储备急剧减少，雷亚尔贬值的压力越来越大，此时已无法维持固定汇率制度。但巴西央行为了支撑雷亚尔和阻止资金外流，将基准利率（隔夜利率）从 34% 提高到 37%，甚至 45%，抑制雷亚尔需求，而高利率沉重打击了实体经济。为稳定汇率，巴西央行干预市场，消耗了大量外汇储备，从 1998 年 7 月至 1999 年初，其外汇储备减少了一半，从 640 亿美元减少到 320 亿美元。1998 年 11 月，在 IMF 的协调下，国际社会决定联合向巴西提供 415 亿美元的紧急贷款援助，第一笔 90 亿美元贷款于 1998 年 12 月拨付，第二笔 45 亿美元贷款准备于 1999 年 2 月拨付。但巴西的金融局势进一步恶化，有的州已发生了支付危机。

---

① 统计数据有差异，有的认为是 1927.98%，有的认为是 2557%，有的认为是 5000%，但无论哪个数据都让人绝望。

② 20 世纪 80 年代中期，巴西的通货膨胀率达到 2000%。在 1986 年，巴西货币克鲁赛罗的面额被减去了三个零，货币的名称改为克鲁扎多（cruzado）。在 1989 年，克鲁扎多也遭遇了同样的命运，政府又将它的面额一律减去三个零，改名为克鲁扎多诺瓦（cruzado novo）。

③ 王稳："从拉丁美洲金融危机看汇率制度的发展"，《中国海洋大学学报》2003 年第 5 期，第 36–39 页。

1999年1月13日，巴西央行宣布，雷亚尔对美元汇率波幅下限从1：1.22下调至1：1.32，相当于一次性贬值8%。这次货币贬值犹如晴天霹雳，引起巴西汇市和股市剧烈波动，雷亚尔危机爆发了。到1999年2月3日，雷亚尔对美元汇率贬至2.17：1。

墨西哥比索危机、阿根廷比索危机和泰铢危机等与雷亚尔危机有相似之处，都是在固定汇率制度实在无法维持时，才不得不退出，引发了金融恐慌。这一教训告诉我们：对于新兴和发展中经济体而言，汇率制度改革最好在经济形势良好的情况下主动地、渐进地推进，尽量不要作为金融危机救助的手段，被动地、突发地推进，否则很容易引发汇率巨幅波动和货币危机。而当一国汇率大幅波动、面临资金大量外流时，比较有效的救助手段是短期的资本管制。

三、资本管制

在经济学上，资本管制是一种货币政策工具，是有关政府部门对资本的流进和流出施加掌控的措施。在亚洲金融危机期间，东南亚国家维护本币稳定的方法主要有二：一是资本管制，二是动用外汇储备。泰国动用外汇储备，结果是羊入虎口；马来西亚面对资本大量外逃时，拒绝求助于IMF，转而实行资本管制，救助效果较好。

马来西亚当时采取的资本管制举措包括：冻结马来西亚公司在新加坡自动撮合股票市场（Central Limit Order Book Market，CLOBM）的一切柜台交易；1998年9月宣布将林吉特对美元汇率固定在3.8：1[①]；禁止离岸银行林吉特衍生工具的使用；禁止马来西亚金融机构向非居民银行和机构提供国内信贷业务；禁止使用林吉特作为国际贸易发票货币，所有林吉特的离岸账户存款被宣布无效；允许在国外进行证券投资的国内投资者在12个月将资金撤回国内；禁止居民超过1万林吉特以上的海外投资；等等。这一资本管制组合相当于关门打狗，大大约束了国际游资的做空活动。佘晓叶（2009）根据1999年

---

① 林吉特虽有所升值，但远低于危机前的水平。

马来西亚国家银行年度报告,将马来西亚在金融危机期间采取的资本和外汇管制措施整理如表4-2所示。

表4-2　　　　马来西亚有选择的资本与外汇管制措施

管制下的交易项目	非管制交易项目
使用林吉特与非居民间交易	经常账户交易
短期资本流出: 1998年8月以前对证券投资采取12个月的保留限制 从1998年9月开始对利润汇出征收三级税(10%,20%,30%) 从1999年2月开始对所有利润汇出征收10%的税	利润汇回,外国直接投资产生的利润、股利、资本利得和租金收入,以及与此类似的非居民持有的林吉特资产
林吉特的进口与出口	
居民的外汇出口	居民的一般支出,包括用于国外教育的
马来西亚投资外流	外国直接投资的流入和流出

从表4-2可以看出,马来西亚的资本管制主要集中在短期资本流动方面,阻碍短期证券投资者出售本国证券,同时防止离岸对冲基金继续进行投机活动加速本币贬值。马来西亚此轮资本管制的救助效果良好,限制了国际投资者做空林吉特的活动,林吉特对美元稳定在3.8∶1的水平上(维持到2005年),遏制了资本外流,短期内稳定了本国的经济与金融形势。马来西亚政府通过资本管制恢复了投资者信心,吉隆坡股市逐渐稳定了。一些专家认为,马来西亚资本管制的后遗症很多,损害了其国际投资目的地的形象。这是事实,笔者认同,但客观地讲,在金融危机最紧张时刻,马来西亚的资本和外汇管制措施确实抵御了国际游资的冲击,在当时迅速稳定了局势。

国际金融危机期间,很多国家在面临大规模短期资本流动冲击时,纷纷启用资本管制工具。2010年6月,韩国货币当局规定,外国银行在韩国境内分行持有的外汇衍生品合同的名义价值最高不能超过银行资本的2.5倍;2010年12月又宣布对本国银行和外国银行分行的外币负债课征"宏观审慎稳定税",还要求外国人在购买韩国国债和货币稳定债券并获得利息收入后,缴纳额度为15.4%的预扣税。

2008年9月，秘鲁将外资银行的法定边际存款准备金率[1]由此前的65%提高至120%，以防止短期投机性境外资本进入秘鲁金融系统。2011年3月，巴西政府对从国外获取的短期贷款征收6%的金融交易税，以抑制热钱的流入，还对巴西人在国外使用信用卡购物征收6.38%的金融交易税（之前税率是2.38%）。有的央行（如智利）还对非居民的资本流入征收强制性的无息存款准备金。这些措施都有效抑制了输入性风险的冲击。

在这些资本管制措施中，智利的无息存款准备金模式备受关注，当国际上爆发金融危机时，智利经常启用无息存款准备金等资本管制工具，加强对短期资本流动的管理[2]。从1991年起，智利政府对所有不是用于扩大物质资本投资的外国资本流入，如外国借款、债券和股票投资，实行"无息存款准备金要求"，即所有这类流入的资本，都必须将其一定的比率存入央行指定的账户，还要达一定期限，央行对这些准备金不支付利息。无息存款准备金的具体操作方法是：一笔从国外进入智利的资金，必须将其数额的一定比例存入央行，存期至多为一年，不支付任何利息。一般来说，不同期限的资金有不同的存期：期限60天之内的资金，存期为60天；期限在一年之内的资金，存期等同于期限；期限在一年以上的资金，存期为一年。在实践中，无息存款准备金的很多具体规定都发生了变化。1991年6月智利实施无息存款准备金之初，贸易信贷并不包括在内，存款准备金率为20%，但一些私人部门很快找到了规避方法，将一些短期的外国间接投资虚报为贸易信贷所需要的配套资金，以躲避无息存款准备金。为杜绝管理中的漏洞，1992年5月智利将准备金率提高到30%，存期被延长为一年，监管范围扩大到贸易信贷和外国直接投资项目的配套资金。1995年，监管范围进一步扩展到在纽约证券交易所交易的智利股票和国际债券的发行。1998年6月，为应对铜价格的下跌和国家

---

[1] 边际存款准备金制度（marginal reserve requirement，MRR）是指在按法定存款准备金率计提准备金外，对新增存款部分按一定比率计提附加准备金的制度。它是法定存款准备金制度的一种补充，主要用于货币当局管理庞大的贸易顺差和外资流入带来的过多流动性。

[2] 1981~1982年间，智利比索贬值幅度几乎达到90%，多家企业与相关银行濒临破产，政府为挽救银行大量举债，智利经济发展受到严重打击。

经常项目赤字的增加，智利将存款准备金率降至10%，以吸引更多的外国资金流入，在当年9月又降为0，然而相关法规仍要求外国资本在智利的停留期不得少于一年。实践表明，无息存款准备金在缓解输入性风险冲击方面是有效的，被一些央行借鉴，并在救助中不断创新。

在学术界，反对资本管制的学者很多，认为资本管制非但不能增加金融安全系数，反而会带来市场扭曲和经济效率的损失。Dooley and Isard（1980）指出，对资本外流的管制增加了国际投资者撤回资本的难度，因而会挫伤其对本国投资的积极性，不利于经济增长；Edwards（1999）指出，资本管制几乎总是被证实是无效的，极易被个人和企业规避，易滋生扭曲和腐败，加剧经济的不稳定；Bartolini and Drazen（1997）论证了资本管制往往是政府的经济政策失调和经济基本面脆弱的不良信号，容易使投资者信心动摇；等等，不胜枚举[1]。

这些学者的观点有些道理，对资本管制后果的分析也是中肯的，但笔者认为他们没有区分"危机"时期和"平常"时期两种情况。在"平常"时期正确的经济学理论，在"危机"时期可能是无效的；在"平常"时期不适用的货币政策，在"危机"时期可能是有效的。因为这两种时期的市场预期和环境明显不同，政策目标明显不同，在"平常"时期，经济增长是第一位的，而在"危机"时期，维护市场稳定是第一位的。时期和目标不同，采取的政策工具应有所区别，需因地制宜。金融管理其实就是在效率和稳定之间踩跷跷板，在"危机"时期，救助主体为了稳定市场，用牺牲局部的效率换取全局的金融稳定，在短期内是值得的。

由此可见，适度的资本管制在金融危机救助中是必要的，也是可行的，这是付出惨痛代价后获取的重要救助经验。我们可以完善资本管制的方式，但不能放弃资本管制的权力，因为资本管制是防御输入性风险的一条重要防线，是有效的输入性救助措施，新兴经济体需坚

---

[1] 黄玲："资本管制是防范金融危机的有效手段吗？"，《经济学》2011年第10卷第2期。

守,切不可沽名钓誉,自废武功。

四、贸易政策

纵观金融史,当金融危机爆发时,往往伴随着贸易保护主义的抬头。在金融危机救助中,一些经济体会通过各种关税和非关税壁垒,用限制进口来保护本国的市场和产业,这是打算从贸易渠道抑制输入性风险。想法虽然很好,但往往很难奏效,因为很容易引起其他国家的报复和贸易战,在这种冤冤相报中,抵消了贸易保护的效果,难以实现救助的目标。美国的"斯穆特-霍利关税法案"(The Smoot-Hawley Tariff Act)就很典型,需要引以为戒。

(一)斯穆特-霍利关税法案

在"大萧条"救助中,美国国会于1930年6月通过了"斯穆特-霍利关税法案"。该法案修订了1125种商品的进口税率,其中增加税率的商品有890种,有50种由过去的免税改为征税。尽管降低税率的商品有235种,并有75种商品由征税改为免税,但从总体看,农作物原料的平均税率从38.1%提高到48.92%,其他商品的税率从31.02%提高到34.3%。根据美国1932年的进口情况看,实际上税物品的平均税率达到53.2%。该法案在实施之前,就遭到了美国国内的反对,有1028名经济学者签署了一项请愿书抵制该法案;汽车业巨头亨利·福特在白宫花了一个晚上,力图说服胡佛否决该项法案,称该法案是"一项愚蠢的经济政策";J.P.摩根的首席执行官托马斯·W.拉蒙特则形容,当时他"就差跪下来乞求赫伯特·胡佛否决愚蠢的霍利-斯姆特关税法案了";等等。胡佛本人也认为这个关税法有点过头,但最后还是屈从于党内和利益集团的压力,于6月17日签字使之生效。

尽管国内反对声音很大,美国政府还是实施了"斯穆特-霍利关税法案",很快就收到了34份外国的正式抗议,点燃了国际贸易战的"导火索"。1930年,加拿大率先在16种产品上征收新关税,占美国输往加拿大商品总额的30%，之后加拿大寻求与英联邦建立更加密切的经济联系；法国和英国也表示抗议，开始发展新的贸易渠道；德国则着力于建立自给自足的经济体系；1932年2月4日，英国议会通过了《进出口关税法案》，从1932年3月1日起，对一切输入英国的商品，除小麦、肉类和英国不生产或短缺的原材料外，征收10%的关税，放弃了英国此前秉持的自由贸易政策；等等。在这次贸易战中，美国的进口额从1929年的44亿美元降至1933年的15亿美元，降幅是66%；而出口额则从54亿美元降至1933年的21亿美元，降幅是61%，这两项均超过美国GDP同期50%的降幅，结果是损人不利己，得不偿失。

美国政府实行贸易保护政策在当时不得人心，国内反对的声音也很大，为什么美国国会和政府还一意孤行？可能的解释是：在贸易保护中受损较大的是跨国企业和贸易部门，是少数，而国内普通老百姓和中小企业短期内受损较小，是多数；贸易保护虽然没有赢家，是双输，但先采取保护政策的输得少，后采取保护政策的输得多，这是在比谁先出手和少输；贸易保护还能树立政府保护国内市场的强势形象，转移国内视线和矛盾。

(二) 贸易保护主义新特点

国际金融危机爆发后，各国口头上都反对贸易保护主义，2008年11月15日，在华盛顿举行的第一次G20峰会上，多个国家强调在金融不稳定时期反对保护主义至关重要；反对抬高投资或货物及服务贸易新壁垒，反对设置出口新限定或实施有违世界贸易组织规定的措施来刺激出口；还承诺使世界贸易组织多哈发展议程[①]有一个圆满结果。但这些承诺并未得到落实，贸易保护不断翻新着花样：

---

① 多哈发展议程又称多哈回合贸易谈判，是世界贸易组织于2001年11月在卡塔尔首都多哈举行的世界贸易组织第四次部长级会议中开始的新一轮多边贸易谈判。谈判的关键是农业和非农产品市场准入问题，主要包括削减农业补贴、削减农产品进口关税及降低工业品进口关税三个部分。议程原定于2005年1月1日前全面结束谈判，但至2005年底为止仍未能达成协议。此后进行了多轮多哈回合谈判。

一是大幅裁减外国员工。2009年2月6日,美国参议院通过议案,要求接受政府救助的银行等金融机构在招聘员工时,要首先考虑美国国籍的申请者,而外国雇员不得超过员工总人数的15%,并禁止让持有H-1B临时工作签证①的外国人取代美国人的工作。在德国,宝马、西门子等大型企业在金融危机发生之后纷纷裁员,裁员的首批对象几乎全是以外籍劳工为主的短期合同工。

二是利用法律规制手段。2009年2月,在美国通过的一揽子经济刺激计划中,就包含了"购买美国货"条款。该计划第1640条规定,在经济刺激计划支持的工程项目中,必须使用美国国产的钢铁和其他制成品,除非联邦政府认定购买美国钢铁产品或其他制成品的成本过高,会损害公众利益。该计划还规定,美国运输安全管理局使用的任何制服和纺织品,必须是真正的"美国制造"。在其他条款中,还有多处或明或暗地要求"使用美国货"的规定。

三是利用行政干预,通过限制政府经费用途等方式,限制相关产品进口。2009年2月25日,美国众议院通过了2009年综合拨款法案,该法案第727条款规定:"根据本法所提供的任何拨款,不得用于制定或执行任何允许美国进口中国禽肉产品的规定。"这是明目张胆的歧视性的贸易保护主义做法,严重违反了WTO最惠国待遇原则和普遍取消数量限制规则。

在次贷危机救助中,还有很多国家采取了贸易保护措施:印度宣布对来自国外的豆油征收20%的进口关税,并提高部分钢材的进口关税,同时颁布禁止进口中国玩具的政策②;印度尼西亚对500多种商品实施进口管制;阿根廷针对进口鞋和汽车配件出台新的限制措施;俄罗斯上浮了汽车进口关税;欧洲的一些国家也纷纷制定相关措施,优先向本国企业贷款;日本降低了国内企业申请反倾销调查立案的条件。根据世界银行监测统计,从2008年10月到2009年2月,在短短3个多月里,各国政府就提出78例与贸易相关的提案,其中

---

① 美国签证的一种,是指特殊专业人员/临时工作签证,Specialty Occupations/ Temporary Worker Visas (H-1B)。

② 2009年1月23日,印度政府宣布今后6个月内禁止进口中国玩具。

66例与贸易保护相关，占比高达84.6%。

金融危机期间，在国外市场恶化的状况下，利用贸易政策保护国内市场，短期内可减轻金融危机对本国经济的影响，保证本国有较大的市场规模，可能对国内就业有利。但从长期看，贸易保护不是金融危机救助的有效措施，只会加剧国际矛盾和对抗，加深世界经济的衰退，延缓世界经济的复苏，是输入性救助的下策。世界各国应该秉持互利、合作、共赢的理念，发挥各自的比较优势，同舟共济，相互协作，才能尽快走出金融危机。这才是推动世界经济长期稳定增长的基础。

第二节 输入性救助中的多边行动

伴随着输入性风险的不断加剧，国别金融危机很容易演化为国际金融危机，发达国家和发展中国家都会卷入其中，单边行动的救助能力和作用有限，国际合作和救助就显得尤为重要。近年来，双边或多边救助行动日趋频繁，救助力度不断加大。

一、相互提供流动性

面对国际金融危机，各经济体在资金层面上相互提供流动性，可以共同抵御流动性短缺问题，货币互换就是一种很有效的多边救助行动。

货币互换[①]是央行之间进行国际金融合作并管理流动性问题的重要金融工具，是为了稳定外汇市场、在异常情况下获得流动性便利。两国政府间签署货币互换协议既可以是"异常情况下"的临时紧急

---

① 货币互换可分为商业性货币互换和央行流动性管理工具性货币互换。商业性货币互换是一项常用的债务或资产保值工具，主要用来控制中长期汇率风险，把以一种外汇计价的债务或资产转换为以另一种外汇计价的债务或资产，达到规避汇率风险、降低成本的目的。本书分析的是后者。

安排，也可以是金融危机发生后的救助措施。在双边货币互换协议框架下，一旦两国央行启动货币互换，即可相互提供短期流动性支持，有利于稳定各自的金融市场。

早在 20 世纪 60 年代，美联储就使用过货币互换工具，当时的救助目标是防止黄金储备流失。1960 年 10 月，全球出现大规模抛售美元、抢购黄金的风潮。1962 年美元又遭遇挤兑危机，当年 5 月美联储同法兰西银行签订首个双边互换协议，到 1962 年底，美联储与其他 8 家央行达成总额 20 亿美元的货币互换安排。美联储此次利用货币互换工具，主要是为了进行市场干预，用互换资金购入其他央行持有的美元，避免其他央行向美联储提出兑换黄金的要求，在当时发挥了一定的救助作用，稳定了美元与黄金的比率。

"9·11"事件中，美国支付清算系统运行中断，纽交所关闭。为防止金融市场动荡，美联储紧急使用临时性货币互换工具，与欧洲央行、英格兰银行和加拿大银行建立互换联盟，主要是为了迅速恢复金融市场和商品市场的投资者信心，防止"9·11"事件对美国金融市场的冲击扩散和蔓延。

雷曼兄弟倒闭后，国际金融市场出现了普遍的信贷萎缩和流动性短缺，几乎所有的美元资金来源都变得极度紧张，出现了"美元荒"。为了阻止次贷危机蔓延，早在 2007 年 12 月，美联储就与欧盟央行、瑞士国家银行签订了临时货币互换协议，后来陆续有多个国家央行与美联储签订了货币互换协议，互换总额从 2007 年的 2400 亿美元增长到雷曼兄弟倒闭后的 6200 亿美元。值得注意的是，在 2008 年 10 月中旬，美联储取消了与欧洲央行、英格兰银行、瑞士国家银行和日本银行货币互换的规模限制，意味着这 4 家央行可以从美联储获得任意规模的美元流动性。

通过货币互换机制，美联储发挥了对全球短期美元资金市场的最后贷款人职能。参与货币互换的其他国家（地区）央行可以从美联储借入美元资金，然后在其管辖权范围内，按事先确定的固定利率招标，提供期限为 7 天、28 天或者 84 天不等的美元资金，交易对手提供相应担保品后，便可以从其央行借入相应的美元资金。在次贷危机中，最初参加与美联储货币互换的央行只有欧洲央行和瑞士国家银行，随着危机的不断加深，参与货币互换的央行不断增加，到2008年底，就有14个国家（地区）的央行与美联储进行了货币互换①，这些国家都是与美国经济联系紧密且友好的国家。从具体使用情况看，大规模、高频率的货币互换发生在2008年9月中下旬，正值次贷危机的高潮期，到10月直接取消了货币互换的规模限制。

货币互换在次贷危机中发挥了较好的救助作用，并被其他国家借鉴。中国也建立了广泛的货币互换机制，对维护国际金融市场稳定发挥了重要作用。从2008年12月到2009年8月，中国人民银行先后与韩国银行、香港金融管理局、马来西亚央行、印度尼西亚央行、白俄罗斯国家银行、阿根廷央行、冰岛央行和新加坡金融管理局签订了人民币的双边本币互换协议，总金额为8035亿元人民币，互换协议期限均为三年，经双方协商可延期。

实践证明，流动性是金，不管是在国内金融市场，还是在国际金融市场，金融危机经常表现为流动性危机，在金融危机救助中都需要注入流动性，以维护市场信心和稳定。而货币互换机制可以相互提供流动性支持，快速恢复市场信心，遏制信贷萎缩和短期流动性枯竭，是输入性救助的多边行动之一。

二、政策协调

在输入性救助的多边行动中，救助政策的国际协调历来很重要，并在救助中不断加强。Strauss-Kahn（2009）认为，金融危机管理的国际协调应包括三方面内容：货币政策的协调、财政政策的协调和金融监管的协调。其中，货币政策的协调包括非正式的协调和正式的协调，财政政策的协调在危机管理中非常重要，金融监管协调有利于减

---

① 包括欧洲央行、瑞士国家银行、英格兰银行、加拿大银行、日本银行、澳大利亚储备银行、丹麦国家银行、挪威银行、瑞典央行、新西兰储备银行、墨西哥银行、巴西央行、韩国银行和新加坡金融管理局等。

少国家之间由于监管体系不一致而导致的利益冲突。①

如果政策协调不顺畅，甚至政策相左，不仅对救助不利，还会加重金融危机。在次贷危机初期，各国央行的利率政策行动就缺乏协调性，美联储虽然已经连续降息1年多，而许多央行并没有调整货币政策，有的央行还与美联储政策相反，为了稳定国内物价，实施了紧缩的货币政策，提高利率，比如欧洲央行从2007年3月至2008年7月，连续加息3次，将基准利率从2.75%提高至3.25%，2008年10月8日将基准利率降至2.75%后，又于第二天提高至3.25%，11月10日再次降至2.75%，飘忽不定。这种主要央行之间利率政策的差异，扩大了国际游资的套利空间，刺激国际游资的跨境异常流动，加重了输入性风险，对相关国家的金融危机救助不利。2008年9月30日，爱尔兰在欧盟中率先宣布对存款提供全额保险，而此时欧洲其他国家并没有宣布这一政策，结果给欧洲其他国家的金融机构造成了巨大的流动性压力，加重了欧债危机。爱尔兰的单边行动虽然受到指责，但后来其他欧洲国家不得不宣布为存款提供担保②。

由此可见，救助政策的多边协调很重要。国际金融危机爆发后，各国央行间加强了货币政策协调，通过利率协调等，向公众和市场传达各国央行采取一致行动、共同应对金融危机的决心。从2008年10月开始，全球主要央行加强沟通，掀起了一致降息的行动。有些经济体虽然没有直接进行货币政策沟通，但在降息方面形成了默契。从2008年10月7日至10月9日这三天内，各经济体相继宣布降息，联合打压国际市场空头，提振市场信心，是一次比较成功的国际政策协调。见表4-3。

---

① 张荔、孙颖等：《金融危机救助：理论和实践》，中国金融出版社2011年版第192页。

② 彭兴韵："金融危机管理中的货币政策操作"，《金融研究》2009年第4期，第20-35页。

表 4-3　　　　　　　　各国协调一致的降息政策

日期	协调一致的降息行动
2008 年 10 月 7 日	1. 澳洲联储大幅降息 100 个基点。 2. 以色列国民银行大幅降息 50 个基点至 3.75%。
2008 年 10 月 8 日	1. 美联储联合英格兰银行、欧洲央行、瑞士国家银行、瑞典国家银行、加拿大银行一起宣布降息 25-50 个基点不等。 2. 中国人民银行宣布下调存款性金融机构人民币存款准备金率 0.5 个百分点和下调一年期人民币存贷款基准利率各 0.27 个百分点。 3. 香港金融管理局宣布将基准利率下调 100 个基点。 4. 阿联酋央行宣布将借款利率下调 150 个基点至 1.5%。
2008 年 10 月 9 日	1. 韩国银行将基准利率下调 25 个基点。 2. 印尼银行将存款准备金率从 9.08% 下调至 7.5%。

资料来源：根据各央行官网发布信息整理。

按经济学常理，大幅降息后，本币不值钱了，相对于外币应该贬值，其汇率应该下降，但实际效果并非如此。Hameed&Rose（2016）研究了从 2010 年 1 月至 2016 年 5 月，在 5 个经济体（丹麦、欧盟、日本、瑞典、瑞士）实行名义负利率政策时，全球 61 种货币的有效汇率和双边汇率波动情况，结果发现负名义利率对汇率几乎没有影响[1]。这表明，在全球普遍实行宽松货币政策的情况下，降息的边际效应已很低，被相互抵消了，甚至会出现相反的结果[2]。此时，迫切需要其他救助政策的配合。

需要特别提醒的事，货币政策的多边协调固然重要，但在金融危机期间一国到底采取何种货币政策，是否需要参与多边协调，必须从本国的国情出发，不能盲从。在国际金融危机期间，一些央行不仅没有降息，反而提高了本国的政策利率，以增加资本流入的收益，缓解外汇市场的压力。2008 年 10 月 22 日，匈牙利国家银行将基准利率上调了 3 个百分点，以提振福林汇率；10 月 28 日，冰岛央行宣布大幅

---

[1] 周莉萍：“全球负利率政策：操作逻辑与实际影响”，《经济学动态》2017 年第 6 期，第 132-142 页。

[2] 2016 年 1 月 29 日，日本央行宣布引入负利率政策。消息宣布之后日元走低，但随后出现了意料不到的结果，日元却大幅升值。

加息 6 个百分点，以稳定冰岛克朗汇率，满足 IMF 援助贷款附加条件。匈牙利和冰岛没有随大流，其实是很现实的救助选择，因为这两个国家当时面临的主要问题是汇率危机和资本外逃，与其他国家面临的流动性短缺明显不同。正所谓"如鱼饮水，冷暖自知"，一国到底采取何种货币政策，需要从自己面对的实际问题出发，因事而制，没必要刻意跟风和攀比。

三、国际联合救助

随着金融危机在国际上的蔓延和扩散，参与救助的主体日益多元，包括各国政府、国际机构和私人部门等，救助方式多种多样，包括救助方提供跨国贷款、IMF 或区域性基金组织提供资金援助、债权方免除危机国债务等。通过国际联合救助，可以扩大救助资源，提升救助能力，尽量维护债权方利益。下面以"布雷迪计划"为例说明。

1987 年以后，美元开始走强[1]，国际资本回流美国，大宗商品价格下跌，拉美国家的债务状况普遍恶化，因为其债务主要是以美元计价的。一些拉美国家屡次宣布停止支付本金或利息，发生了严重的债务违约。1989 年 3 月，美国财政部长布雷迪提出的一个解决债务问题的新计划，即"布雷迪计划"[2]。该计划的核心是在 IMF 和世界银行的支持下，由私人部门承担部分损失，主动削减债务本金和利息，以切实减轻重债务国的债务负担，促进债务国的结构改革和经济增长。在"布雷迪计划"下，债权方与债务国一一谈判。因为各国债务情况和偿债能力等有差异，所以最终达成的协议不尽相同，墨西哥首先达成协议。

---

[1] 1983 年美国经济从石油危机中复苏，美联储连续 4 次加息，将基准利率从 8.5% 上调至 11.75%。

[2] 布雷迪计划与贝克计划的不同在于：里根政府的贝克计划只是提供新贷款以促使拉美等发展中国家经济发展和还债，而布什政府的布雷迪计划首次把减免债务纳入美国的政策之中，承认了债务国不可能完全付清债款的客观事实，提出由商业银行较大幅度削减拉美等发展中国家原有债务和由国际金融机构增加对债务国的支援贷款为主要内容的债务处理计划。

墨西哥是拉美第二大债务国，1989年的外债总额达到988亿美元①，外债还本付息的负担很重。1989年7月墨西哥与国际债权银行达成减债协议，1990年2月签署。该协议涉及墨西哥欠私人商业银行的485亿美元中长期公共外债，约占墨西哥外债总额的1/2。在美国政府的牵头与强制之下，债权银行只能"自愿地"从以下三个选项中进行选择：（1）发行本金缩减债券。将原有债务总面值削减35%，剩余65%的债务转换为新债券，浮动计息，利率为LIBOR+13/16bp，期限为25—30年。（2）发行利息缩减债券。不减记原有债务面值，将所有债务转换为固定收益的利息缩减债券，利率为6.25%，远低于当时的市场利率，期限为25—30年。（3）提供新贷款。银行可以不削减之前债务的账面价值及利率，但必须从签订协议日起，连续4年提供新的长期贷款给墨西哥，新贷款占其债务总量的25%。IMF、世界银行与美洲复兴银行等国际机构支持"布雷迪计划"的实施，为本金缩减债券和利息缩减债券提供了本金全额担保和18个月期的滚动利息担保。在滚动利息担保安排下，如果当月利息支付没有违约，那么担保期自动向后顺延，担保区间仍为18个月。担保资金托管在纽约联储。美国财政部专门为"布雷迪计划"发行了零息国债②作为具体抵押品。此外，为了在条件允许的情况下补偿债权人，协议还包括价值恢复条款：如果债券发行6年后墨西哥石油出口收入超过某一上限，就需要补偿债权人300基点的利息。作为"布雷迪计划"重新安排债务的条件，墨西哥必须实施IMF认可的经济调整方案，包括增强宏观经济稳定性、促进市场化以及加强制度建设等措施。③

在参加减债协议的450家债权银行中，有41%的银行选择了第一种方案，即将墨西哥的200亿美元外债减少35%（70亿美元），并将剩余的65%改为30年期限的新债；47%的银行选择了第二种方案，

---

① 1989年墨西哥的GDP是2229.77亿美元。
② 零息国债是指国债到期时和本金一起一次性付息，利随本清，也可称为到期付息债券。付息特点之一是利息一次性支付，其二是国债到期时支付。
③ 拉美国家的经济改革内容经过整理，由约翰·威廉姆斯最先进行了系统表述，即"华盛顿共识"。

即将墨西哥 225 亿美元外债的年利率从目前的 11% 降为固定的 6.25%，每年可减息 6.75 亿美元，偿还期改成 30 年；其余的银行选择了第三种方案，即同意向墨西哥提供 15 亿美元的新贷款。这一减债协定发挥了积极的救助作用，帮助墨西哥减轻了偿债负担，延长了还债期限，并缓解了资金短缺的困难。

美国将墨西哥做成"布雷迪计划"的第一个"示范案例"。1989 年 11 月，哥斯达黎加同债权银行达成了一项减债协议，通过在二级市场上以 16% 的折扣购回债券和降低利率两种方案，为哥斯达黎加减免了 25% 的外债和 25% 的外债利息。委内瑞拉于 1990 年 3 月同债权银行达成减债协议，通过削减本金、降低利率、在二级市场打折扣购回债券、债权银行提供部分新贷款等，帮助委内瑞拉减少了 20% 的外债（约 70 亿美元）和 9% 的利息。1992 年 11 月 10 日，阿根廷也同国际债权银行达成一项减债协议，根据协议，阿根廷通过发行贴现债券，减少其 55% 的商业债务，并以债券的形式，在 30 年的期限内偿还 310 亿美元的债务利息。

为了配合"布雷迪计划"的顺利实施，一些发达国家对银行业务的调节和税收等方面做了相应的修改，以鼓励债权银行积极参与削减债务，一些债务国根据"布雷迪计划"与债权银行达成了减债协议。从外债与名义 GDP 占比、利息与出口额占比这两个指标看，拉美国家在 20 世纪 90 年代的偿债压力显著下行了。[1] 当然，"布雷迪计划"对危机国提出了很多条件，要求享受减免债务的国家必须强制实行结构调整和体制改革等。总之，"布雷迪计划"中存在政府担保的身影，债务国和债权方在"自愿"、市场导向的基础上，对原有债务采取各种形式的减免，并且债权国政府和债务国政府对债务减免的剩余债务偿还做出了担保。[2] 另外，美国的强力推动和精巧的制度设计是"布雷迪计划"得以实施的重要保障。

通过分析"布雷迪计划"，我们可以看到，国际救助通常需要众

---

[1] 王蕾等： "应对欧债危机的措施及前景——基于布雷迪计划和拉美经验的视角"，《国际经济合作》2012 年第 2 期，第 85 - 91 页。

[2] 姜波克：《国际金融学》，高等教育出版社 1999 年版，第 118 页。

多救助主体的参与，既有政府部门、国际组织，还有众多的债权方——私人银行，它们都是利益受损者，其具体的制度设计是各救助参与方复杂博弈的结果，目标是尽量减轻债权方的损失。本书通过分析"布雷迪计划"，不仅能让大家看到国际联合救助的细节、差异和技巧，也能认识到国际追债的复杂性和严峻性。在繁杂的国际债权债务关系中，债权方通常处于被动、不利的地位，即便是美国政府也不例外。普通国家在处理国际债权债务关系时需高度谨慎，最好多边联合推动，尽量不要单边行动。

在金融危机救助中，国际联合救助的行动很多，救助方式千差万别。由于所处位置不同，对国际联合救助的评价存在较大差异。救助主体往往会扩大救助的效果，除了自我肯定，也是为了应对各种批评和指责，有的是"打碎了牙往肚子里咽"；而救助客体往往会夸大救助的副作用，因为他们不仅要接受苛刻的救助条件，还要进行利益置换，很不自在，当然，也有的是"赚了便宜还卖乖"。总的来说，有得必有失，在金融危机期间一国要想获得国际救助，往往需要付出，有的是付出了市场，有的付出了资源，有的付出了经济主权，有的付出了尊严。

四、国际救助机制

国际救助在防范输入性风险方面发挥了重要作用，并成为一些国家金融危机救助的重要资金来源，但在国际救助中也暴露了不少问题，引发了诸多争议，影响了救助的绩效，迫切需要进一步完善现有的国际救助机制。

（一）主要问题

美国著名国际政治经济学专家罗伯特·吉尔平认为：由于机制可能在很大程度上影响经济活动收益的分配和各个国家的经济与政治自主，所以各国，特别是强国，都要尽量影响制度的设计和运作，以便增进本国政治和经济等方面的利益。① 在金融危机的国际联合救助中,西方大国都会尽力发挥自身作用,影响救助方案的设计与运作,以实现自己的意图,影响了国际救助的公平性和救助客体的选择。这一问题很普遍,在对墨西哥和阿根廷金融危机的国际救助中就表现出来了。

1994年12月,墨西哥爆发了严重的金融危机,比索大幅贬值。在比索危机爆发后的两三天内,美国、IMF、国际清算银行、G10集团、世界银行和亚洲开发银行等就实施了国际联合救助,规模巨大。特别是克林顿政府首先提出向墨西哥提供400亿美元紧急救助,在遭到美国国会反对后,又动用总统可直接支配的稳定汇率基金(ESF),向墨西哥提供了200亿美元紧急救助,再加上IMF和国际清算银行等国际金融机构及其他国家的贷款,国际社会先后承诺向墨西哥提供了500多亿美元的救助贷款。这些救助贷款对于稳定墨西哥金融形势发挥了至关重要的作用。在救助中,除了美国要求墨西哥以石油收入作为抵押外,其他国家及IMF等机构没有提出过于苛刻的救助条件。美国和IMF等在墨西哥比索危机救助中决策果断,行动迅速,力度大,条件优厚,这次国际联合救助很成功,受到推崇。

2001年7月,阿根廷爆发债务和股市危机,陷入财政和金融困境,阿根廷政府多次去美国求援,但美国除了表示同情和政治支持外,没有采取实质性救助。IMF也不像救助墨西哥那样慷慨解囊。8月21日,经过12天的艰苦谈判后,阿根廷终于获得了IMF的80亿美元的应急追加贷款,作为交换条件,阿根廷政府承诺严格执行"零财政赤字"计划,以保证偿债的能力和义务。年中,当美国财政部长保罗·亨利·奥尼尔等高级官员暗示援助阿根廷的计划将是一种"浪费"后②,IMF的态度发生了转变。从2001年下半年只承诺了80亿美元追加贷款中的一半,另一半将根据阿根廷经济改善情况,再决定

---

① 罗伯特·吉尔平:《全球政治经济学——解读国际经济秩序》,上海人民出版社2003年版,第85-86页。

② 奥尼尔在2001年年中说过这样的话:"在过去的70多年中,他们(阿根廷人)经常遇到麻烦或摆脱麻烦……他们根本没有什么出口工业可言。他们自己喜欢这样搞,没有人逼迫他们到今天这个地步。"奥尼尔的话让阿根廷人很反感。

是否实施。11月底,在阿根廷无法完成"零财政赤字"计划的情况下,12月5日,IMF拒绝向阿根廷提供12.64亿美元的贷款。这一变化扰乱了市场预期,国际市场开始恐慌性抛售阿根廷国债,加重了阿根廷金融危机,并造成社会危机和暴乱,导致28人死亡。12月20日,德拉鲁阿总统辞职。此后11天里,阿根廷更换了5位总统。2002年1月1日,杜阿尔德总统上台后,IMF仍然态度强硬,迟迟不与阿根廷达成救助贷款协议。有专家认为,一个重要原因是美国政府对杜阿尔德总统不信任,认为他代表了传统正义党和民众主义意识形态,不符合美国的自由市场思想。在救助中,美国驻阿根廷大使和IMF的考察组成员频频绕过中央政府,直接同省政府接触,就透漏了这种迹象。在阿根廷经济部长汇报了向美国求助的情况后,杜阿尔德于2002年7月2日宣布提前大选。2003年5月,内斯托尔·卡洛斯·基什内尔就任阿根廷总统,仍是正义党人。

(二) 改善建议

IMF对墨西哥和阿根廷金融危机截然不同的救助态度,引发了国际社会的评论,关注的焦点有:IMF什么时候选择积极救助?救助力度多大?什么时候选择有附加条件的救助?什么时候选择不救助?在这些问题上IMF没有统一的标准,随意性很强,主要取决于个别国家的意志和决策。正如罗伯特·吉尔平所言:"在几次影响世界经济的金融危机中,美国实际上左右了国际货币基金组织的反应。"[①] 这既不合理又不公平,需要改变。改善国际救助机制的具体建议有:

一是寻找利益共同点。国际联合救助涉及资金和利益分配,救助方不会无条件援助,通常会提出一些附加条件;受助国深陷困境,迫切需要国际救助,需要让渡一部分利益,这些都可以理解,关键是如何平衡二者之间的关系,既要避免救助方大肆侵占受助国的国家利益,又要避免受助国一味地保护国家利益而拒绝国际合作,最终导致

---

① 罗伯特·吉尔平:《全球资本主义的挑战:21世纪的世界经济》,上海人民出版社2001年版,第14页。

金融危机失控和升级，并向境外传导，产生连锁反应。因此，国际联合救助需要建立在各参与主体共同利益的基础上，求同存异，互惠互利，共同分担救助的成本和义务，尽快平息危机，这是完善国际救助机制的前提。

二是建立快速救助机制。国际联合救助能否快速实施，对一些国家很重要，而国际联合救助涉及众多国家和机构，往往行动比较迟缓。如果能建立一个危机救助的国际合作机制，将一国的危机救助纳入世界范围内，整合各救助主体的信息、技术、人才、资金等各种资源，通过多种手段，提高危机救助决策的科学性和有效性，可以尽快启动国际救助。从具体实践看，国际救助及时与否已成为影响金融危机发展态势的重要因素。在1994年墨西哥比索危机和1998年俄罗斯金融动荡中，及时的国际救助阻止了金融危机向全球蔓延的趋势。而亚洲金融危机时，由于受少数经济大国的控制，国际救助迟迟未启动，以至于东南亚金融危机蔓延到东亚、亚洲乃至全球。从这些经验教训看，建立一个国际联合救助的快速救助机制是必要的，也是可行的，前提是在该机制安排中，发展中国家应拥有更大的发言权，避免被个别国家左右。

三是设立国际最后贷款人。随着经济金融全球化的加深，金融危机越来越跨国界传导，很有必要设立国际最后贷款人。国际最后贷款人主要处理与汇率有关的危机，其主要政策目标是：帮助成员国解决流动性危机；防止汇率变化导致经济基本面恶化；促使货币汇率恢复长期均衡水平。至于由谁担任这一角色，目前仍存在较大争议。有的支持利用现有国际组织，比如 IMF 和国际清算银行；有的支持建立世界性的央行；有的支持美联储，Keleher（1999）等人提出，美联储拥有国际最后贷款人所需要的优势，能无限提供高能货币，拥有很高的透明度，同时又有美国强大的经济和政府支持。笔者认为，美联储的救助能力没问题，但不一定有这个意愿。

（三）新趋势

近年来，国际救助机制建设出现了一些新情况：加强了机构层面的协调,在 2009 年的 G20 伦敦峰会后将金融稳定论坛改组为金融稳定理事会,并将其成员扩展至所有的 G20 成员,其任务是制订和实施促进金融稳定的监管政策和其他政策,解决金融脆弱性问题;IMF 改革取得一定进步,包括份额和投票权改革等,还放松了救助贷款的条件,创新了贷款工具,提高了贷款限额①;有的还创新国际联合救助方式以规避法律障碍,比如 2010 年 5 月欧盟与 IMF 达成设立"稳定基金"的协议,通过设立"资产负债表外的特别机构"(SPV),在必要时先行借款,然后再贷款给危机国家,通过相互合作的形式,规避了欧盟禁止成员国双边直接提供资金援助的规定②;等等。

这些情况反映了一种趋势,即国际救助机制建设正在不断加强和改善,救助资源不断丰富。但我们应看到,国际救助涉及复杂的利益博弈,推进国际救助机制建设涉及众多国家,需要旷日持久的多边协商和谈判,肯定很艰难,国际救助机制不会比国内救助机制更完善,会有诸多漏洞,难免被钻空子。须知道,国际救助资金规模大,偿还期比较长,通常十年以上,有的债务国政府在任期内为了维护本届政府的利益,有可能极力争取国际救助,但获得救助后就拖延偿还债务,甚至可能逃债和赖账,尽量把问题留给后任。这是典型的寅吃卯粮,而后任政府偿还前任政府债务的意愿和动力通常难以为继。另外,政府欠债与个人欠债明显不同,不会受到广泛的道德约束。以上问题都可能存在并很难对付,完善国际救助机制需要充分考虑这些问题,并有针对性地修补这方面的漏洞。

五、政治手段

为了实施金融危机救助,有时需要利用政治资源,动用政治手段。政治手段往往是强势的,有时很有效,能对金融投机活动起到震慑作用,快速稳定市场预期。当然,在多边救助中能动用政治手段的

---

① 新的使用 IMF 资金的年度和累计限额分别为份额的 200% 和 600%。
② 吴伟等:"欧元与国际货币基金组织建立救援机制的动向及影响",《中国财政》2010 年第 14 期,第 72 - 73 页。

国家并不多。

在美国的强力推动下，布雷顿森林体系得以建立。美国为了维持布雷顿森林体系的运行，不仅使用经济金融手段，还经常动用政治手段。1961年10月，美国为了减少黄金储备流失，联系了英国、法国、意大利、荷兰、比利时、瑞士和德国，建立了"黄金总库"（Gold Pool），在伦敦市场上买卖黄金，以维持每盎司黄金35美元的官价。当年11月，以美国为代表的"十国集团"签订了一项贷款总安排协议（General Arrangement Borrow），约定在国际短期资金发生大额流动引起汇率波动时，IMF可以从这十个国家借入额度为60亿美元的资金，稳定汇率①。1962年3月，美国又分别和各主要西方国家签订了双边的《互惠借款协定》（又称《货币互换协定》），规定两国央行彼此之间可相互提供对等的短期信贷资金，干预外汇市场，维持汇率稳定，当时互换总额为117.3亿美元。美国还劝说各国政府不要拿美元向美国财政部兑换黄金，例如，在1967年，美国曾与西德达成协议，让西德承诺不将其所持美元向美国兑换黄金；1967年3月15日，美国政府要求英国暂时关闭伦敦黄金市场，解散"黄金总库"，实行"黄金双价制"（Two Tier Price System），即美国只与各国央行进行黄金买卖，官方市场仍保持1盎司黄金35美元的官价，各国央行除彼此间交易外，不再介入私人黄金市场的正常买卖。通过美国与各国货币政策协调后，国际黄金市场的恐慌情绪有所缓解，市场趋于平静，布雷顿森林体系得以维系。

客观地讲，这轮救助政策的国际协调之所以能推行，与美联储在国际货币体系中的特殊地位有很大关系，美国凭借强大的综合实力，可以要求其他国家根据自己的意愿行事。这种政治手段看似不讲理，但从美国的角度看，布雷顿森林体系维护的是整个西方经济社会的货币稳定，其救助责任应该而且可以在西方社会分摊。

这一案例虽然很极端，普通国家很难效仿，但可以开拓我们金融危机救助的思路。金融危机救助看似很专业，其实很多问题不是金融

---

① 到1997年底，该协议借款额度由60亿美元增加至280亿美元。

的事，有时需要上升至政治层面，动用政治手段才能解决。金融危机救助不能局限于经济金融领域，不能被传统的救助思想所禁锢。金融危机救助是公共产品，受益的是全社会，救助责任可以在全社会分担。而从全社会的角度看，可以调动的救助资源是很丰富的，救助手段很多。一些政治手段可以摆脱繁琐的经济博弈和纠缠，反而更直接、更有效、更迅捷，只要认准了就可以直接干。这种强势猛烈的政治手段在极端情况下是可行的，也是有效的，不必刻意抵触。金融危机救助有时没必要讲道理，因为金融危机本身就不合理，一些"以毒攻毒"的救助方式在特定情况下是可以考虑的。

六、因时而化

为了防范输入性风险，需要采取多边救助行动，但在金融危机的不同时期，推动多边救助行动的意愿和动力明显不同，救助主体需因时而动，及时做出调整，避免形成救助的惯性思维。

当爆发严重的国际金融危机后，各国经济前景黯淡，承受巨大的社会压力，此时抱团取暖的欲望很强烈，比较容易协调国际救助政策，形成救助的一致行动。比如，2008年10月，澳大利亚和新西兰为了稳定储户的信心，就联合发布了银行业保卫计划，史无前例地宣布向两国所有银行存款提供担保，保证两国公民在银行的存款无论数额多大，都不会受损；10月22日，南部非洲发展共同体、东南非共同市场和东非共同体举行三方首脑会议，呼吁成立非洲自由贸易区，加强内部经济联系，以减轻国际金融危机对非洲的冲击；10月29日，非盟经济事务委员会讨论了国际金融危机对非洲经济的影响及应对方法①；欧债危机爆发后，25个欧盟成员国（英国和捷克除外）于2012年签署了《欧洲经济货币联盟稳定、协调和治理公约》，又称"财政契约"，以重建信心，促进经济增长和创造就业；等等。

---

① 在研究国际金融危机时，大多数专家对非洲的分析较少，一个原因是非洲的经济规模较小，2007年，撒哈拉以南非洲的GDP总量是8429亿美元，还不如墨西哥一国的经济总量（8934亿美元）大。

G20 更具有代表性，是国际金融危机救助中重要的政策协调平台。在 2009 年 3 月的 G20 财长和央行行长会议上达成了四点主要共识：(1) G20 将采取一切必要措施恢复经济增长，同意采取明确、协调和广泛的行动扩大需求和就业，并呼吁 IMF 评估各国"已采取的行动和需要采取的行动"；(2) 应改革 IMF 等国际金融机构体制，使之符合世界经济发展状况，并加大新兴和发展中经济体的发言权；(3) G20 财长同意向 IMF 增资，以扩大其在危机应对中的作用；(4) 承诺与任何形式的贸易保护主义作斗争，维护公平贸易与投资。[1] 2009 年 4 月，G20 伦敦峰会的主题是"改革国际金融体系"，G20 同意为 IMF 和世界银行等多边金融机构提供总额 1 万亿美元资金。这些多边救助行动向公众表明了各国金融危机救助的决心，对提振当时的市场信心、维护金融稳定发挥了重要作用，值得肯定。

当然，G20 涉及的国家比较多，在救助政策协调方面很容易产生分歧。在 2009 年 9 月的 G20 匹兹堡峰会上，美国认为经济复苏态势不明显，不应过早撤出经济刺激计划，而欧元区认为应尽早制定退出政策，以防止财政赤字和通货膨胀的上升。这表明，当金融危机减弱、经济形势好转后，各国加强救助政策协调的意愿在消退、动力在下降。孟子曾说过："彼一时，此一时也"[2]，这句醒世恒言在国际舞台上得到了很好体现，有些话听听而已，不必当真。

第三节 特殊的输入性救助

上面两节分析的输入性救助的单边、双边和多边行动，是救助的通行做法，是大多数经济体能采取的行动。当然，由于各经济体实力差异巨大，其输入性救助的资源、能力和行为边界等明显不同，实力强大的国家在风险传导机制中占据更加主动的地位，危机救助手法更丰富，拥有更大的回旋空间。一些特殊的救助方法需要引起普通国家

---

[1] http://news.cqnews.net/gi/gjsx/200903/t20090316_3097801.htm.
[2] 出自《孟子·公孙丑下》。

的注意。

一、转嫁危机

谈到转嫁危机，大家首先想到的是战争。从殖民主义时期开始，就时常有西方国家通过战争或冲突等手段，向境外转移金融危机的国内压力。1825年7月，英国爆发了第一次周期性普遍生产过剩的经济和金融危机。当时，英国股票行情猛烈下跌，信用关系破坏，银行纷纷倒闭，大量商品卖不出去，物价暴跌，大量工商企业破产，英格兰银行的黄金储备从1824年底的1070万镑降至1825年底的120万镑。为了转嫁国内的经济和金融危机，英帝国加紧了入侵缅甸的战争，扩大了战争规模。1826年2月，英军长驱直入，占领蒲甘，逼近缅甸首都。通过战争，英国逼迫缅甸签订了《杨达波条约》，主要内容是：缅甸放弃对阿萨姆及克车的领土要求；缅甸国王把阿拉干、兰里岛、曼翁岛和实兑割让给英国；向英国赔款1000万缅元；英政府派出使臣驻缅甸首都阿瓦，可以参加缅王的早朝；英国船只可以自由出入缅甸港口，商船免税等。通过这场战争，英国获得了巨大收益，国内矛盾有所缓解，而缅甸丧权辱国，开始沦为半殖民地半封建社会。

进入现代，国际社会也不缺乏通过战争转嫁危机的案例。1999年1月1日，欧元正式诞生，当时欧元雄心勃勃，对美元的汇率大体维持在1∶1的水平上。这对美元不是好事，因为在第二次世界大战之后，从来没有一种货币能让美元感受到如此强烈的竞争压力。三个月后，科索沃战争①爆发了，欧洲人居然也参与北约行动，支持美国攻打科索沃，对南联盟实施了72天的狂轰滥炸。科索沃战争以塞尔维亚人的失败而告终，但战争结束时，欧元直线下跌30%，0.82美元就能兑换1欧元，暂时扭转了欧元诞生后美元的相对衰落、被动的

---

① 科索沃战争是一场由科索沃的民族矛盾引发、在以美国为首的北约推动下发生的高技术局部战争，持续时间从1999年3月24日至1999年6月10日。

局势。①

战争可以减轻国内金融危机的社会压力，转移国内关注的焦点，降低国民对生活水平的预期。战争还能增加军工产业的发展，拉动内需，扩大就业。"大萧条"后，美国实施"罗斯福新政"并没有解决失业问题，而真正解决美国失业并恢复经济增长的是美国参加了第二次世界大战。随着市场对军用物资需求的增加，美国劳动力需求迅速增长，失业率从 1940 年的 14.6% 降至 1944 年的 1.2%②。

战争期间往往伴随着政府部门对国内控制的加强。小布什政府在"9·11"事件后发动了"反恐战争"，并通过了"爱国者法案"③。该法案以防止恐怖主义为目的，扩张了美国警察机关的权限，加强了美国政府对国内舆论和社会生活的控制。根据该法案，美国警察机关有权搜索电话、电子邮件通讯、医疗、财务和其他种类的记录；减少对美国本土外国情报单位的限制；扩张美国财政部长的权限以控制、管理金融方面的流通活动，特别是针对与外国人士或政治体有关的金融活动；加强警察和移民管理单位对于居留、驱逐被怀疑与恐怖主义有关的外籍人士的权力等。"爱国者法案"增强了联邦政府搜集和分析美国民众私人信息的权力，依据该法，美国国安局等机构认为在全美境内进行的每一次电话通话记录监控行为"都是正当的"，备受争议。

现在的国际环境发生了很大变化，和平和发展仍然是时代主题，霸权国家④通过战争转嫁金融危机的可能性有所降低，但没有排除，

---

① 有人这样评价欧洲：别人把你卖了，你还在替别人数钱。后来当美国要打伊拉克时，法国和德国坚决反对。

② 徐鸿：《货币政治——美国霸权的式微和人民币国际化的兴起》，中国经济出版社 2018 年版，第 25 页。

③ 2001 年 10 月 26 日由美国总统小布什签署颁布的国会法案（Act of Congress），其正式的名称为"Uniting and Strengthening America by Providing Appropriate Tools Required to Intercept and Obstruct Terrorism Act of 2001"，中文意义为"使用适当之手段来阻止或避免恐怖主义以团结并强化美国的法律"，取英文原名的首字缩写成为"USA PATRIOT Act"。

④ 许多美国专家承认美国是霸权国家，只是认为美国的霸权不是邪恶霸权，而是一种良性霸权，能为国际社会提供彼此受益的公共秩序。

普通国家需要高度警惕。另外，霸权国家可以凭借强大的实力，变换转嫁金融危机的手段，有的露骨，有的隐蔽。

一是转嫁危机责任，模糊矛盾焦点。次贷危机爆发后不久，美国财长亨利·鲍尔森就撰文，认为中国等新兴市场国家的贸易顺差是次贷危机爆发的根源①。鲍尔森的说法是完全错误的，是本末倒置和不负责任的。那些政客为了掩盖前期错误的经济政策，不惜往别人身上泼脏水。

二是转嫁危机成本。2008年美联储大肆量宽，释放流动性，美元大幅贬值，不仅没有发生美元危机，还促进出口、稀释债务，就是利用了美元的国际核心货币地位，可以很轻易地将美元贬值的压力转嫁出去。②

三是打压竞争对手。霸权国家为了打击竞争对手进而转嫁危机，会不择手段，即便是打击经济联系紧密、意识形态相近的盟友，也会毫不手软。1985年，美国政府与其他西方发达国家特别是日本订立了广场协议，通过逼迫日元等货币大幅升值的方式，暂时缓解了美国对日本贸易的不利局面，同时加速了日本泡沫经济的膨胀。无独有偶，在次贷危机中美元和美债的信用严重受损，市场吸引力下降，2010年之后，国际三大评级机构连番渲染欧盟成员国主权债务危机，在这种情形下，国际社会对金融危机的关注焦点，就从美国转移到欧盟，打压了投资者对欧盟成员国乃至整个欧盟的信心，造成欧盟迟迟不能走出债务危机的泥沼，而美国国债则获得了国际投资者的相对青睐。事实上，到2009年底，欧盟作为一个整体，其公共债务规模与GDP的比值是79%，要小于美国的84.3%。③

霸权国家之所以能转嫁金融危机，除了硬实力，还因为它们在国际政治、经济、金融体系中拥有主导性地位和制度性权力，这是它们

---

① 鲍尔森认为：新兴市场国家的快速发展，产生大量贸易盈余，同时新兴市场国家（如中国）的高储蓄与其他国家的高消费之间的失衡，种下全球信用泡沫的种子，并由美国次级房贷与更高风险的住宅贷款市场向外延伸，这是国际金融危机问题的根源。

② 高伟："人民币国际化需顺势而为"，《第一财经日报》，2018年4月3日。

③ International Monetary Fund, World Economic Outlook: Recovery, Risk and Re-balancing, Oct 2010, p.191.

转嫁危机的软实力。当然，霸权国家能够转嫁危机是有条件的：只有在一个纯粹的全球市场经济体系内，任由霸权国家所制定的经济政策发挥主导作用，不受约束；其他政府顺从霸权国家的经济政策，基本不抵制、不干预。只有上述条件都具备时，霸权国家转嫁危机才能顺利实施，并取得成效。如果其他政府基于本国国内经济稳定和国家利益考虑，强力抵御甚至破坏上述传导机制，则转嫁危机的效果将受到限制。因此，为了确保转嫁危机机制的顺畅，霸权国家还会采取各种政治和外交策略，劝服、诱使甚至逼迫其他国家满足自己的诉求，这些外交手段通常包括多边协调和双边协调等①。在近年的几次金融危机救助中，霸权国家转嫁危机的手段大体类似，甚至连理由和用语都变化不大，例如"全球经济失衡"、扩大顺差国的"国内需求"、改变不合理的"汇率政策"等，变化的只是转嫁危机的对象。在转嫁危机方面，普通国家的抵御工作基本上是防守型的，比较被动，更不要说主动出击了，很无奈。

当今国际政治、经济格局正发生深刻变革，单边主义②和经济霸权主义有所抬头，普通国家需要高度重视金融危机转嫁问题，认识到国家竞争的长期性和残酷性，深入研究金融危机转嫁的机理、路径和方式，即便不是为了向外转嫁危机，也要警惕和防止自己成为金融危机的转嫁对象，承受无妄之灾。

二、货币国际化

在一轮轮金融危机的冲击下，现行国际货币体系的缺陷充分暴露出来了，国际社会普遍认识到，国际资本流动缺乏监管和不稳定的汇率体系加剧了金融危机的国际传导和蔓延，而美元的霸权地位则使普

---

① 宋国友："美国政府经济危机转嫁行为评析"，《现代国际关系》2011年第5期，第34-40页。

② 2018年以来，美国采取单边主义，挑起贸易摩擦，3月美国炮制出所谓的301调查报告。7月6日，美国不顾多方面反对，对中国340亿美元输美产品加征25%关税。8月23日，美国对另外160亿美元中国输美产品加征关税。中国政府为维护正当权益，及时采取了反制措施。

通国家遭受国际金融危机的二次伤害和掠夺。很多国家有切肤之痛，推动国际货币体系改革的呼声日渐高涨，并自发地掀起了形式多样的国际货币多元化行动。

从中短期来看，美元的国际地位是无法撼动的。即便如此，其他国家为了维护自身利益也应积极作为，一方面，需要在双边和多边合作中有意识地加强本币合作，提升本币使用的层次和范围；另一方面，需要从实体经济层面减少对美元的过分依赖，努力推动国际储备货币多元化、国际贸易交易货币多元化、国际大宗商品计价和结算货币多元化，促进形成多种国际货币相互竞争、相互制约的局势和机制。聚沙成塔，集腋成裘，国际货币体系将在这种日积月累的努力中不断改变和完善。

准确地讲，货币国际化是一个长期过程，不局限于金融危机救助的短期行为，但金融危机确实能为"后起"货币提供加快国际化的机遇。布雷顿森林体系崩溃后，日元和西德马克就抓住了机遇，加快了国际化进程。这说明货币国际化不是均衡发展的，有机遇就迅速向前冲一冲，没有机遇就蛰伏一段时间，甚至还会退步，而国际金融危机能为后起货币跨越式发展提供重要机遇，有一定经济实力的国家在输入性救助中要善于把握。（参见附录二）

要点小结

输入性救助的重点是阻断国际金融风险向国内的传导，减轻国际金融危机的冲击，保护本国实体经济和就业。输入性救助常用的货币政策工具有汇率和利率等，救助中需加强国际政策协调和合作，相互提供流动性，实施联合救助，必要时可实施资本管制、改变汇率制度、动用政治手段等非常规措施。在这个过程中，需要考虑经济联系紧密国家的感受和反应，避免竞争性贬值和贸易伙伴的报复，同时要防止成为金融危机的转嫁对象。

第五章

金融危机救助后的退出指引

退出机制是金融危机救助不可或缺的组成部分,因为无论金融危机多么严重,救助多么有必要,救助终究是非常态的,是一种暂时性的外部行为,而金融和经济运行最终要恢复常态。当金融危机业已平息、危机影响基本消除时,金融危机救助就应当适时退出,让宽松的货币政策回归正常,让刺激性财政政策回归预算平衡,让银行担保和政府的股权购买有序退出,让市场在资源配置中发挥决定性作用。同时,需要对金融危机救助进行评估和总结,对不妥或错误的救助予以纠正,对已经完成使命的救助予以废止。如果金融危机平息后,救助主体仍不中止救助,就很容易形成对救助的路径依赖,不仅会加重公共债务负担和通货膨胀压力,还有滥用救助权力的嫌疑,如果出现问题或造成损失是要被问责的。

金融危机救助是必要的,救助的适时退出也是必要的,需要准确把握。一旦退出中出现失误,将使前期救助的效果大打折扣,甚至引发经济的二次衰退。在救助退出方面,需要重点关注四个问题,即退出时机、退出次序、退出路径和退出的国际协调。

第一节 退出时机

纵观近百年的金融危机史,在金融危机救助取得预期效果、经济复苏后,救助主体一般都启动了退出程序,逐步以相机抉择的常规政策代替危机时期的刺激政策。那么,救助主体应该如何准确把握退出的时机呢?

(一)退出的艰难选择

从理论上讲,把握退出时机应该不难,只要经济复苏、金融市场稳定了,就可以退出,但现实情况并非如此。在救助退出方面,可供参考的经验和教训都很丰富,而痛苦的教训更让人们记忆深刻,也让救助者日益谨慎。

1. 如果救助退出过晚、流动性回收不及时,则有可能引发资产泡沫、恶性通货膨胀、财政赤字等不良后果,缩短下一场危机爆发的时间,这是社会各界普遍担心的问题。

21世纪初,美国互联网泡沫危机爆发后,为了防止经济衰退,美国政府推行减税政策,同时美联储连续快速降息,在2003年6月将联邦基金利率降至1%的水平,并维持了1年。当经济复苏后,美联储没有及时退出救助政策,长期维持低利率,造成全球流动性过剩,大量资金流入美国的房地产和金融市场,推动这两个市场的长期增长,房地产泡沫和金融泡沫不断积累,再加上缺乏监管,金融衍生品泛滥,加重了系统性金融风险,最后以次贷违约为导火索,引爆了金融危机。

有了这次教训,在对次贷危机实施救助后不久,学术界和国际组织就发出退出救助的呼声,实乃殷鉴不远。在2010年1月的冬季达沃斯论坛上,救市退出和财政赤字问题就成为当时国际社会争论的焦点,各方推敲危机后的退出策略,奥巴马政府释放退出信号。

2. 如果退出过早,则不能发挥救助的"药效",无法修复和恢复市场功能，甚至重陷衰退。

1933年美国经济走出"大萧条"的低谷，开始逐渐上行，这时美国政府担心"罗斯福新政"给经济中长期发展带来的风险。从1936年开始，美国实施大范围的救助退出政策，不断缩小财政赤字规模，美联储为吸收前期释放的流动性，从1936年8月至1937年5月，连续三次提高存款准备金率，将其从13%提高至26%，短短10个月就增加了一倍，导致美国短期国债收益率飙升（见图5-1），促使1937年至1938年间美国经济的再度衰退（见图5-2），实际GDP增长率降至1933年以后的最低水平，失业率大幅攀升。

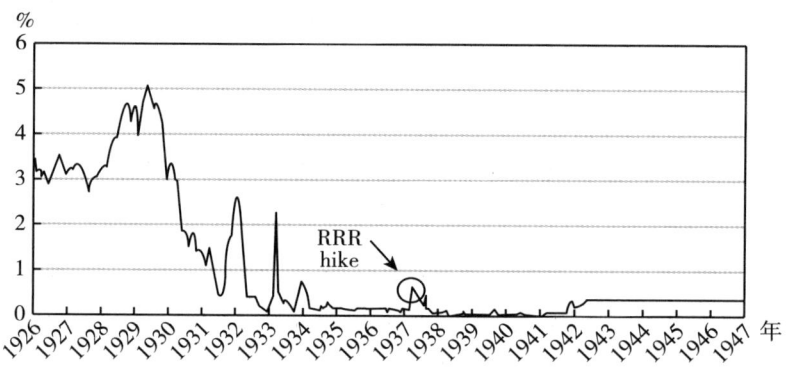

图5-1 1926~1947年美国3月期国债收益率

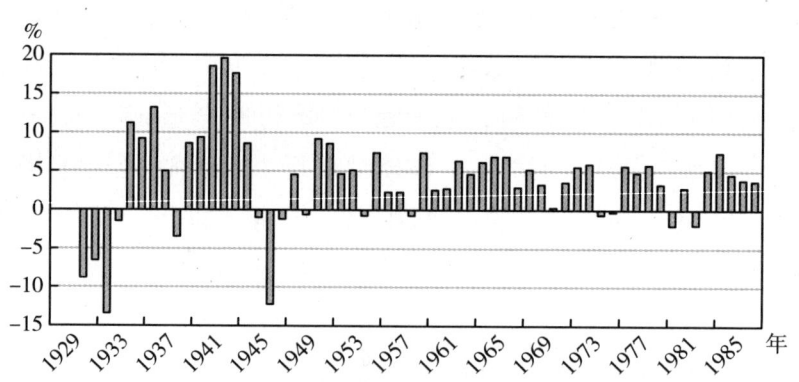

图5-2 1929~1985年美国GDP增速

日本在20世纪90年代初经历资产泡沫危机后，实施了一些救助，尽管救助力度较小，但于1993年终止了救助政策；在经历了亚洲金融危机后，日本实施规模较大的救助，到21世纪初，日本经济出现了短暂复苏，GDP增长率由1999年的0.6%上升到2000年的2.8%。这时日本银行认为长期采取零利率等于丧失了利率政策的杠杆效应，应尽快解除，而日本政府对经济复苏的判断很谨慎，不建议收紧货币政策。尽管日本政府反对，日本银行还是于2000年8月解除了零利率政策，将银行同业间无担保隔夜拆借利率从0.03%上调至0.25%，再加上受美国互联网泡沫危机爆发的冲击，日本经济再次跌入谷底。根据日本统计局的数据，2000年和2001年日本的CPI分别为-0.5%和-1.0%，2001年和2002年日本的GDP增长率分别为-0.8%和-1.3%。

3. 即便是正常退出，对宏观经济运行也有较大影响，需要市场主体不断适应并调整市场预期。

当货币政策从宽松回归正常时，一方面会收缩流动性，减少商业银行的信贷供给，增加实体经济的融资成本；另一方面会在债券需求规模不变的情况下，导致国债及其他债券的价格下跌，收益率上升，提高政府部门和企业的融资成本。俗话说，由俭入奢易，由奢入俭难，在从流动性充裕向流动性偏紧的过渡中，市场主体需要改变预期，压缩消费和投资，紧巴巴地过日子，肯定不自在。

由此可见，要想从庞大的金融危机救助中顺利退出并非易事。总体而言，对退出时机的把握是艰难的选择，需要救助主体对国内国际经济形势做出准确、清醒的判断①。在救助退出方面，专业判断尤为重要，不宜给救助主体施加过多的政治压力和干扰。

（二）时机把握

理论上讲，金融危机救助的退出存在一个最佳期。如果过久实施经济刺激计划，将加重经济和金融泡沫；而过早退出救助，将抑制经济复苏。在把握退出时机问题上，一些国际组织认为，选

---

① 苗永旺、王亮亮："全球金融危机经济刺激方案的退出策略：历史经验与现实选择"，《国际金融研究》2010年第2期。

择退出时机时需重点考量三点：（1）经济是否出现实质性复苏；（2）宏观经济形势是否明显好转；（3）其他国家的退出情况。而从退出的经验看，各国在退出时虽然参考其他国家情况，重视国际沟通和协调，但最主要的还是根据本国经济形势判断退出的时机。

次贷危机后，学术界对金融危机救助的退出问题做了许多研究。Hagen（2009）在研究欧洲非常规货币政策退出时，认为政策退出必须至少包含三个目标：即预算可持续的恢复；中期内产出缺口逐步缩小且无通货膨胀的宏观经济稳定增长；金融稳定，即没有政府或央行支持的金融部门稳定[1]。陈华等（2009）在对法国和德国经济刺激计划退出标准、路径分析的基础上，提出退出时机选择应满足四个标准：通货膨胀的压力是否消除；失业问题是否出现好转；持续性的需求增长态势是否已经确立；财政赤字率是否已经接近或者达到警戒线[2]。Andrew & Hans（2010）认为，非常规货币政策退出时的货币政策目标，应更多地关注资产价格的变化和金融体系的稳定[3]。戴金平和张华宁（2010）在对美国非传统货币政策的退出机制进行分析时，利用 LIBOR – OIS 利差分析银行同业拆借市场的对手方风险和拆借意愿；利用 VIX 指数分析投资者的恐慌心态；利用国债收益率曲线分析市场流动性情况；利用货币乘数分析市场活跃程度；利用失业率、GDP 变化率、通货膨胀变动等宏观经济指标分析经济态势，并将上述指标作为非传统货币政策是否退出的依据[4]。

金融稳定理事会在总结成员国退出实践的基础上，提出了非常规

---

[1] Juren van Hagen, "Monetary Policy on the Way out of Crisis", Bruegel Policy Contribution. ISSUE. Sept, 2009.

[2] 陈华、赵俊燕："经济刺激计划退出标准、路径的国际比较研究"，《经济学动态》2009 年第 12 期。

[3] 潘敏、缪海斌："非常规货币政策退出的时机与策略"，《经济学动态》2010 年第 6 期，第 88 – 92 页。

[4] 戴金平、张华宁："后危机时代美国非传统货币政策的退出机制"，《金融与保险》2010 年第 9 期，第 12 – 16 页。

金融支持措施退出的战略指引①,认为以下原则有助于把握退出时机:(1)政策退出战略应当具备事先公开、灵活性、透明度和可信性的良好特征。(2)总体而言,退出策略应当确立增强经济稳定性的目标,保证即使在经济形势再次恶化时也能确保市场稳定。(3)救助措施的定价及其他情况应当配合以市场机制为基础的政策退出,即依靠市场参与者的动机自发减少对救助工具的依赖。(4)不论正式的国际协作是否恰当,退出策略的模式和实施都应考虑到跨国界的潜在影响。(5)退出时机应当综合考虑防止经济恶化、避免过早退出、支持措施效果的扭曲程度等因素。(6)退出时机的公布同样要考虑其对市场信心的影响。

以上研究大多未经过严谨的理论推导和下一轮金融危机的检验,没有建立完整的理论体系,是经验性的,却为我们判断退出时机提供了有价值的参考指标。在退出问题上,美联储官方的判断标准比较简单。2009年1月,时任美国旧金山联邦储备银行行长的珍妮特·耶伦认为:美联储货币政策退出的目标是对通货膨胀预期和就业指标的权衡。② 一般认为,美联储隐含的通胀率目标和失业率目标分别为2%③和5%,只有当失业率开始明显下滑和通货膨胀预期达到目标水平后,美联储才会开始收紧货币政策。

综合考量各方研究,笔者认为在救助退出时机问题上,对本国经济形势判断可主要参考以下三个指标:(1)短期资金借贷利率。银行间同业拆借利率下降表示金融市场流动性供给增加,市场紧张情绪有所缓解。(2)CPI。CPI上涨表示危机后居民消费意愿提升,有效需求开始活跃和增加。(3)失业率。失业率明显回落,表示实体经济运行开始好转。当这三个指标同时出现实质性好转时,表示救助取得了成效,这时应该逐步缩减救助规模,并着手安排救助的退出。总

---

① Exit from extraordinary financial sector support measures, Note for G20 Ministers and Governors meeting 6 – 7 November 2009 FSB.

② Yellen, J. L., "U. S. monetary policy objectives in the short and long run", at the IBEFA/ASSA meeting held in San Francisco, 2009.

③ 就通货膨胀目标而言,2%似乎是国际共识,几乎所有设定了通货膨胀目标的央行不是将之设定为2%,就是1% – 3%,或者是类似水平。

之，退出救助不宜过早，避免经济复苏出现反复。当然，以上判断也是经验性的，至于如何准确地利用这三个指标，还需要深入的理论推导和严谨的数量关系分析。

第二节 退出次序

从各国金融危机救助的退出看，简单无序的退出难以应对各种风险，而贸然退出还可能破坏经济复苏的节奏，甚至造成"二次危机"。那么，为了实现有序退出，减轻退出的副作用，在退出次序方面需要重点关注哪些问题呢？

（一）IMF 的观点

在退出次序方面，IMF 的建议值得参考。2009 年 11 月 IMF 发布了《全球经济展望与政策退出的原则》[①]，认为应从一般退出、财政退出、货币政策和金融业支持政策的退出、国际政策的溢出效应和跨境合作等方面考虑，并遵循以下原则：

（1）退出时机应该取决于经济和金融的基本状况。有效的沟通将有助于稳定人们的预期并缓解市场忧虑。

（2）通常情况下，货币政策更容易调控至合适的水平，所以财政政策的退出应该被优先考虑。

（3）财政退出战略应该透明、全面，需要与公众进行有效沟通，并且对政府债务的减少设立明确的时间表。

（4）要确保与危机相关的财政刺激措施是临时性的，应确保财政收支回归到稳健、平衡的状态。

（5）在非常规的货币政策退出之前，可以考虑先提高政策性利率。

（6）对金融业的支持政策应该在何时、以何种方式退出，应该

---

① IMF，国研网编译：《全球经济展望与政策退出的原则》，2009 年 11 月 30 日。

由经济形势、金融市场的稳定性与市场机制的运行状况来决定。

（7）在退出过程中，应该确保退出政策的可信性和一致性，并加强国家之间的交流合作，减少政策退出的负面溢出效应。

IMF 对退出次序的看法有比较普遍的适用意义，尤其是财政赤字比较严重的国家，属于一般性看法，各国需要根据自己的实际情况酌情把握，并重点处理好以下问题：

（1）退出应是渐进的，避免太突然。

（2）退出时应加强与市场的沟通，退出政策应公开透明，使金融机构和社会公众能充分理解政策退出的目标、时间表、调整标准等。

（3）退出时机应灵活，退出时间表应能及时调整。

（4）退出行为应以本国现实的宏观经济和金融市场为基础，退出是值得信赖的，不能出现反复。

（5）退出程序应引入市场机制，使市场主体减轻对非常规政策的依赖。

（6）退出中应注意溢出效应，需要加强国际协调等。

（二）理想和现实的选择

如果金融危机救助的效果比较理想，能够促使经济依靠自身的力量进行恢复，失业率逐步下降，金融机构较为健康，通货膨胀压力较小。在这种理想状态下，退出次序应该是选择财政政策首先退出，然后是非常规货币政策退出，最后是常规货币政策逐步退出。

如果救助效果不理想，金融市场虽然稳定了，却出现了实体经济复苏乏力、通货膨胀显现、财政赤字压力过大等各种不利因素。在这种不理想状态下，对救助政策退出次序的选择，需要依据本国宏观经济面临的主要问题来确定。[①] 如果认为通货膨胀的压力较大，一般选择货币政策先退出；如果认为财政赤字的压力较大，一般选择财政政策先退出。

---

① 张荔等：《金融危机救助：理论与实践》，中国金融出版社 2011 年版，第 268 页。

（三）货币政策的退出次序

在金融危机救助中，货币政策和工具使用得最早、最多、最频繁，贯穿于金融危机救助的全过程，是市场主体判断金融危机走势的重要风向标，所以货币政策的退出次序备受关注。一般认为，货币政策的退出应遵循以下次序：

（1）利用现有流动性工具的自动退出机制，让市场中的流动性自然减少。这样不用制定新的回收流动性的政策，有利于稳定市场预期，减轻对市场的冲击。

（2）在信贷市场信心逐渐恢复、金融机构放贷意愿加强的情况下，适时利用存款准备金利率①、逆回购或定期化等手段，逐步减少基础货币，减轻流动性过剩的压力。

（3）在确定经济基础稳固、经济全面复苏的情况下，央行就可以逐步调整基准利率，即加息。

第三节 退出路径

总体而言，金融危机救助退出的路径是很多的，既有主动退出，也有被动退出。由于很多救助措施具有时限性，所以救助计划本身就存在退出机制。在那些庞杂的救助计划中，通常是暂时性救助措施占比大，永久性救助措施占比小。根据 IMF 于 2009 年 10 月发布的《全球主要经济体财政状况监测与展望》统计显示，仅有 1/5 的经济刺激计划是永久性的，可能需要其他措施以结束政策效力。随着经济形势的好转，各种救助措施会逐渐退出。下面以近期的国际金融危机为例，分析各国退出救助的主要路径：

---

① 存款准备金利率分为法定存款准备金利率和超额存款准备金利率。

(一) 救助主体颁布新的与救助政策相反的紧缩性政策，主动退出救助

2009年下半年，以色列、澳大利亚、挪威、印度等国在确定经济基本复苏后，为应对通货膨胀压力，这些国家的央行开始主动退出危机时期实行的宽松利率、存款准备金率等政策，见表5-1。

表5-1　　　　　　　各国央行采取的退出政策

国家	日期	退出行动
以色列	2009.8.24	率先宣布加息25个基点
澳大利亚	2009.10.6	将基准利率提高25个基点至3.25%
挪威	2009.10.28	将基准利率提高25个基点至1.5%
印度	2009.11.7	将商业银行存款准备金率从24%升至25%

(二) 借助自动收缩机制退出

在次贷危机期间，美联储提供了许多创新型流动性工具，包括资产支持商业票据货币市场共同基金流动性工具（AMLF）、商业票据融资工具（CPFF）、一级交易商融资便利（PDCF）、短期证券信贷工具（TSLF）等，这些工具在2010年2月1日到期。短期贷款拍卖（TAF）、商业按揭抵押债券和其他类型抵押品支持的贷款于2010年6月30日到期。美联储提供的资产工具的期限大多是3~6个月，美联储可以在这些工具到期前决定是否继续使用，从而掌握了退出的主动权，拥有比较灵活的政策空间。

(三) 借助预设机制终止期限退出

救助主体在制定救助政策时，就设计了逐渐退出的制度安排。2008年10月3日，布什总统签署了《2008年紧急经济稳定法案》①，

---

① 《2008年紧急经济稳定法案》俗称"七千亿美元救市方案"，主要是运用财政手段，实现稳定经济的目标。

该法案第 120 款规定，收购并担保财产的权限在 2009 年 12 月 31 日终止，财政部可在国会确认后将时间延长一年。

（四）借助资金额度限制退出

有的刺激政策在出台时就设定了资金上限，一旦资金耗尽，该救助措施就终止了。《2008 年紧急经济稳定法案》规定，救助资金规模是 7000 多亿美元。如果追加救助资金，就需要重新修改该法案。

（五）被救助的金融机构通过偿还贷款、赎回股份等方式，主动退出救助措施

由于救助的大部分信贷项目是短期的，并且利率明显高于市场利率，具有惩罚性质。所以，当市场环境改善时，救助客体对救助信贷项目的需求会自然减少，并转向市场融资，相当于退出了救助。

（六）向存款机构提供定期存款计划

定期存款计划可使商业银行的大量超额存款准备金转化为短期存款，可以收缩流动性，在一定时期内不能用于短期投资和贷款。2010 年 5 月 28 日，美联储宣布实施三类小额的定期存款机制（TDF）安排，分别为 14 天、28 天和 84 天的 TDF，之后进行了紧缩操作（见表 5-2）。这相当于是美联储利用 TDF 从机构手中"借钱"，让资金从金融机构逐步回流到美联储，是一种比较"温柔"的退出方式。①

（七）政府向救助客体收费

2010 年 1 月 15 日，奥巴马宣布，美国政府计划向资产超过 500 亿美元的大型金融机构（包括银行、保险公司和交易商等）征收占

---

① 在回收流动性方面，TDF 与逆回购的效果相似，不过 TDF 是临时性措施，逆回购是永久性措施。

其债务 0.15% 的"金融危机责任费"（FCRF）①。根据该计划，费用收取从 2010 年 6 月 30 日开始，未来 10 年内征收约 900 亿美元。这些资金用于帮助政府弥补金融机构救助基金，缓解政府面临的高额财政赤字压力，尽量让救助客体承担救助成本。"出来混，早晚要还的"，收取责任费是在救助之后，是等到救助客体逐步恢复正常后再对其收费，相当于秋后算账，是比较靠后的退出行动。

其他的退出路径还有，央行通过出售收购的不良资产，收缩资产负债表规模；救助主体收回在救助中投入金融机构的资金等，退出救助措施。

表 5-2　　　　　次贷危机后美联储的部分紧缩操作②

日期	紧缩操作
2009.7.1 至 2010.2.1	大部分流动性信贷工具陆续到期或被停止，如 CPFF、PDCF 等工具。
2010.2.18	贴现窗口主要信贷的贷款利率（即贴现利率）从 0.5% 升至 0.75%。
2010.2.23	财政部在美联储的 SFA 账户的金额从 50 亿美元增加 2000 亿美元，可使准备金水平回到 2009 年 2 月 9 日的水平。
2010.3.18	贴现窗口主要信贷的贷款期限从 90 天调至隔夜，恢复到危机前的水平。
2010.6.14、2010.6.24、2010.7.8	美联储通过定期存款机制（TDF）向存款机构提供 10 亿美元的 14 天的定期存款。在随后一个月内，美联储又相继提供了 20 亿美元的 28 天的定期存款和 20 亿美元的 84 天的定期存款。

资料来源：美联储，http://www.federalreserve.gov/。

---

① 这些机构大约有 50 家，包括一些外国银行在美国的分支机构。这笔费用收入当中的 60% 来自 10 家最大型的金融机构。
② 叶清芳：《全球金融危机中美国的货币政策及其退出机制研究》，江西财经大学金融学专业 2010 年硕士论文，第 41-42 页。

第四节 退出的国际协调

在经济全球化和一体化背景下,一国(尤其是大国)经济政策变动会对其他国家产生影响,比如发达经济体的政策外溢效应强,当其退出非常规货币政策时,可能使本币升值,引导国际资金流入,对其他联系紧密的经济体复苏不利。因此,非常规货币政策的退出需要加强国际协调和沟通,以减轻退出政策的负面溢出效应①。在退出中,各经济体应该加强信息交流和政策选择的预先告知。

当然,加强国际协调并不意味着各经济体退出是同步的,因为各国经济复苏不同步,面临的问题和阻力不同,关注的焦点不同,新兴国家比较关注通货膨胀问题,而发达国家更关注财政赤字问题②。各经济体在退出方面需要加强协调,但这并不意味着一起退出、同步退出,加强国际协调是希望各经济体在退出方向上是一致的,在退出安排上是相互呼应的,在退出节奏上是相互衔接的,同时又能考虑到各个经济体的实际情况和具体差异。③

在退出的国际协调顺序方面,应该从信息交流层次扩展到联合行动层次,从利益冲突较小的政策扩展到利益冲突大的政策,从负面溢出效应大的政策逐步扩展到负面溢出效应较小的政策。④ 在最近的金融危机救助退出中,G20、IMF和金融稳定理事会等国际组织发挥了国际协调作用。

---

① Andrews. Global Economic Prospects and Principles for Policy Exit [EB/OL], http://www.imf.org/external/np/g20/pdf/110709.pdf, 2009-11-06.
② 德国从2011年实施退出战略,就把财政整顿作为经济政策的优先目标。
③ 白当伟:"全球化的新进展与货币政策国际协调",《国际金融研究》2010年第5期,第4—10页。
④ 张荔等:《金融危机救助:理论与实践》,中国金融出版社2011年版,第269页。

要点小结

本章分析了金融危机救助退出的通行做法，而实际的退出要复杂得多，需要从各自的国情出发，重点把握退出的时机、次序、路径和国际协调，并重视以下问题：一是救助过程中尽可能保留市场机制；二是使用救助工具时要提前公布退出日期；三是加强救助退出中的沟通和配合；四是注意消除救助产生的"次生灾害"，包括资产泡沫、政府负债过高、通货膨胀等；五是重视国际协调，尽可能维持各经济体退出政策的一致性，以减少监管套利和投机套利；六是注意退出政策的动态调整，退出应该是审慎的，逐步的，对每一步退出都要进行实时地、动态地分析，谨慎操作。

第六章
金融危机救助过程中如何防范道德风险等问题

金融危机救助面对的是金融体系的顽疾，是金融领域最难解决的问题，救助虽然有效，但通常无法根治金融危机。金融危机救助就像是一场场无法完胜的攻坚战，在硝烟弥漫的残酷战斗中，经常是杀敌一千，自损八百。金融危机救助的后遗症和副作用是很多的，如果处理不好，不仅会加重系统性金融风险，还将缩短下一场金融危机爆发的时间。所以，每当救助主体吹响金融危机救助的"冲锋号"时，就应该组织好"医疗队"和"督战队"，制定好处理各种后遗症的预案和惩罚机制，并将抑制道德风险等问题贯穿于金融危机救助的始终。

第一节 道德风险问题

道德风险（Moral Hazard）是金融危机救助存在的主要问题之一，也是金融危机救助遭到很多专家反对的最主要原因。从某种意义上讲，如果在救助中处理不好道德风险问题，意味着救助是低效的，甚至是失败的。

一、金融危机救助中的道德风险

(一) 道德风险

道德风险问题由来已久，1802 年，桑顿最早在金融领域使用道德风险，到 19 世纪末，英国保险公司已广泛使用道德风险这个概念。道德风险是指被保险人出于利己的动机而改变自己的行为，从而导致保险公司费用的提高。被保险人的利己行为主要有两种：一种是由于投保后的风险由保险公司承担，被保险人会疏于风险防范，例如，被保险人购买火灾险后可能更经常在床上吸烟，从而加大了火灾发生的概率；另一种是由于投保后发生的费用由保险公司承担，被保险人会要求更为详尽却并非必需的服务，例如购买医疗险后，被保险人可能因为轻微的不适就去医院看病，从而导致医疗费用提高。

1963 年美国数理经济学家肯尼斯·约瑟夫·阿罗将道德风险和逆向选择这两个重要概念引入到经济学领域，开创了信息经济学。按照《新帕尔格雷夫经济学大辞典》的定义，道德风险是指从事经济活动的人在最大限度地增进自身效用的同时，做出不利于他人的行动，或者当签约的一方不完全承担风险后果时，所采取的使自身效用最大化的自私行为。20 世纪 80 年代之后，道德风险理论开始广泛运用在金融领域，研究文献很多，集中在信贷配给与道德风险、借贷市场中的道德风险、存款保险制度中的道德风险等领域，很多经济学流派对道德风险做出了阐释。2016 年获得诺贝尔经济学奖的本特·霍姆斯特朗教授以研究契约理论和道德风险闻名，他最重要的两篇获奖论文是"道德风险与可观察性"（Moral Hazard and Observability）和"团队中的道德风险"（Moral Hazard in Team）。

从信息经济学的角度看，在金融交易中，交易双方的信息不对称是很普遍的，信息不对称会产生两个问题：一是逆向选择，二是道德风险。金融交易之前发生的信息不对称问题是逆向选择（adverse selection)①，例如身体不大健康、平时老爱生病的人，会更积极地购买健康保险。道德风险则发生在金融交易之后，由于参与市场交易的一方不能观察另一方的行动，或者当观察（监督）成本太高时，一方行为的变化导致另一方的利益受到损害。具体地讲，道德风险存在于下述情况：由于不确定性和不完全的或者有限制的合同，使负有责任的经济行为者不能承担全部损失（或利益），因而他们不承受其行动的全部后果，同样不享有行动的所有好处。在这种情况下，道德风险便成为委托——代理关系中难以克服的顽症。

从新制度经济学的角度看，道德风险属于人类的机会主义行为倾向问题。由于人的有限理性，所有契约都是不完全的，如果交易协约是建立在承诺基础上，那么由于机会主义行为倾向等问题的存在，使交易协约在未来面临很大的违约风险。

从经济伦理学的角度看，道德风险源于经济人伦理道德的沦丧，造成经济主体缺乏信用观念和契约观念，导致交易行为的功利化和短期化。英国经济学家安德里斯·R.普林多认为，在20世纪后期，金融领域中的不道德行为已经成为一种普遍现象，这反映出时代精神和金融理论都已成为这些不道德行为的抵押品。②

以上这些分析有助于我们从不同视角观察和理解道德风险问题，认识到道德风险是金融领域的基本问题，很普遍也很难克服，许多经济学理论就是在研究和解决道德风险问题中建立和发展起来的。

（二）救助中的表现

道德风险在金融危机救助中就表现得更普遍了。例如，当某个金融机构出现问题后，如果立即对其救助甚至信用托底，确实可以快速稳定市场预期，防止风险蔓延扩大，但这样做会损害市场纪律，形成负向激励，助长市场主体的道德风险，纵容金融机构从事高风险高收益的业务和交易。这不仅会增强整个金融体系的脆弱性，还会加重系

---

① 逆向选择是指市场的某一方如果能够利用多于另一方的信息使自己受益而使另一方受损，倾向于与对方签订协议进行交易。

② 安德里斯·R.普林多：《金融领域的伦理冲突》，中国社会科学出版社2002年版。

统性金融风险。

考夫曼（1991）、诺切特和泰勒（1996）认为救助促使银行经营者和股东为获得更多的救助补贴而去冒更大的风险；救助是对所有存款人提供隐性保险，这会削弱银行同业监督的积极性。米什金（2001）认为，道德风险在大银行身上表现得更为严重。与中小银行相比，大银行具有更大的系统性影响，其经营失败对金融和经济安全的威胁更大，因此政府和公众都不希望大银行倒闭，于是大银行更容易成为金融监管宽容的对象，这无疑加重了道德风险的程度。一些学者甚至认为亚洲金融危机就是救助的道德风险引发的，保罗·克鲁格曼（1998）等就利用金融机构的道德风险来解释亚洲金融危机的原因，分析结果表明，产生于政府的债务担保和较低的银行系统风险资本水平的道德风险问题，导致了国内金融机构从国外过度借贷的同时，为超过社会最优数量的项目进行融资，成为引起金融危机爆发的隐患[①]。

道德风险是金融危机救助的重要成本之一，正因为道德风险的存在，经常给金融危机救助（尤其是政府救助）带来严重的社会批评和阻力。早在19世纪初桑顿就指出，道德风险的存在意味着英格兰银行没有责任救助由于草率行为而陷入困境的商业银行，如果央行对每一家商业银行都进行救助，会鼓励这些商业银行"闲散"和"懒惰"的行为。一些自由主义经济学者认为，如果不让问题机构自生自灭，不让当事人承担对其曾经过分行为的报应，那么就很难保证它们学会自律。当遭遇金融危机时，政府救助只会使下一次经济狂热更加严重，因为一些放贷者和投资者认为，当金融资产和房地产价格剧烈下跌时，自己会得到救助。2007年，当美联储决定对陷入困境的金融机构展开救助时，很多学者反对美联储的救助行动。有的学者认为，危机本来就是一场净化空气的暴雨，可清除体系中的腐败物，使商业和金融恢复活力与健康，而政府救助将扰乱危机的演变节奏，延迟不良资产的破灭，将延缓经济复苏的步伐。这些学者的看法不一定

[①] 胡乃红："政府保护下的道德风险影响机制分析"，《金融研究》2000年第3期，第97–102页。

公允，有些还比较偏激，但至少可以说明，道德风险是金融危机救助必须面对的难题，这是大家的共识和忧虑。金融危机救助需要在金融稳定和道德风险之间取舍、协调和平衡。

总之，如何防范道德风险是金融危机救助必须认真考量和着重解决的问题，时刻不能松懈。如果这个问题解决不好，必定使金融危机救助后患无穷。从某种意义上讲，救助不当还不如不救。

二、抑制道德风险的主要方法

道德风险虽然很难克服，但人们已经普遍意识到其严重性和危害性，在金融危机救助中都会有意识地、尽力予以控制。有道是，办法总比问题多，在频繁的金融危机救助中，人们还是积累了不少抑制道德风险的有效方法。

（一）惩罚性措施

要想遏制金融危机救助中的各种道德风险，靠仁慈之光去感化是远远不够的，必须高举法律之剑，动用各种惩罚手段，约束和严惩那些违规者。惩罚机制具有威慑力和约束力，可以有效控制救助中的权力滥用、恶意违约、逃债、不规范性和随意性等道德风险问题。

白芝浩认为，金融体系中绝大多数银行是健全的，不健全的银行是少数，这些"微弱少数"的银行不足以从根本上影响到整个银行体系的稳定和安全，央行既无责任也无必要为这小部分银行提供无偿救助。根据该观点，任何商业银行只有按照惩罚性利率才能从英格兰银行得到资金，央行只为健全的金融工具提供贴现。这一规则可促使商业银行更加谨慎地管理其资产负债表，尽量持有低风险、健全的金融工具。为了防范道德风险，还要惩罚问题机构的股东和管理者，因为作为直接责任人，那些股东和管理者在日常经营和管理中不尽职，风险管理不到位，甚至恶意操作，必须在救助中受到惩罚。这种惩罚不仅能让股东和管理者为其错误的决策和经营行为负责，以示警告，还能防止他们从救助中获得好处。

1. 征收惩罚性利率

救助客体获得救助资金是要付出代价的，通常被收取比市场利率高很多的惩罚性利率①。惩罚性利率意味着救助客体不能获得免费的或便宜的救助资金，其作用主要有：一是促使救助客体在平常经营交易过程中尽到审慎的义务，不再热衷于从事高风险投资；二是起到惩罚作用，让其对高风险投资付出更高的代价；三是让救助客体在危机过后迅速偿还贷款，减轻通货膨胀压力；四是尽快恢复市场对资金配置的决定性作用。

在金融危机救助中，征收惩罚性利率是很常用的做法。在20世纪90年代的墨西哥比索危机期间，墨西哥银行存款保护基金（FOBAPROA）从1995年1月19日开始，向商业银行提供7天期美元信贷，贷款的年利率是23%；2007年9月，英格兰银行为北岩银行提供了30亿英镑的紧急贷款，利率高达7%；2008年9月，美国政府在救助AIG的850亿美元的方案中，贷款利率为3月期Libor加850个基点，利率高达11.5%；等等。这些都属于惩罚性利率，目的是促使银行为自己错误的行为买单，尽快偿还借款，并积极寻找私人融资渠道。

2. 附加苛刻的条件

为了防范救助客体的道德风险，救助主体在实施救助时，往往对救助客体提出非常苛刻的条件，有的条件让救助客体望而却步。这样做虽然能抑制道德风险，但有时会阻碍救助的顺利实施。

希腊债务危机爆发后，各大银行纷纷抛售持有的希腊国债，塞浦路斯的国内银行却反其道而行之，大量持有并秘密买入希腊国债，其中塞浦路斯银行（BOC）累计买入34亿欧元的希腊国债，大众银行（Cyprus Popular Bank，CPB）共买入24亿欧元的希腊国债。而"三驾马车"与希腊达成的救助协议导致希腊债务减记50%，欧盟与IMF

---

① 第二次世界大战后，一些西欧国家的央行在公布官方贴现率时，为控制信贷总规模与货币供应量，对各商业银行都规定了一个再贴现的额度。对额度内符合规定的商业票据，按规定的贴现率予以贴现，而对超过限额的贴现申请，则使用较高的贴现率，即征收惩罚性利率。惩罚利率一般比基准利率高45%。

免除了希腊所需偿付的最高 80% 的债务。这一救助协议却使塞浦路斯的国内银行亏损了 18 亿欧元①，成为塞浦路斯银行危机的导火索，此时塞浦路斯政府已无力救助严重亏损的银行业。塞浦路斯财政部长米哈里斯·萨里斯曾试图将大众银行以 1 欧元的价格"卖给"俄罗斯一家银行，并以塞浦路斯的天然气作为保证筹码，以换取俄罗斯的投资资金，但那家俄罗斯银行拒绝了，因为投资者需要承担 40 亿欧元的银行重组费用。塞浦路斯政府于 2012 年 6 月 25 日向欧盟提出 175 亿欧元救助申请。2013 年 3 月 16 日，"三驾马车"与塞浦路斯就救助问题达成第一轮协议，基于"欧洲金融稳定机制"（EFSM）向塞浦路斯提供 100 亿欧元的流动救助资金，余下的缺口从以下几个方面填补：（1）向存款金额在 10 万欧元以上的银行账户一次性征税 9.9%，对存款金额在 10 万欧元以下的银行账户一次性征税 6.75%；（2）将公司税由 10% 提升至 12.5%；（3）将 14 亿欧元国有资产私有化。② 根据协议，塞浦路斯政府将从中获得 58 亿欧元的资金。

征收存款税是非常激进的举措，是让储户为银行的盲目投资结果埋单，是对银行信用的根本性抹杀。为避免挤兑，塞浦路斯银行业从 3 月 19 日开始歇业，期间储户只能从自动取款机提取少量现金。"三驾马车"提出的救助方案随即遭到塞浦路斯国会的否决，投票结果是 0 票赞成、36 票反对、19 票弃权。"三驾马车"的救助条件太苛刻了，塞浦路斯无法接受。这一否决加重了塞浦路斯的金融恐慌。

3. 救助客体承担损失

为帮助救助客体走出困境，救助主体可以实施救助，但救助主要发挥"雪中送炭"的作用，是救急，帮助救助客体挺过难关，而损失主要由救助客体自己来承担。另外，救助主体不是"活雷锋"，其救助付出是要偿还的，有的还要从救助中获得好处。没有三分利，谁肯起五更，何况救助还要承担很高的违约风险。

在救助中，一些救助客体的股权被稀释和冲销，这方面的案例比

---

① 2012 年塞浦路斯的政府财政收入为 71.5 亿欧元。
② 彭玉镏、汪杨健："塞浦路斯危机救助引发信任危机事关欧元存亡"，《证券日报》，2013 年 4 月 8 日。

较多。1984 年，大陆银行接受了 FDIC 的救助，其主要措施有：（1）FDIC 承诺大陆银行的所有存款人及其他一般债权人将受到全面保护，而不受每位投保存款人 10 万美元存款保险的限制；（2）FDIC 要求 7 家商业银行以购买次级债券的形式，向大陆银行注入 20 亿美元的过渡性资本；（3）24 家美国主要银行同意在过渡期内提供 55 亿美元的非抵押性融资；（4）FDIC 承担大陆银行对芝加哥联储银行的 35 亿美元债务，作为交换，大陆银行将账面调整值为 35 亿美元的资产转移给 FDIC；（5）FDIC 通过购买伊利诺伊州大陆公司（是大陆银行的母公司，CIC）的两笔优先股，向大陆银行注入 10 亿美元的资本，作为交换，FDIC 获得伊利诺伊州大陆公司 80% 的股东权益，从而稀释了该公司老股东的投资权益。[①] 2008 年在救助 AIG 时，美联储为 AIG 提供最高达 850 亿美元的两年期紧急贷款，以换取 79.9% 股权的控股方式接管 AIG，并有权否决 AIG 普通和优先股股东的派息收益；美国财政部在救助"两房"的行动中，获得定期收费、分红以及相当于"两房"79.9% 所有权的权益保证。2012 年 6 月，塞浦路斯政府在救助大众银行时，该银行 84% 股权被政府持有。

在救助中，有的还将银行的存款转为股权，这方面的案例较少。在 2013 年的塞浦路斯银行危机的救助中，塞浦路斯第二大银行、也是问题最严重的银行——大众银行被拆分为"好银行"和"坏银行"，该银行 10 万欧元以下的存款将被转移至"好银行"，即塞浦路斯第一大银行——塞浦路斯银行，但其大储户遭受严重损失。由于欧盟存款保险制度对于 10 万欧元以上的储蓄存款不进行承保，这部分存款则留在"坏银行"，可能面临高达 40% 的减记，储蓄的 62.5% 的款项被冻结（其中 22.5% 转为无息存款，40% 仍给予计息，但在银行经营状况转为良好前不会退还本息），剩余的 37.5% 被转为塞浦路斯银行的股权，用于银行债务偿还。这部分存款在当时甚至可能遭受破产清算，储户面临巨大损失。

这一案例很极端，却可以说明一个道理：在紧急状态下，社会秩

---

① 联邦存款保险公司著，孟筠译："公开的银行救助"，《经济资料译丛》2002 年第 4 期，第 59－70 页。

序处于混乱之中，国家安全受到威胁，社会秩序的价值显然要比平时重要得多，此时恢复社会秩序、保护社会稳定就成为政府的首要目标。在紧急状态下，为了恢复社会秩序，除了生命权、不受奴役权、人道待遇权等一些基本人权外，至于财产性权利等非基本人权是可以适度克减的①。这就是说，金融危机救助的下限可以很低，救助客体须自律，切不可异想天开。

4. 惩罚管理层

如果救助客体的董事、高级管理人员存在违法行为，就需对其任职予以限制，以示惩戒。

一是取消直接负责的董事、高级管理人员的任职资格。这意味着原来担任董事、高级管理职位的人员将不能再担任原职位，其职位要被撤换。取消任职资格通常有一定的期限，有的是终身的，需要根据直接负责的董事、高级管理人员的违法情形而定。在 FDIC 救助大陆银行时，就更换了该银行的高级管理层，任命了新的董事长和首席执行官。

二是禁止直接负责的董事、高级管理人员和其他责任人从事金融业工作。问题金融机构的董事、高级管理人员和其他责任人等，如果被发现有违法行为，可以禁止他们在一定期限（或终身）从事金融业工作。例如，在 1995 年英国巴林银行倒闭时，英国的权责机关贸易和工业部就对该银行的 10 名董事提出诉讼，认为他们对巴林银行破产负有不可推卸的责任，要求法院颁布取消董事资格令，最终这 10 名董事均被取消了董事资格，年限从 2 至 6 年不等。②

5. 对救助客体施加业务与财务控制措施

在救助资金归还之前，救助主体通常要求救助客体禁止从事以下行为：投资新的长期项目；开办新的业务；增设新的营业网点；向股东分红或增发新股等。美国财政部对救助资金的使用提出"不准私

---

① 在国际人权公约中，财产权不是一项不可克减的"无条件权利"，而是一项"有条件权利"，国家可以为确保某些利益而限制这一权利。

② Andrew Campbell & Peter Cartwright, "Banks in Crisis: The Legal Response", Ashgate Publishing Company, p. 108, 2000.

藏""不准花在公司分红、宴请或收购其他银行"等要求,这些要求在救助花旗银行的过程中得到很好体现。

次贷危机前,花旗银行的股价是五六十美元,次贷危机后,花旗银行的股价直线下跌,2009年3月5日,其股价跌破1美元,盘中最低下探到97美分,跌幅达到惊人的98%[①]。在救助中,美国财政部和FDIC为花旗银行注资450亿美元,并对花旗银行3060亿美元的债务提供了担保,包括住房抵押贷款和商业地产贷款等,作为交换条件,花旗银行必须同意,在未来3年,如果没有经政府批准,花旗每季度向股东派发的普通股股息不得超过每股0.01美元,同时需要加强对管理层薪金福利的管理。

(二) 分解责任

为了约束道德风险,金德尔伯格提出了双规则理论:让救助主体的资金供应变得不再确定,并将提供资金支持的责任分解给少数几家机构。这一分解救助责任的理论后来被应用于救助实践[②]。2008年美联储、财政部、FDIC联合对花旗银行实施了救助,其中FDIC和财政部分别对花旗银行不良资产提供了100亿和50亿美元的担保,美联储对剩余资产损失提供了无追索权贷款;作为获得政府担保的对价,花旗集团发行70亿美元优先股,其中40亿美元由美国政府认购,30亿美元由FDIC认购。这是将花旗银行的救助责任分摊到三个救助主体上,分解了救助责任。

金德尔伯格还认为,正式的流动资金供应可以消除银行恐慌,放弃救助则可以消除道德风险,在这两者之间,不确定的流动资金供应可以达到一种最优的中间状态。这种不确定性使得银行家们更加依赖自我救助,尽力避免出现流动性短缺的情况;迫使存款人加强对银行资产负债表的监控,并对那些投机性强、流动性差的银行资产组合收

[①] 市值从两年前的2700亿美元跌至55亿美元。
[②] 金德尔伯格:《经济过热、经济恐慌及经济崩溃——金融危机史》,北京大学出版社2000年版。

取强制性的风险溢价（Risk Premium）①。

另外，将救助责任在少数公共机构之间分解，不仅可以增加流动资金供应的不确定性，还可以增强救助主体应对未知事件的权变性和灵活性。如果救助责任和政策掌握在一家机构手中，那么在金融危机期间，这家机构的管理者很难抗拒来自各方面的救助压力；而分解救助责任和政策，则可以分散决策者的压力，其实对救助主体有利。

从近年来各经济体的救助实践看，央行作为最后贷款人在金融危机救助中居于主导地位，承担了过多的压力，需要将其承担的救助责任和压力在更多政府部门间分摊。次贷危机爆发后，国际政策协调和联合救助发挥了重要的作用，消耗了涉外部门的大量资源，在未来的输入性救助中，需要为涉外部门配备与其救助责任相匹配的政策和资源。

（三）培养俱乐部精神

美国西北大学战略与组织行为学教授保罗·赫希认为，俱乐部成员接受不成文的道德规范约束，并承诺遵守家长式的央行对这些道德规范的解释，有助于约束道德风险问题。早在 20 世纪中叶就有学者发现，在英国银行业中存在一种俱乐部精神，具体表现为：俱乐部成员对彼此之间的品质和行为相当熟悉，在长期合作中建立起家族信任感，结成互利共荣的"老友"网络，他们的规则是不容许俱乐部的任何一个成员掉队。俱乐部成员之间频繁的交流以及俱乐部中领导成员的道德典范，加强了他们牺牲个人眼前利益、促进俱乐部长期共同利益的承诺。如果俱乐部中有一家成员陷入困境，其他成员愿意施以援手，这种同业之间的救助被称为"救生艇行动"。

这种俱乐部体制类似于熟人社会模式，俱乐部人数规模有限，成员之间因相互信任和共同理想结合在一起，依赖不成文的内部道德规范来维持俱乐部的声誉，是消除道德风险的有效方法之一。一方面，俱乐部本身具有较高的道德门槛，只有具备较高道德品质的成员才能

---

① 风险溢价指的是投资人要求较高的收益以抵消更大的风险。

加入，俱乐部领导成员的道德表率引导着整个集体正确的行动方向；另一方面，俱乐部体制将来自市场的外部约束转化为成员内部的自我约束，并通过建立利益共同体，限制集体内损人利己的行为，有利于降低道德风险。

（四）"建设性模糊"

"建设性模糊"（constructive ambiguity）也是抑制道德风险的一种可行方式。救助主体采取"建设性模糊"策略，以救助的不确定性影响问题机构风险战略的选择，可以抑制救助客体的道德风险。

"建设性模糊"曾是美国前国务卿亨利·基辛格使用的一种外交技巧，他坚持的信念是：模棱两可的措辞文本可为增进谈判当事方利益提供机会。后来"建设性模糊"被应用于经济领域，美国纽约联邦储备银行行长杰拉尔德·科里根（1990）从避免道德风险的角度提出，央行应该引入不确定原则或者"建设性模糊"，要使金融机构因为不知道自己究竟能否得到救助，而被迫谨慎经营。国际清算银行（1997）认为，当局在关于金融机构的援助行动问题上应该避免事先承诺，以增加救助的不确定性，在这方面既包括是否干预的不确定性，也涵盖了干预时间、期限、条件和惩罚的不确定性。[1] "建设性模糊"赋予了救助主体相机抉择的权力，救助主体不承诺对所有的问题金融机构实施救助，使市场无法洞悉金融危机救助的范围、手段和力度，从而约束金融机构的行为，进而抑制道德风险。

简单地说，"建设性模糊"就是不把话讲透，救助政策既是"建设性"的又是"模糊性"的，从而在与市场博弈中创造了一个模糊的政策空间，救助主体可以相机抉择。在这种政策下，由于在是否救助、救助的动机、条件、方式等各方面都存在不确定性，救助主体和救助客体需要承担的成本是模糊的，所以能强迫金融机构在平常能稳健经营，抑制它们从事高风险高收益投资的冲动。

---

[1] 黄荣哲、农丽娜："模糊的金融稳定目标与建设性模糊的有效性"，《内蒙古财经学院学报》2010年第2期，第70–76页。

在次贷危机中,美联储有选择地对问题金融机构救助,就遵循了"建设模糊性"原则。美联储被赋予相机抉择的权力,没有承诺只要金融机构发生危机就进行救助,这样能使金融机构更加谨慎行事。在当代金融危机救助中,许多经济体采用了事前"建设性模糊" + 事中"政策透明度" + 事后"问责和追责"的策略组合,来约束金融危机救助的道德风险①。

当然,"建设性模糊"能够约束救助客体的道德风险是有前提的,主要有二:(1)在金融市场上,各种救助客体是理性的,即他们不是赌徒,也不与救助主体赌博;(2)救助客体被动地以救助主体的政策暗示为依据,计算投资活动的成本和收益,然后就很自然地稳健经营。但在危机时期的救助行动中,这两个前提都很难成立,因为救助客体深陷困境时,它们为了得到救助,会主动作为,会无所不用其极,其赌博冲动更是无法避免的,还可能为了自身利益,故意不理会救助主体的政策暗示。

另外,由于"建设性模糊"缺乏明确的法律规定,政策随意性较大,而且"建设性模糊"与公共政策透明化之间存在矛盾,从而使得救助主体在现实中很难准确地掌握"建设性模糊"的界限。如果掌握不好火候,"建设性模糊"有可能蜕变为"完全模糊"。而这种可能一旦成为现实,并被救助客体利用,反而会大大加重道德风险,不得不防。

第二节 其他问题

道德风险是金融危机救助中最难以解决的问题,是最难啃的硬骨头,需要高度警惕并竭力防范,不能松懈。除了道德风险,还有一些问题需要引起重视,在救助中妥善应对。

---

① 刘锡良、周轶海:"金融危机救助的十大问题初探",《金融发展研究》2011 年第 4 期,第 3 - 9 页。

一、快速救助

一旦爆发金融危机，我们应尽快实施救助，救助早相对主动。这看似很合理，但问题并不这么简单，金融危机的严重性和紧迫性并不能保证金融危机救助的合法性。很多人认为，金融危机的发生源于市场机制的周期性弊端，政府介入不仅浪费纳税人的钱财，还会搅乱市场机制的自净功能，所以政府救助会面对各种阻力，具体实践中通常会慢一拍，这在早期救助中表现得比较明显。早期金融危机救助的"药方"比较简单，一般是能拖就拖，能不救就不救，尽量借助市场的修复功能来实现自我救赎，历史上确实有利用"拖延"应对金融危机的事例。

1720 年 9 月，英国爆发了"南海泡沫"危机，损失惨重，哀鸿遍野，连著名物理学家牛顿都成为"南海泡沫"危机的受害者。牛顿第一次进场买入南海公司股票时，赚了 7000 英镑，但第二次买进时正好是南海股价的高峰，最后以损失 2 万英镑的代价割肉离场，等于损失了 146 公斤黄金①。牛顿曾感叹说："我能算准天体的运行，却无法预测人类的疯狂。②"英格兰银行因违背承诺③而受到挤兑。去银行取款的民众挤满了大厅。为了避免关门而引起更大恐慌，银行就组织了大批亲朋好友，排在取款队伍的前面，慢慢地 6 便士 6 便士地支付存款。那些亲朋好友将钱取出后，再通过另一个窗口存进来，同样慢慢地数，然后再用来兑付，这样就造成去银行存款的人也很多的假象。那些取款人看到有很多人存款，心里安稳了许多。利用这个办法，挤兑延缓到隆重的米迦勒节（9 月 29 日）。等节日结束后，挤兑居然结束了。④

---

① 这是一笔巨额损失。需知道，在金本位年代，黄金可比现在值钱多了。
② I can calculate the motions of heavenly bodies, but not the madness of people.
③ 一种说法是，英格兰银行曾同意再接收 400 万英镑南海公司股票，5% 的利息由政府支出，但后来英格兰银行违背了承诺。
④ Andreades, Bank of England, p. 137, citing Henry D. McLeod, Theory and Practice of Banking, 3rd edn (London: Longman Green, Reader & Dyer, 1879), p. 428.

太神奇了，到底是什么让民众放弃了挤兑？或许是排队厌烦了，或许是过节累了，或许"时间会抹平一切，即使岁月刺痛我伤疤。"①不管怎样，银行的"拖字诀"成功了。看来，一家机构要想玩弄分散的、单个老百姓是很简单的，办法也很多。"拖字诀"看似成本很低，其实副作用很大，因为"纸里包不住火"，欺骗老百姓损害了托利党的口碑，并付出了惨痛的政治代价。"南海泡沫"危机使多名托利党官员下台或问罪，英国国民对托利党失去信心，政府诚信破产了。而辉格党的罗伯特·沃波尔因成功收拾残局，声望日隆，在1721年成为英国历史上的首位首相②。对于任何政党而言，执政是首要目标，如果被国民抛弃下野了，就是失败。

在现代金融危机救助中，政府部门一般会遵守快速应对原则，及早采取行动，阻止危机蔓延，这不仅是控制金融危机的需要，也是维护政府声誉和执政地位的需要。在金融危机面前，政府部门必须有所行动，否则就是惰政，是要被选民抛弃的。但问题是，当金融危机爆发后，由于信息不完全、不对称，金融危机的救助主体无法准确估计危机对金融体系和实体经济的影响，总是面临救还是不救、救谁不救谁、什么时候救、用什么办法救的问题，在这种左右权衡、犹豫不决中，很容易错过救助的最佳时机，这方面的教训很多。

20世纪90年代日本资产泡沫危机爆发之初，面对金融机构巨额坏账，日本政府并未实施救助，直到1993年1月，才由162家民间金融机构共同出资，成立"共同债权收购公司"（CCPC）③收购不良债权，但CCPC的资本金仅79亿日元，救助作用很有限。泡沫经济破灭后又引发了"住专"事件等问题。直到1998年10月，日本才通过《金融再生法》，实施规模较大的救助，拨出5200亿美元注入问题

---

① 陈雪凝：《白山茶》。
② 罗伯特·沃波尔的实际头衔是"第一财政大臣"，他没有首相之名，却有首相之实，执政长达20年。
③ CCPC的主要任务是收购附有不动产的不良债权，出售质押物，对回收希望不大的不良债权进行处理。

金融公司，比如对"日本长期信用银行"（"长银"）① 和"日本债券信用银行"② 实施暂时国有化，存款保险机构收购了两家机构的全部股票。从这一救助过程看，由于早期没有快速实施救助，大大增加了后期救助的代价。

2007年4月2日，美国新世纪金融公司因无法偿还174亿美元的到期债务而申请破产保护，导致关联公司陷入困境，拉开了次贷危机的序幕。在危机之初，由于美国政府部门没能准确估计到次贷还款违约风险的严重性，没有及时对华尔街采取救助措施。此后不断有重要的投资银行、对冲基金等大型金融机构倒闭，引发市场恐慌，投资者大量赎回资金，市场流动性急剧收缩，美国政府部门才意识到危机的严重性，但救助力度仍有限。直到2008年10月3日，TARP救助方案获得美国参、众两院通过，美国才开始实施大规模救助，现在回头看，美国的救助行动过于迟缓。

这些案例说明，能否把握好时机并快速实施救助，直接关系着救助的代价和成效，是金融危机救助的难点。总体而言，救助主体不能寄希望于市场好转，通过市场自然消化不良贷款，救助宜尽早出手。如果实在不能确定救助时机，可通过试探性救助来把握。初期的救助力度可有所控制，但一定要有所行动，哪怕发表个声明也可以，绝对不能坐视不管。

二、救助成本最小化

在金融危机救助中，无论是政府部门还是私人部门，救助能力和资源是受约束的，其救助投入不仅要回收，有的还要求有收益，所以在救助中需要重视成本—收益分析，努力提高救助效率，争取不做赔本的买卖。

---

① 2000年3月，"长银"被出售给总部位于美国的Ripplewood控股公司，Ripplewood公司重组"长银"并成为一家商业银行——新生银行。
② 2000年9月，"日本债券信用银行"被软银、东京海上火灾保险等成立的投资公司收购，2001年1月改组为晴空银行。

(一) 成本

正如格林斯潘所言,我们不可能没有成本,却收获金融体系及其稳定带来的好处。金融危机救助是有成本的,主要包括:

1. 直接成本

是指可以直接用货币度量的有价证券与资金,用 C_d 表示,包括问题金融机构的国有化成本(C_1)、注资成本(C_2)、改变监管手段的成本(C_3),还有律师费、评估费和拍卖费(C_4)等等。Caprio & Klingebiel(1996)和《经济学人》等曾对各国金融危机救助的成本做过估算,见表6-1。

表6-1　　　　　　　金融危机救助的成本[①]

国家	时期	救助成本(%)
瑞典	1992-1996年	3.6
美国	1988年	3.7
西班牙	1977-1985年	16.8
委内瑞拉	1994-1995年	18
墨西哥	1994年	19.2
日本	1997年	24
智利	1981-1983年	41.2
泰国	1997-2000年	45
马来西亚	1997-2000年	45
阿根廷	1980-1982年	55.3
韩国	1997-2000年	60

注:救助成本是与其相应国家年度GNP(世界银行的数据)之比。
资料来源:Caprio & Klingebiel 和 The Economicst, 2008-9-27, p.79.

如果金融危机救助成功,则救助的直接成本可以连本带利收回,不会造成损失。2010年12月,美联储向国会报告了次贷危机期间贷

[①] 林欣:"金融危机政府救助措施的比较与启示——基于政治制度视角的分析",《现代财经》2012年第7期,第78-85页。

出的 21000 笔贷款的所有细节，这 21000 笔贷款都偿还了，违约率为零。如果数据真实，那这是一场非常高效的救助。当然，如此高效的救助美国能做到，并不意味着其他国家也能做到。亚洲金融危机期间，韩国政府共投入 168.6 万亿韩元，通过收购不良资产等方式向严重受损的韩国金融机构注入大量资金，截止到 2010 年 3 月底，根据韩国金融委员会的消息，韩国政府已回收了其中的 96.6 万亿韩元，① 十多年回收近 60% 的投入，算是比较有成效的救助。

2. 间接成本

是指各种救助措施引起的不容易用货币度量的社会成本、机会成本等，用 C_i 表示，包括通货膨胀成本（C_f）、道德风险成本（C_m）、机会成本（C_o）、政治成本（C_p）等。在 1998 年的亚洲金融危机期间，印尼、韩国、日本、俄罗斯等出现了政治动荡，就是一种政治成本。

这样，金融危机救助的总成本是：

$$C = C_d + C_i$$
$$C_d = C_1 + C_2 + C_3 + C_4 + \cdots$$
$$C_i = C_f + C_m + C_o + C_p + \cdots$$

（二）收益

金融危机救助的收益包括机构收益（R_i）、市场收益（R_m）等。机构收益是指在救助措施达到救助目的、实现机构正常运转所带来的收益；市场收益是指救助措施稳定市场情绪、恢复市场信心所带来的收益。

$$R = R_i + R_m + \cdots$$

在救助过程中，救助主体需要考虑救助的可能性，防范救助所产生的通货膨胀和道德风险等问题，维护社会和政治稳定，以最小的救助成本换取最大的救助收益，保护纳税人和债权人的利益。在金融危

---

① 林欣："金融危机救助方案与成本分担机制分析"，《财经科学》2010 年第 9 期，第 17－24 页。

机即将爆发或已经爆发的情况下，需要在局部性的道德风险与全局性的金融体系稳定之间进行权衡，只有救助的宏观收益大于成本时，实施救助才是理性的选择。

在成本—收益分析方面，金融危机救助与其他应急管理明显不同。例如，一伙歹徒绑架了一个小孩，为了营救这个小孩，可能会牺牲几名警察，成本和收益明显不对称，但为了维护社会秩序和正义，警察必须挺身而出，全力实施营救，哪怕牺牲最宝贵的生命都在所不惜。

在金融危机救助中通常要求成本最小化，在动用公共资金时更加强调对公平竞争秩序的保护。美国《联邦存款保险法》要求救助客体必须满足"最低成本检验"，才可以提供资金救助，具体包括：已经或将要出现任命银行财产管理人或接管人的理由，除非银行增加其资本；如果没有国家救助，银行不可能达到资本要求，不可能偿还到期债务；银行的管理人员没有从事自我交易、欺诈或其他滥用职权的活动；对于存款保险基金来说，救助产生的费用及债务总额是最低成本。①

当然，成本最小化有例外情形，美国《联邦存款保险法》第13条款要求，FDIC 在特殊情况下可以不用遵守"成本最小化"原则，比如少数民族银行对少数民族提供的金融服务等。如果确实由于其他原因（如存在影响金融市场的系统性风险），使 FDIC 无法接受成本最小的投标，那么 FDIC 需要向美联储、财政部报告，并由相关部门人员投票，投票人员 2/3 以上通过后，方可拒绝成本最小的投标。由此可见，适用最小成本例外的程序和规则是非常严格的，一般需要由本国的最高行政长官决定，例如在美国和韩国是由总统定夺，在日本是由首相定夺。

另外需要注意的是，由于国情不同，金融危机救助成本分摊方式明显不同。作为一个普通国家，其货币没有实现国际化，金融危机救助的成本最终是由自己的国民来承担；而当一国货币国际化后，可以

---

① 张继红："金融危机救助制度中的公共资金援助"，《财经科学》2008 年第 12 期，第 28-35 页。

将其国内的金融危机救助成本在世界范围内分摊，普通国家应避免成为救助成本分摊和转嫁的对象。

三、金融中介服务不中断

作为金融中介，金融机构的一项重要功能是为市场融通资金，提供金融交易服务，便利资金流转，满足市场主体的融资需要。约翰·G. 格利和爱德华·S. 肖把金融中介机构分为两大类：货币系统和非货币的中介机构。货币系统作为中介机制，购买初级证券和创造货币；非货币的中介机构只履行购买初级证券和创造对自身的货币债权的中介作用，这种债权采取储蓄存款、股份、普通股票和其他债券形式。比如，银行的重要中介功能是吸收存款，为实体经济运行提供所需的资金；投资银行承担着沟通资金供求双方、提高资金配置效率的融资中介角色；金融基础设施承担为第三方提供清算、交割、结算等中介服务；等等。

随着经济金融化程度的不断加深和经济全球化的迅速推进，金融中介本身是一个十分复杂的体系，其运转对于整个经济和社会的健康极为重要。如果把国民经济比作身体的话，那么金融系统就是这个身体的血液循环系统，如果某一部分血液循环不畅，可能导致身体出现头痛、心悸、脑梗、四肢麻木、偏瘫等各种疾病。因此，在金融危机救助中应落实金融服务不中断的原则，维持金融系统的中介功能，保证经济健康运行。2008 年 9 月 21 日，高盛被转变为传统银行控股公司，巴菲特旗下的 Berkshire Hathaway 购买了高盛 50 亿美元的优先股，这样高盛在接受美联储监管的同时，提高了资本充足率，其中介服务功能得以维持和运转，没有引发更严重的金融混乱。

在金融危机救助中，一些国家会暂时中止银行服务，如强制银行休假、股市临时休市、暂停问题机构的部分业务等，这些都属于极端情况下的特殊救助措施。总体而言，金融危机救助应坚持金融服务不中断的原则，尽力维护金融中介功能，维持金融市场正常运行。只有在极其特殊的情况下方可暂停金融服务,需慎之又慎。① 因为一旦处理不当,将很容易引发严重的金融恐慌,这方面的教训很多。

四、公开透明及例外

金融危机救助属于金融应急管理的一部分,在金融应急管理中一般应贯彻公开透明原则,主要包括以下内容:一是规范金融应急管理的法律、行政法规等必须公布透明;二是在金融应急管理执法过程中需要表明身份;三是行政主体在做出金融应急管理决定前,应告知相关人事实理由和根据等。

金融应急管理中遵循的公开透明原则同样适用于金融危机救助,但考虑到金融危机救助的复杂状况,考虑到投资者、存款人对坏消息的紧张情绪和盲从心理等非理性因素,在特定的情况下,如果全面、彻底地公开金融危机救助中的所有信息,很可能加剧整个金融市场的动荡和公众的恐慌,尤其是在爆发严重金融危机时,敏感信息的发布有可能成为压垮市场信心的最后一根稻草,即便这一信息是真实可靠的。因此,在某些特殊情况下,有必要对公开透明原则做出适度的例外规定,合理限制特定、敏感信息公开的时间、范围和程度。②

在金融危机救助中,公开透明原则的例外情形应包括:一是透明度的增加会危害救助的有效性;二是透明度的增加可能危及市场稳定或监管机构和其他机构的合法权益。在这两种情形下,可以限制金融危机信息的公开程度和公开范围。出于道德风险、市场纪律和金融市场稳定的考虑,救助主体可以有限制地披露相关信息,包括纠正性措施、紧急贷款决定的内容、救助时机、与市场和特定公司状况有关的信息等。另外,为了能够更顺利地从市场参与者那里获得敏感信息,有关当局应该为单个公司保守秘密和信息隐私。同样,

---

① 张立先:《金融应急管理的法律规制研究》,山东大学宪法学专业 2012 年博士论文。
② 闫海:"美国联邦储备委员会的透明化趋势及论证",《经济社会体制比较》2009 年第 1 期,第 58 – 64 页。

救助主体可以不公布针对单个金融机构、市场和个人的监管考虑和救助行动。

在金融危机救助中采用公开透明原则的例外情形,在特定情况下是有效的。在2008年的国际金融危机期间,瑞士两家规模很大的银行出现了问题,对其救助很困难,但瑞士下决心实施救助。与美、英等国不同,瑞士没有大张旗鼓地宣传,而是静悄悄地实施救助①。这样做没有引起轩然大波,救助比较顺利、成功,有效地防止金融危机的扩散和蔓延。

另外,金融危机爆发后,政府部门需要高度重视对舆论媒体的引导和管理,发挥其稳定市场信心的积极作用;需要严厉打击个别人或组织散布谣言和虚假信息,煽动群众,以谋取私利;还需要加强对敏感信息披露的审核,避免不恰当的信息披露给救助工作带来额外阻力,增加救助难度。

当然,在金融危机救助中公开、透明是主体,例外是特殊,这个大原则必须坚持。

五、协调机制

总体而言,参与救助的主体越多,那么他们要想达成共识并采取一致行动就越困难,通常需要反复协商,耗时费力,很容易错过救助的最佳时机。因此需要建立适当的协调机制,统筹安排繁杂的救助行动。

美国的金融监管体系由9家主要的联邦金融监管机构组成,众多监管机构之间的职能相互交错、错综复杂,呈现"恼人的职权纠缠"。当金融危机爆发后,某一个政府部门通常束手无策,不仅不能制定全面的救助政策,也不能很好地协调各部门的救助行动。美国从次贷危机得到的一个教训是,需要成立联邦层面的联结各机构的领导机构。这一机构的作用是为某一特定的事情分配人员,按优先次序搞

---

① 周小川:"金融危机中关于救助问题的争论",《金融研究》2012年第9期,第1-19页。

好各机构间的协调,统一众多的政策选择,监督相应的战略,集中资源,特别是专门的人才资源,有权力告知其他部门的工作人员应该做什么等。2010年,美国成立了金融稳定监督委员会(Financial Stability Oversight Council,FSOC),负责协调美联储与其他金融监管部门之间的职权。实践证明,FSOC在次贷危机中起到了协调救助行动、弥补救助漏洞的作用,是一条重要的救助经验。

要点小结

金融危机救助虽然能救急,但遗留问题和副作用很多,如果控制不好,将严重削弱救助的效果。为了尽可能控制金融危机救助的副作用,在救助中必须努力保障投资人和存款人权益,坚持依法处置、妥善处理。在这个前提下,还需重点处理好道德风险、快速救助、透明度、协调机制等问题,努力提高救助效率。抑制道德风险是金融危机救助的重点和难点,需要设计好惩罚性措施,让救助客体为其错误行为负责,不让它们从救助中获得好处;分解救助主体的责任,分散决策者的公共压力;培养俱乐部精神,建立利益共同体,强化内部约束;模糊救助政策空间,增强救助的不确定性等。

第七章
金融危机救助十论

总括全书内容，关于金融危机救助有以下十个结论，宜充分给予重视：

一、金融危机救助是停止或减轻金融危机损失的行动，是一种事后行为和危机时期的行动。救助的目标不是消除金融危机，而是在基本维护现有经济金融制度的前提下，通过救助抑制金融危机蔓延，降低系统性金融风险，使金融市场恢复正常运转。金融危机救助好像大禹治水，宜疏不宜堵。救助的过程是自我救赎和升华的过程，可以通过救助将金融体系的各种不平衡因素尽量释放出来，将各种制度完善起来，并在救助中成熟和强大起来。这就需要建立合理的决策机制，选准救助时机，把握好救助力度，形成救助的合力。

二、从降低系统性金融风险出发，金融危机救助可大体分为一般性救助、制度性救助和输入性救助，这三个层面的救助没有先后、优劣和轻重之分，需要根据金融危机的实际情况进行组合，要对症下药。当面临严重金融危机时，需要从这三个层面实施全方位救助。将复合的救助组合分解，逐一剖析，可以更全面地梳理和归纳救助实践，更清晰地认识和理解金融危机救助，进而提高救助的靶向性和边际效用。

三、一般性救助是金融危机救助的通行做法，主要包括注入流动性、救助重要金融机构、抑制金融恐慌和促进实体经济复苏等。在金融危机之初，重点救助金融市场，主要发挥央行的作用，向市场注入流动性。当这些方法不足以防止重要金融机构倒闭时，就需要采取注资、国有化、资产处置等救助措施，维护金融机构的中介功能，避免发生连锁反应。抑制金融恐慌的方法主要有发表政府声明、做大救助方案、暂时关闭市场、设立平准基金和极端手段等。当金融危机继续恶化、冲击实体经济时，就需要各救助主体共同参与，公私合作，加大救助力度，扩大投资和消费，促进就业和经济复苏。在救助中需要货币、财政、产业等各种政策的相互配合。

四、制度性救助的重点是弥补金融体系的各种制度缺陷和不足。在金融危机的冲击下，金融体系的各种制度性问题充分暴露出来，此时推动制度创新的动力最强、阻力最小，是制度创新的爆发期，是降低制度性风险、提升救助能力的关键期。救助主体需抓住机遇，推进全方位制度创新和强制性制度变迁，完善最后贷款人制度、存款保险制度和金融交易制度，限制救助客体的投机行为，加强金融消费者保护和金融衍生品监管，推进金融监管体制改革。同时完善问责制，摆脱锁定状态，避免陷入救助的路径依赖。有必要在平时就梳理金融体系的各种制度性缺陷，设计好制度性救助方案，以便在救助中迅速推进。

五、输入性救助的重点是阻断国际金融风险向国内的传导，保护本国实体经济和就业。输入性救助的单边行动主要包括利率、汇率、资本管制和贸易政策等；多边行动包括相互提供流动性、国际政策协调、国际救助、完善国际救助机制等。在输入性救助中需要考虑经济联系紧密国家的感受和反应，避免竞争性贬值和贸易伙伴的报复，同时要认识到国家竞争的长期性和残酷性，防止成为金融危机的转嫁对象，承受无妄之灾。经济实力较强的国家可在救助中推动货币国际化，实现跨越式发展。

六、金融危机越严重，参与金融危机救助的政府部门越多，投入越大，甚至政府首脑直接领导并参与救助。政府部门目前在救助中发挥主导作用，不宜再过分强调并扩大其救助职责。要重视发挥私人部门的救助作用，只要是私人部门在相同条件下愿意救助，应尽量由私人部门来救助；只有私人部门不愿救助、又不得不救时，政府部门才有必要出手。金融危机越严重，越需要拼专业和勇气，拼发现利润的眼光，这是企业家的优势，不是政府部门的专长。政府部门需要利用并发挥杠杆效应，组织和调动各种社会力量、资金和资源等参与救助。同时避免将短期的救助行为长期化，将临时性的救助权力制度化，否则将产生严重的"挤出"效应，违背救助的初衷。

七、现代金融危机集中表现为流动性危机。流动性是金融市场的灵魂，受心理因素影响大，流动性过剩与短缺之间的转换是极其迅速的。注入流动性是最常用的金融危机救助手段，可缓解流动性紧张的局面，降低资金获得成本。在危机初期，注入流动性的手段主要是传统的货币政策工具，包括降低存款准备金率、公开市场操作、贴现窗口等，当传统的货币政策失效后，还需动用非常规货币政策，包括量化宽松、负利率等。

八、实施金融危机救助宜早不宜迟，切忌拖延。在把握救助时机方面，建议重点关注三点：一是流动性短缺；二是重要金融机构倒闭；三是金融市场恐慌。只要金融市场出现这三点中的一点，就应该考虑实施救助，设计好救助方案。当金融市场出现这三点中的两点，就应该出手救助，初期可采取针对性比较强的措施，进行试探性救助，或是救助市场，或是救助机构，或是稳定信心，并通过救助来掌握金融危机的危害程度和冲击范围。当这三点同时出现时，就需要重拳出手，快速实施全面救助，甚至需要救助实体经济。

九、金融危机救助就像是一场场无法完胜的攻坚战，经常是杀敌一千，自损八百。救助的后遗症和副作用是很多的，道德风险是重要成本之一。能否处理好道德风险问题直接关系着救助的成败，如果处理不好将后患无穷，甚至不如不救。抑制道德风险的办法主要有：设计好惩罚性措施，附加救助条件，让救助客体为其错误行为负责，并惩罚管理层，不能让它们从救助中获得好处；分解救助主体的责任，分散决策者的公共压力，增加救助资金供应的不确定性；培养俱乐部精神，建立利益共同体，强化内部约束，限制损人利己的行为；模糊救助政策空间，增强救助的不确定性，迫使金融机构在平时稳健经营。

十、当金融危机业已平息、金融危机的影响基本消除时，金融危机救助就应当退出，恢复正常的金融管理秩序，并对救助进行评估，对不妥或错误的救助予以纠正，对已经完成使命的救助予以废止，并重点关注退出时机、退出次序、退出路径和国际协调。退出救助不宜过早，在把握退出时机方面建议参考短期资金借贷利率、消费者价格指数和失业率等指标。为了顺利退出，在救助过程中应尽可能保留市场机制；使用救助工具时需提前公布退出日期；加强救助退出中的沟通和配合；注意消除救助产生的"次生灾害"；重视国际协调，尽可能维持各国政策的一致性，以减少监管套利和投机套利；注意退出政策的动态调整，对每一步退出都要进行实时、动态分析，谨慎操作。

附录

附录一：日本"住专"事件及救助

在正文中笔者多次提到日本的"住专"事件，所谓"住专"事件，是指在20世纪七八十年代日本成立了七家"住宅金融专门会社"（简称"住专"），在泡沫经济时期，"住专"利用从金融机构筹措来的大量贷款，转贷给不动产公司进行房地产投机，到九十年代初泡沫经济破灭后，不动产公司相继面临破产，"住专"的巨额贷款大部分成为呆账、死账，从而使七家"住专"全部陷入危机之中[①]。"住专"事件对日本经济影响很大，而对"住专"事件的救助则暴露了那时日本金融、经济乃至政治体制的诸多弊端。

一、事件始末

"住专"问题与日本经济的发展密切相关。20世纪60年代，日本经济进入高速增长期，个人收入普遍提高，人口大规模向城市集中，住宅需求十分旺盛。但那时银行等金融机构主要为大企业融资，资金主要流向产业界，个人住宅贷款很困难，日本地方上的小银行开

[①] 魏加宁："日本'住专'问题：是金融危机还是制度危机"，《改革》1996年第3期，第114－122页。

发了吸纳集体信用人寿保险资金的住宅按揭。① 大银行有时也向个人提供住宅贷款，但服务对象主要是有特权的"公"薪和高薪阶层，即便是个体经营者、文艺界、运动员等高收入群体，也因工作不稳定难以从银行贷款。

为了满足住宅贷款需求，1971 年 3 月，日本三和银行②联合三井、神户、协和、拓银等银行，共同设立了第一家住专——"日本住宅金融"。1973 年，大藏省提出了"希望培养住宅金融专门机构"的调查报告，使"住专"合法化，并将"住专"置于大藏省的领导之下。之后，其他银行纷纷效仿，到 1976 年，"住专"发展到 7 家。1979 年，一向不介入城市金融业务的农林系金融机构③也开办了住宅金融业务，成立了"协同住宅贷款"，"住专"总数增至 8 家。"住专"的成立，开辟了新的融资市场，其住宅贷款对象没有严格限制，顾客层次广，中低收入者也可以从"住专"贷款。

20 世纪 70 年代，在日本低利率政策引导下，大批投机者开始借款购买房产，同时在高利润的驱使下，许多金融机构纷纷向房地产投入巨资。据统计，三和、三菱、樱花、东洋信托、第一劝业等 27 家日本金融机构共向"住专"提供了 11.4 万亿日元的资金。进入 20 世纪 80 年代，日本泡沫经济开始膨胀，到 1988 年，日本全部房地产账面价格升至美国的 4 倍，而日本的国土面积仅为美国的 1/25。同时"住专"发展到鼎盛，贷款规模达到 13 万亿日元。

"住专"的成立标志着日本金融界从产业金融优先转向重视消费金融。在"住专"面向个人的住宅贷款中，有很多是不动产商介绍的。这些不动产商向顾客出售住房时，特别向他们介绍"住专"，因为与"住专"合作可以促进房地产的销售，能及早收回资金。对购房者来说，通过"住专"可以更容易获得贷款。对"住专"来说，则可以不断扩大经营规模。只要房地产价格持续上涨，不动产商、购

---

① 瞿晓华：《银行支持房地产业不能背离谨慎放贷原则——日本的'住专'问题及其警示》，《中国改革报》2009 年 1 月 14 日。

② 三和银行是日本历史最悠久的银行，其起源可以追溯到德川幕府时期最大的兑换商人鸿池于 1656 年创立的鸿池钱庄。

③ 包括农林中央金库和各级农协等。

房者和"住专"这三方都可以获得好处。

进入 20 世纪 80 年代，日本个人住宅贷款市场发生了变化：一是政府积极推行住宅金融改革，政策性金融机构"住宅金融公库"[①] 的贷款业务不断扩大；二是银行间竞争加剧，开始加入个人住宅贷款市场。在这两方面夹击下，"住专"在个人住宅贷款市场中所占份额逐年下降，从 1981 年 3 月的 7.2% 下降至 1995 年 3 月的 1.7%。与此同时，日本不动产业发展得很快，"住专"在个人住宅贷款市场失利的情况下，开始向不动产业大量投资。

长期以来，日本的银行被禁止从事国债、公债以外的证券业务和房地产业务，然而由它们出资成立的"住专"则不受此限制，可以融资给不动产公司，所以银行就把不能明着向不动产提供融资的活动，通过"住专"实施，"住专"逐步蜕变为"不动产金融专门公司"。

"住专"是由各大银行作为母体银行出资设立的，它们可以先从各金融机构借款，再贷给用户。"住专"不能吸收存款，其资金来源主要分三类：一是"住专"的创始机构，主要是母体银行；二是其他金融机构；三是农林系金融机构。由于大藏省从 1990 年 3 月起对商业银行向不动产市场提供的贷款实施总量控制政策，而不受大藏省监管的"住专"就成为回避监管的中转站，其中以农林系金融机构提供的融资为代表。[②] 从 1990 年 3 月至 1995 年，农林系金融机构提供的融资累积达到 5.6 万亿日元，约占"住专"借款总量的一半。为了扩大业务，"住专"大笔借款，甚至高息借款。"住专"的借款大部分贷给了房地产公司，并且大多以土地作担保。在泡沫经济时代，只要有土地作担保，房地产公司想要多少，"住专"就贷多少。"住专"和房地产公司就成了一根绳上的蚂蚱，一荣俱荣，一损俱损。

20 世纪 90 年代初日本资产泡沫危机爆发，从 1992 年开始日本土地价格连连下跌。地价的暴跌使贷款额大大高出担保土地的价格，许

[①] 日本住宅金融公库是依据《住房金融公库法》设立的政策性金融机构，成立于 1950 年 6 月，其职能是提供住房建设资金，办理住房用地购置资金贷款。
[②] 鹿野嘉昭：《日本的金融制度》，中国金融出版社 2003 年版，第 278 页。

多房地产售价不及投资的 1/3 甚至 1/5，大批房地产公司破产并形成大量坏账，导致"住专"的大量贷款成为不良债权。到 1995 年，在七家"住专"的 10.72 万亿日元贷款中，有 8.13 万亿日元成为各种类型的不良债权，占比高达 76%（见附表），其中有 6.4 万亿日元是确定无法回收的死账。在日本 21 家主要银行公布的不良债权总额中，有 20% 与"住专"相关。到这时，"住专"已成为日本金融界不良债权的焦点和象征[①]。

附表 1　　1991~1995 年日本"住专"不良债权情况　　单位：万亿日元

时间	贷款	不良债权	比率（%）
1991.3	12.42	4.65	37
1992.3	12.32	1.85	15
1993.3	10.21	4.83	47
1994.3	11.14	6.02	54
1995.3	10.72	8.13	76

资料来源：根据高尾义《金融紧缩》（1998 年版）整理。

附表 2　　1995 年七家"住专"的基本情况　　单位：日元

公司	成立时间	资本金（百万）	借款余额（亿）	贷款余额（亿）	不良债权（亿）	比率（%）
日本住宅金融	1971.6	31252	23458	19312	14367	74.4
住宅贷款服务	1971.9	5400	16892	14196	10834	76.3
住总	1971.10	3000	20200	16094	12907	80.2
综合住宅金融	1972.7	2470	13683	11183	9606	85.9
第一住宅金融	1975.12	22125	18156	15058	9914	65.8
地方银行生命保险住宅贷款	1976.6	2617	12187	8779	6951	79.1
日本住宅建筑贷款	1976.6	12737	25183	22574	16743	74.1
七家"住专"总计			129759	107196	81322	75.9

资料来源：魏加宁，"日本'住专'问题：是金融危机还是制度危机"，《改革》1996 年第 3 期，第 115 页。

[①] 李晓："'住专'处理与日本型市场经济的制度变革"，《世界经济》1997 年第 4 期，第 42-46 页。

总的来说,"住专"问题是日本泡沫经济的产物,是日本经济增速下降后,不动产风险向金融体系扩散、蔓延的结果,也是"护送船队"金融体制的产物①。

二、救助措施

如果不解决"住专"的巨额坏账问题,日本金融业就无法正常经营;金融业不走出危机困境,日本经济就不可能重新复苏。面对如此严重的形势,日本政府不得不把处理"住专"问题纳入议事日程。

日本虽然在1971年就建立了存款保险制度②,但该制度在此后20多年里形同虚设,无法发挥救助作用,当时救助问题金融机构的权责机关以大藏省为中心。在第二次世界大战后的45年中,大藏省创造了日本金融机构的"不倒闭神话",在维护日本经济稳定方面不遗余力。而大藏省在救助"住专"事件后暴露出很多问题,备受诟病。

至于如何处置这些不良债权,贷款金融机构和母体银行针锋相对:农林系等贷款金融机构认为"住专"的母体银行应承担不良债权的责任;而"住专"的母体银行则认为应由提供贷款的金融机构自担损失。争辩不下,双方分别请求各自的主管部门——农林水产省和大藏省协商。农林水产省强调农协作为非熟练投资者,不应被要求承担损失。这种部门协调没有进展,于是农林水产省和大藏省只好求助更高一级的政治协商,联合执政党组建了一个项目委员会,负责调查和监督协商过程。当时作为执政党的自民党在农村一直拥有铁杆选民。在自民党的授意下,大藏省于1995年12月发表了处理"住专"问题的具体意见,主要包括:

(一) 首先核销6.4万亿日元的死账

分摊方案是:"住专"的母体银行放弃3.5万亿日元的债权;母

---

① "护送船队"金融体制实质上是一种保护弱者的制度安排,是由政府承担本应由民间金融承担的风险,导致金融机构的风险意识淡薄、迟钝。
② 日本国会1971年公布了存款保险法,设立日本存款保险公司。

体银行以外的其他银行放弃 1.7 万亿日元的债权;农林系金融机构"赠予"5300 亿日元的资助;政府动用 6850 亿日元补缺。

(二) 针对 6.78 万亿日元可回收债权的处理方案

成立住宅金融债权管理机构,专事"住宅"清偿业务,预计完成清偿需要 15 年;对住宅金融债权管理机构最终不能全额收回的贷款,其死账款额的一半从筹集资金中扣除,另一半归国家财政资金补贴。①

大藏省的方案是仍由创始机构和其他银行再次注资和提供低息贷款来吸收这笔损失,但创始机构提出三个前提条件:(1) 要求政府提供法律保护,使其管理层可免受股东衍生诉讼的追究;(2) 提供的贷款由政府保证清偿;(3) 农林系金融机构也应参加救助。大藏省满足了前两条,但第三条无法满足。最终,农林系金融机构向"住专"的贷款几乎得到全额弥补,"赠予"的 5300 亿日元资助在事后也得到归还。

由于政府动用公共资金补缺,又没有作出合理解释,引起日本广大国民的不满。为了缓解国民不满情绪,日本首相村山富市强调农业是关系国计民生的产业,必须保护;大藏大臣则认为处置方案是各方协议的结果,政府只是牵线搭桥;农林水产省大臣在国会作证时表示:"第一次的 5300 亿日元已经是农林系金融机构的极限,单这笔钱的提供,就导致全部 57 家中的 20 家农信社濒临财务警戒线。"②。总之,政府部门对农林系金融机构的偏袒很明显。

在救助"住专"中还暴露了一个引人注目的问题,那就是七家

---

① 杨栋梁、杜小军:"日本的金融自由化与'住专'问题",《国际经贸研究》1997 年第 1 期,第 31-35 页。

② Curtis J. Milhaupt & Geoffrey P. Miller, Cooperation, Conflict and Convergence in Japanese Finance: Evidence from the "Jusen" Problem, 29 Law & Pol'y Int'l Bus. 1, 1997, pp. 25-26.

"住专"的总经理、董事长、顾问等要职大多是大藏省退休高官①,"住专"是典型的政、官、财结合的产物。一些"住专"借款公司还涉嫌贿赂和洗钱等犯罪,这一问题被媒体披露后,日本国民被激怒了。媒体猛烈抨击权责机关的"黑箱交易",任意动用纳税人的钱,却没有合法的程序规则,救助"住专"竟然是官商勾结的结果。

大藏省的口碑降至最低点,监管地位受到质疑,反对党就此提出了具体改革建议:一是必须建立法律框架,保障处置过程的透明度;二是在议会建立监督委员会,并成立专门处置机关,弱化大藏省的权力。

"住专"问题的产生和解决是当时日本社会的缩影,集中体现了监管失败、官僚政治、利益集团等问题。这些制度性问题在日本经济繁荣时可以被掩盖,而当金融危机爆发、经济衰落后,这些问题就都暴露出来了,并成为经济发展的绊脚石。虽然日本国会最终通过了政府提交的预算案,但这一事件仍暴露了日本金融体制的弊端,使日本社会各界认识到金融体制改革的必要性和紧迫性。

(本文系作者根据住专相关资料撰写)

---

① 这种现象在当时很普遍。据1995年大藏省公布的数字,在全部150家银行中接受大藏省官员的银行有96家,其中23人担任银行的总经理或社长,19人担任会长。在民间银行担任高级管理职务的大藏省退休官僚大约是542人。

附录二：货币国际化需顺势而为

货币国际化是当下的热门话题，备受关注。那么什么是货币国际化？从金融专业角度看，货币国际化是指一种货币跨越国界，在境外流通，成为国际上普遍认可的计价、结算、投资和储备货币的过程。从这一定义看，货币国际化很专业，其实，货币国际化的内涵十分丰富，涉及的问题远远超出金融的范畴。

一、为什么让货币国际化？

笔者在网上看到一个小故事。在美国某军校的毕业典礼上，一个70多岁的老头走上主席台，是退役的四星上将詹姆斯。他从兜里掏出一张百元美钞，对台下说："这张擦屁股的纸是什么？是100美元。你们知道印刷这张纸需要多少钱吗？是10美分。"老头子高高举起这张纸币，又对台下说："美国用10美分印刷这张纸，去换取其他国家上百美元的一大堆东西，公平吗？答案是不公平。可是，为什么别的国家咬牙切齿，还要接受这种不公平？那是因为有你们！小兔崽子们，你们记住了，如果谁敢挑战我们这张擦屁股的纸，你们就该去打仗了。"

这个故事说明，货币国际化的好处很多，能点纸成金，征收国际铸币税和通货膨胀税；能降低汇率风险、促进贸易；还能降低货币危机的概率；等等。2008年，美国爆发次贷危机，美联储大肆量宽，释放流动性，却没有发生美元危机，原因之一就是利用了美元的核心国际货币地位。因为美元是整个国际货币体系的基准，不管美元怎样浮动，其他货币只能跟着美元摇摆。如果其他中小国家也像美国那样量宽，早就爆发货币危机，经济早崩溃了。美元是美国的核心利益，谁敢挑衅美元的地位，詹姆斯老将军是要动粗的。

只要是货币，大多希望能成为国际货币。苏联解体后，俄罗斯经济总体比较疲弱，却从未放弃卢布国际化的雄心。最初在独联体国家推动建立"统一卢布区"；从 2003 年 5 月，俄罗斯开展了以卢布国际化为目标的金融外交；在能源国际贸易中，俄罗斯要求用卢布进行结算等。即便如此卖力地推动，卢布国际化的效果并不理想，主要是因为俄罗斯经济实力不济，出口产品过于单一，大多是能源资源等，老百姓对卢布的需求有限，拿着卢布买不到多少东西。2014 年，因为克里米亚问题，俄罗斯受到西方制裁，卢布对美元大幅下滑。为维护卢布稳定，俄罗斯想和中国进行货币互换，最初是希望用卢布和中国手里的美元互换。这表明，一种货币在国际上的使用，如果主要靠政府去推动和维持，那就说明它还不是真正的国际货币，最多算是低层次的国际货币。

人民币也希望成为国际货币，不过中国人比较含蓄，对外称：人民币国际化是个自然而然的过程，是市场选择的结果，不是强制出来的。由于有雄厚的经济实力等做基础[①]，人民币国际化取得了可喜成绩，一个标志性事件就是人民币纳入 SDR 一篮子货币。

在人民币加入 SDR 过程中，元首外交发挥了重要作用。2015 年 "8·11" 汇改后，离岸人民币贬值预期强烈，影响在岸人民币，市场对人民币纳入 SDR 并不乐观。当时一些金融专家认为，人民币入篮可能还要再等 5 年；还有专家认为，人民币能否入篮主要取决于美国财政部。总之，当时人民币入篮的形势并不妙。

2015 年 9 月 25 日，习近平主席与奥巴马总统会晤，会晤后，美方重申在符合 IMF 现有标准的前提下，支持人民币在特别提款权（SDR）审查中纳入 SDR 篮子。现在想想，如何换作是当下，那就麻烦了。2015 年 11 月 15 – 16 日，在土耳其安塔利亚的 G20 峰会上，习近平主席指出：中方对于国际货币基金组织审查报告建议将人民币纳入 SDR 货币篮子表示欢迎。

2015 年 11 月 30 日，IMF 执董会决定将人民币纳入 SDR 货币篮

---

① 《经济学人》研究指出，2018 年中国科技产业整体实力约为美国的 42%，而 2012 年这一比值仅为 15%。

子。这首先是因为人民币符合入篮标准，有基础，另外 IMF 对人民币反复考察后，认为人民币符合加入 SDR 的条件，并且人民币加入后对 SDR 有益，才让人民币加入 SDR 成为可能。在这个货币篮子中，人民币的权重是 10.92%，仅次于美元和欧元。在 SDR 一篮子货币中，有美元（41.73%）、欧元（30.93%）、人民币（10.92%）、日元（8.33%）和英镑（8.09%）。笔者认为，这是要载入史册的事件，是中华民族复兴的一个重要标志。

当然，一种货币加入 SDR，是国际化的重要里程碑，但不是终点。在这方面，日元国际化的历程值得我们研究。第二次世界大战后，日本经济增长强劲，有 20 多年 GDP 年均增长两位数，日元作为国际货币的需求持续增加。1973 年 10 月，日元加入 SDR，当时日元的权重是 7.5%。20 世纪 80 年代日本经济持续向好，1987 年日元在 SDR 的权重提高至 13%，之后还不断提升，最高时达到 18%。进入 90 年代，日本爆发资产泡沫危机，再加上"住专"事件和东亚金融危机的影响，经济陷入"失去的 20 年"，日元国际化停滞了，并开始下降，日元在各国外汇储备货币中的占比从最高的 8% 降至最低 3%，现在是 4% 左右；在 SDR 中，日元的权重从最高的 18% 跌至现在的 8.33%。

这些案例告诉我们，综合国力是本，货币国际化是末，货币国际化的波动滞后于综合国力，不能本末倒置。一个经济体可以为本币国际化浇水施肥，但要顺势而为，不能强求，更不能拔苗助长。

另外，SDR 一篮子货币也是在不断变动的，最多的时候有 16 种，南非兰特、澳大利亚元、加拿大元、瑞典克朗、挪威克朗、丹麦克朗、沙特里亚尔和伊朗里亚尔等，它们都曾加入 SDR，现在都不是了。大浪淘沙，沉者为金，目前在位的国际货币都很强，都是在激烈竞争中幸存下来的，具有很强的经济实力和惯性，并形成了自己的网络体系，人民币不要说成为美元、欧元那样的国际货币，即便是成为与中国经济实力相匹配的国际货币，都有很长的路要走，算是刚刚起步吧。

二、货币国际化的基础

现在各国流通的货币都是信用货币，是不可兑现的法币，没有与黄金、白银等实物挂钩，说白了，就是央行打给公众的借条。那些纸币本身没有价值，就是个"名目"①。

信用货币不能兑现黄金和白银，人们之所以信任那张纸币，是信任货币后面的支撑——政权。信用是货币的生命，人们信任你的货币，你在货币上印个"1"，也能用这张纸币换一个大汉堡。如果人们不信任你的货币，你就是在货币上印个"100"，那张纸币仍然等同于餐巾纸。这说明，货币虽然是商品，但它很特殊，是个政治产物，和国家主权紧密捆绑在一起。

你手里拿着一张 100 元的人民币，相当于人民银行对你的负债，你会拿着 100 元钞票，去人民银行要回什么东西吗？肯定不会，因为你信任中国政府，当然还有立法保障，《中国人民银行法》第 16 条规定："中华人民共和国的法定货币是人民币。以人民币支付中华人民共和国境内的一切公共的和私人的债务，任何单位和个人不得拒收。"而人民币走到境外，如何让境外认可和信任？笔者认为最重要的是增强综合实力，包括硬实力和软实力。

硬实力包括经济实力、政治实力和军事实力。前两点谈的较多，军事实力比较敏感，谈得较少，其实很好理解。如果一个国家没有足够强大的军事能力，随时可能受到军事强国的威胁，谁敢把大量资金放在它的市场上？在 19 世纪上半叶，法国法郎是欧洲的强币，实行金银复本位制，20 元法郎在欧洲流通很广，并形成了一个以法国为中心、包括意大利、瑞士和比利时在内的法郎区②。1871 年，法国在普法战争中失败后，法郎就迅速衰落了③。

在欧洲，经济上首先崛起的不是英国，而是葡萄牙、西班牙、荷

---

① 早在 17、18 世纪，英国的哲学家贝克莱和斯图亚特等人，就否认货币的商品性和货币的实质价值，认为重要的不在于货币的金属内容，而在于它们的票面价格，货币只是由国家规定的符号，是一种票券，只在名目上存在，这就是货币名目论。现在看，货币名目论在信用货币上应验了。纸币的价值完全由人的主观决定，由于纸币可以无限量地发行，并且没有内在价值，如果人们对纸币失去信心，它们就会变成一堆废纸。

② 第二次世界大战后，还成立过法郎区，主要是法国及其殖民地和托管地，包括布基纳法索、喀麦隆、科特迪瓦、尼日尔等。

③ 普法战争后，法国赔偿了 50 亿法郎（约合 7 亿多两白银），加上战争损失约 200 亿法郎。

兰，这三个国家的经济在当时强于英国。但最后是英镑首先成为国际货币，与战争有很大关系。在16世纪初期，英国只是一个默默无闻的岛国，1588年，英国击败了西班牙"无敌舰队"后，成为新兴的欧洲强国。在17世纪，英国率先开展工业革命，并在英荷战争打败了荷兰，在7年战争中打败了法国，确立了海上霸主的地位。1815年，英普联军在滑铁卢战役中击败法国，英国成为世界头号强国。英国战胜了这些国家后，成为世界霸主，英镑才逐渐成为核心国际货币。

国际上公认的核心国际货币有两个，一个是19世纪的英镑，另一个是20世纪40年代至今的美元，现在还是美元世纪。美元有强大的综合国力作支撑，尤其是军事实力。2018年美国军费支出6443亿美元，占全球的40%，相当于军费开支从第2到第11名这10个国家的总和。美国拥有海外军事基地374个，分布在140多个国家和地区，驻军30多万，控制着全球绝大部分海上咽喉，包括霍尔木兹海峡、直布罗陀海峡、马六甲海峡、巽他海峡、曼德海峡等。从另外一个角度看，美国维护霸权地位的成本很高。

美元现在的储藏价值已很低，人们持有美元主要是满足国际交易的需要，是作为流通手段、支付手段等，大多不是为了直接从美国获得东西。例如，澳大利亚的企业与日本的企业交易，用羊毛换取美元，再用美元去交换中国的服装、沙特的石油、阿根廷的大豆，供澳大利亚消费。在这个交易循环中，并没有涉及美国。有鉴于此，有人预测，即使美国经济实力有所下降，但只要美国保持强大的军事实力，也能保证美元的国际地位。

2003年12月13日，美军抓住了萨达姆。当世界人民怀着各种心情，观看美军逮捕狼狈不堪的萨达姆时，有一个细节意味深长：萨达姆国破家亡、四处躲藏，随身携带的不是别的，而是75万美元的钞票，全是崭新的100美元现钞。这就是美元的硬实力。萨达姆可以反美，但没法抵制在全世界畅通无阻的美元，因为美元具有最强的"可交易性"。另外，美元比黄金便于携带。1万美元是100张百元美钞，重105克，75万美元是7.9公斤。在2003年底，每盎司黄金（31.1

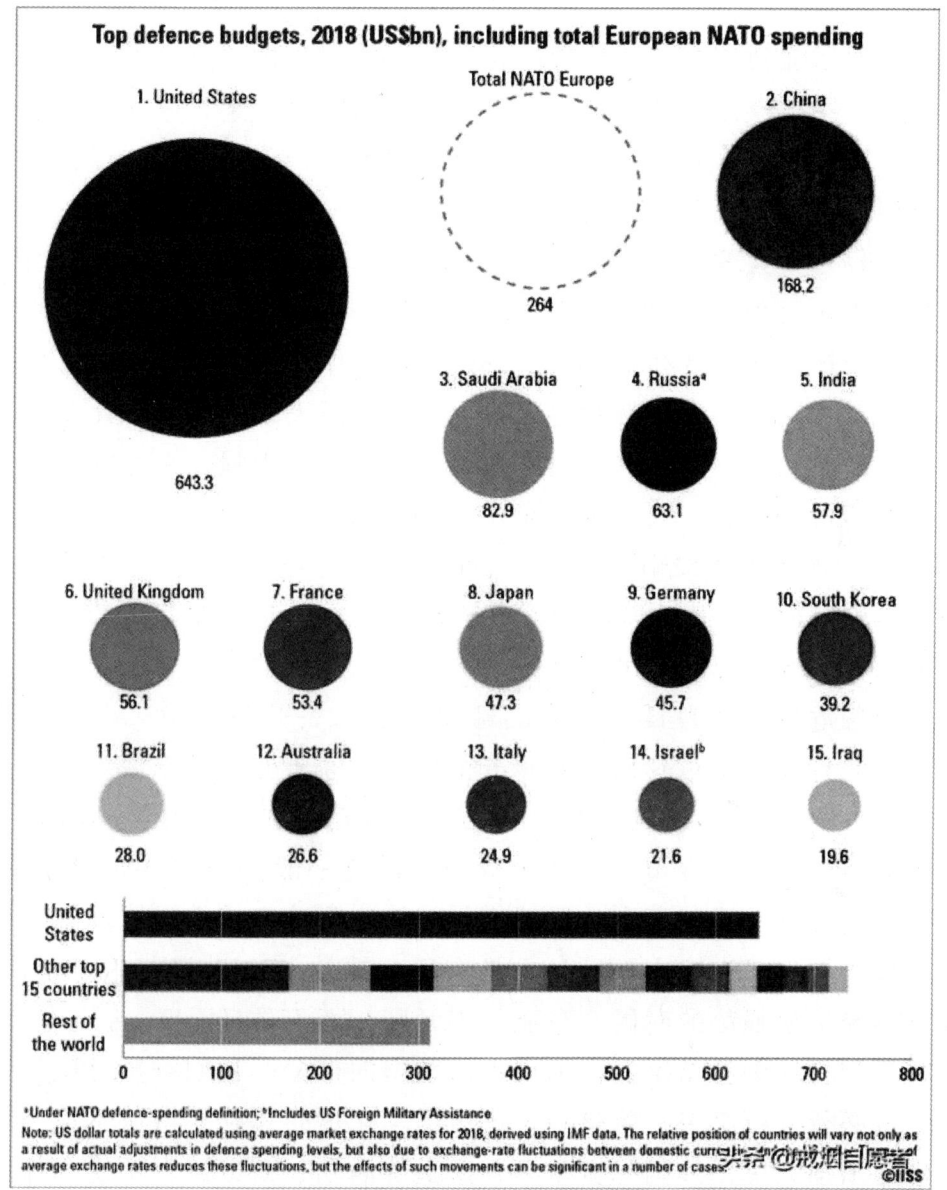

附图1 2018年全球军费支出排名（英国国际战略研究所统计）

克）价值400美元，75万美元换算成黄金是58.3公斤，萨达姆一个66岁的老头背不动100多斤的黄金。萨达姆持有美元是心甘情愿的，世界上毒品买卖绝大多数用美元交易，也是心甘情愿的。只要你的综合实力到了，自然会有人把你的货币当作国际货币，不管是敌人还是朋友。

除了增强硬实力，一种货币要想成为国际货币，还要增强自身的软实力，维护政治和社会稳定，树立良好的国家形象，做一个负责任大国，积极参与国际事务。这一点容易被忽视，我强调这一点，是因为近期对亚洲金融危机的梳理。

1997年，东亚爆发金融危机，我们周边的国家为了应对危机，竞相让货币贬值以促进出口。中国当时坚持人民币不贬值，钉住美元，对维护东亚经济和金融稳定发挥了重要作用，当然也付出了巨大代价，对我国的出口和就业造成很大困难。但正是这场危机让全世界看到，中国是负责任和讲信用的大国，抗风险能力强，大大提升了人民币的信用。此后，人民币在东南亚被看做是"小美元"，是公认的"良币"，促进了人民币区域化。

作为对比，日本在亚洲金融危机期间居然让日元大幅贬值，与东亚国家和地区一起搞竞争性贬值，它自己虽然对冲了风险，却加重了东亚金融危机。因为日本当时的经济规模大，是世界第二、亚洲第一，因此日元贬值对其他国家冲击很大，让东亚地区大失所望。"风物长宜放眼量"，① 一国货币国际化要想成功，它的政府必须具备长远眼光，这一点非常重要，因为货币国际化一般需要30~50年的时间，需要经历几届甚至十几届政府，需要这些政府持之以恒地、一代一代地干下去。在这方面，日本是有所欠缺的。20世纪七八十年代，在日本经济最强势的时候，东亚是美元区，而不是日元区。

我们要时刻注意维护中国负责任大国的形象。我们维护好国家形象，言必行，行必果，就是为人民币国际化增砖添瓦，可以不显山不露水地增强人民币的国际竞争力，这是练内功。所以说，外交工作很重要，其影响是全方位的，包括人民币国际化。

三、人民币国际化的历程及现状

很多学者把2009年作为人民币国际化的起点，那是从跨境贸易

---

① 毛泽东：《七律·和柳亚子先生》。

人民币结算试点开始的，在这之前，只能算是人民币的周边化和区域化。我认同这个起点，但我认为还有一个重要原因：2008年国际金融危机爆发，几种国际货币竞相搞量化宽松，转嫁危机，却动摇了它们的基础——信用。国际社会普遍意识到，需要推动国际货币体系改革和国际货币的多元化，需要其他更稳定、更负责任的国际货币，人民币在这种历史选择和竞争中成为首选。"桃李不言，下自成蹊。"①国际需求和认可是推动人民币国际化的重要力量，是自发的，这是最重要的原因。

在2008年之前或者更早，国内金融界研究人民币国际化的较少。笔者那时在国务院发展研究中心金融所工作，当时我们关注的主要是人民币的周边化和区域化，至于人民币国际化，好像很遥远，是可望不可及的。到底是什么让人民币实现了跨越式发展？笔者认为一个很重要的原因是国际金融危机。

2008年由美国次贷危机引发的国际金融危机，充分暴露了现有国际货币体系的弊端，在雷曼兄弟倒闭的一段时间内，美欧很多大型银行面对金融恐慌，出现了大规模的惜贷和信贷冻结，没法向亚洲提供美元、欧元等国际货币，亚洲的贸易融资枯竭了，这是当时亚洲贸易崩盘的重要原因。于是，一些亚洲国家就开始讨论，为什么非要用美元、欧元进行贸易结算和贸易融资？为什么不用咱们自己的货币？

2008年12月，中国人民银行与韩国银行签署了双边货币互换协议，之后是中国香港、马来西亚、白俄罗斯、印度尼西亚、阿根廷、新加坡、蒙古国……截至2018年8月20日，中国人民银行已与37个国家和地区的央行或货币当局，签署了双边本币互换协议，协议总金额达到3万多亿元人民币。有人把货币互换看作是人民币国际化的起点，笔者不认同这个观点，因为有了双边本币互换协议后，相关国家对人民币的需求降低了，同样，中国对对方货币的需求也降低了。那么，人民币国际化的起点是从哪里开始的？

2009年4月，国务院批准在上海、广州、深圳、珠海、东莞开展

---

① 司马迁：《史记·李将军列传》。

跨境贸易人民币结算试点,并逐步推广到全国,笔者认为,这算是正式拉开了人民币国际化进程的帷幕,是从贸易结算开始的,人民币开始从区域货币走向国际货币,这才是人民币国际化的真正起点。之后的"一带一路"倡议为人民币国际化注入了新动力。

从 2009 年至 2015 年,伴随着人民币的升值,人民币国际化快速推进,走出了一条特殊路径,即"经常项目输出、资本项目回流"。到 2015 年三季度,香港离岸人民币存款突破了 1 万亿元;2015 年全年,我国跨境贸易人民币结算规模达到 7.23 万亿元。这是人民币国际化的一个高点。

通过人民币国际化可以看出:国际市场对人民币需求发生变化,央行适应市场需求,做出政策调整,推动了人民币国际化。适应性调整是政府的共性,因为公共部门对市场趋势变化的感觉,总是落后于企业等私人部门,能力也有限。一些阴谋论听起来津津有味,其实是颠倒了事情发展的顺序,是倒推出来的,经不起推敲。

谈到人民币国际化,可能大家很想知道,如何衡量人民币国际化?可以用的指标和计算方法很多,例如人民币国际化指数等,由于选取的指标和计算方法不同,计算结果就有差异。我认为比较简单、可靠的指标有两个:一个是人民币在全球外汇市场的成交占比。这个指标从 2010 年的 0.9% 提高到 2016 年的 4%,这是一个双向指标,应该除以 2。人民币的这个指标从 2010 年全球排名第 20 位,提高至现在第 8 位。不过,这个数据只有国际清算银行掌握,公布的频率太低,每 3 年才公布一次。另一个是人民币在全球外汇储备中的占比。笔者认为这是核心指标,因为一家央行选择哪些货币作为官方储备货币,以及如何调整各种储备货币的数量,需要严谨的专业分析,具有很强的政策导向,并且对私人部门具有指向和示范意义。2017 年 3 月,人民币首次在 IMF 的外汇储备货币构成中单独列出,原来没有人民币这一项,因为规模太小,被放在"其他"项里。截至 2018 年第一季度,人民币外汇储备规模达到 1449.5 亿美元,在整体已分配外汇储备中占比 1.39%,排名第七①。

由于统计方法不同,对货币国际化程度的度量结果有差异,但大家比较认可的国际货币有"三个半","三个"是美元、欧元、英镑,另外"半个"是日元。反过来讲,你设计了一套评估体系,用来衡量货币的国际化水平,如果测试结果不包括这"三个半"货币,或者有遗漏,那就说明你的计算方法有问题。人民币虽然已经加入 SDR 一篮子货币,但国际化程度与这"三个半"货币还有一定差距。我认为,人民币目前还属于普通国际货币,与瑞士法郎、加拿大元、澳大利亚元的地位大体相当,但发展前景比这几种货币好。

国际货币一旦成熟,就形成很强的惯性,并有自己的网络,很难被取代,人民币国际化每上升一个层次,都会很困难,所以前进的道路肯定有波折。2015 年"8·11"汇改后,随着人民币贬值,人民币国际化的步伐有所停滞。2016 年初,为应对资本外流、外储减少等问题,央行加强了对跨境人民币和离岸市场的管理,此后人民币支付结算、对外直接投资和离岸人民币存款等均大幅萎缩,人民币国际化出现阶段性停滞。现在香港离岸人民币存款也就 5000 多亿元;2017 年全年,我国跨境贸易人民币结算规模为 4.36 万亿元。与 2015 年的高点相比,基本是腰斩了。

从 2018 年年初至 3 月份,人民币对美元的升值,从 6.5∶1 涨到 6.3∶1,人民币国际化又恢复增长。但从 2018 年 3 月底中美贸易摩擦开始,人民币对美元又逐渐走低,从 6.3∶1 跌至 6.8、6.9∶1,人民币国际化又有所退步。我预测,人民币国际化将是波浪式前进的,有机会就向前迈一步,没机会就蛰伏,甚至还会往后退一小步。人民币国际化的路径不是直线的,不会一帆风顺。

从人民币国际化的历程看,人民币首先是个贸易货币,是人家需要中国的商品和服务,才需要人民币;在投资货币和储备货币方面,

---

① 根据 2019 年 3 月 IMF 公布的最新官方外汇储备货币构成季度数据,截至 2018 年第四季度人民币外汇储备资产约合 2027.9 亿美元,占全球官方外汇储备资产的 1.89%,占比高于澳元的 1.62% 和加元的 1.84%。

人民币的认可度和接受度与人民币是否升值呈正相关。目前，中国GDP占全球的15%左右，进出口总额占全球的11%以上，但在国际清算总量中，人民币的使用量大约占1.8%；在全球外汇交易总量中，人民币大约占4%；在全球外汇储备中，人民币占1.39%。总体看来，人民币国际化的水平较低，与中国经济的国际地位不匹配，还有很大的发展空间。

四、对人民币国际化的展望

现在，在国际贸易中使用人民币计价和结算的国家有28个，但主要发生在有中方参与的情况下，例如中国与越南、蒙古之间的贸易。如果哪一天在没有中方参与的情况下，比如，泰国和澳大利亚之间的贸易，也普遍使用人民币计价和结算，那么，人民币国际化将再上一个层次。

现在，在国际投资和融资领域使用人民币，主要是用于投资和并购等，主要服务实体经济。如果哪一天人民币广泛使用于虚拟经济领域，比如金融资产和衍生品，股票、债券、票据、保单、保函、远期、期货、期权和互换等，那么人民币国际化将达到一个较高的层次。2018年3月26日，上海原油期货上市了，代码是SC，是我国第一个国际期货品种，提升了人民币国际化的层面。笔者参与了上海原油期货的上市推进工作，比如期货合约的设计等，并出席了上市仪式，当时很感慨，在微信上发了几张照片和一句感言："终于等到你！"恢复上市原油期货[①]是在2001年提出的，历时17年，笔者参与上市推动工作就有5年之久，很多人付出了他们的芳华。

[①] 1993年年初，原上海石油交易所推出了石油期货交易，主要是大庆原油、90号汽油、0号柴油和250号燃料油四种标准期货合约。1994年年初，国务院发布《国务院批转国家计委、国家经贸委关于改革原油、成品油流通体制意见的通知》，国内原油价格改为由国家统一定价，国内原油期货交易所相继关停。

附表3　上海国际能源交易中心原油期货标准合约

交易品种	中质含硫原油
交易单位	1000桶/手
报价单位	元（人民币）/桶（交易报价为不含税价格）
最小变动价位	0.1元（人民币）/桶
涨跌停板幅度	涨跌停板幅度为5%，第一个交易日的涨跌停板幅度为基准价的10%
合约交割月份	最近1~12个月为连续月份以及随后八个季月
交易时间	每周一至周五，09:00~10:15、10:30~11:30和13:30~15:00，连续交易时间，每周一至周五21:00~次日02:30。法定节假日前第一个工作日（不包含周六和周日）的连续交易时间段不进行交易
最后交易日	交割月份前第一月的最后一个交易日；上海国际能源交易中心有权根据国家法定节假日调整最后交易日
交割日期	最后交易日后连续五个交易日
交割品质	中质含硫原油，基准品质为API度32.0，硫含量1.5%，具体可交割油种及升贴水由上海国际能源交易中心另行规定
交割地点	上海国际能源交易中心指定交割仓库
交易保证金	交易保证金为合约价值的7%
交割方式	实物交割
交易代码	SC
上市机构	上海国际能源交易中心

现在，人民币成为60多个国家和地区的储备货币，这是很大进步，但要看到，那些货币当局持有人民币，主要是看中人民币的升值空间。如果哪一天境外的货币当局持有人民币，一个重要功能是维护其币值的稳定，比如X国发生货币危机，X国央行用"卖出人民币、回收本币"的办法，来维护本币稳定，那么人民币国际化将达到很高的水准。

很多人出国时会去免税店买中华烟，因为国外价格比国内便宜很多，一条40多美元，大多是美元计价的，如果有一天境外的中华烟大多用人民币计价，那么人民币国际化将上一个更高的层次。

要实现以上目标，近期需重视以下工作：

建立广泛的人民币网络。扩大人民币跨境支付系统（CIPS）的覆盖范围，与债券结算系统等金融市场对接，全面支持各类跨境业务。

继续发展离岸金融市场，为人民币的全球流通提供顺畅渠道。不断开放在岸金融市场，为人民币跨境使用开辟空间。

在"一带一路"参与国设立人民币清算行，推动互换资金用于跨境贸易和投资，推动双边本币结算，支持发行"丝路债券"① 等。（参见附录五和附录六）要让人民币成为连接"一带一路"的纽带，把大家捆绑在一起，结成紧密的利益共同体。

上面这几点讲得都是如何加强人民币网络建设，网络对货币国际化很重要，俗话说"一个好汉三个帮"，一种货币要想成为强大的国际货币，必须有自己的网络，要有自己的地盘和朋友。英镑、美元、欧元都有自己的网络，都有很铁的货币伙伴，关键时刻能力挺自己。历史上，印度对于英镑的支持、沙特对于美元的支持都很大。而日本在亚洲独来独往，追求"脱亚入欧"，还因历史问题与周边国家反复纠缠，让周边不舒服，一直没有建立日元的使用网络，所以整个东亚是美元区，甚至连日本进口的大宗商品主要用美元计价和结算，日元占比很少，日元国际化怎么可能达到很高的水准？

除了网络建设，需要进一步发挥亚投行、金砖国家新开发银行的作用，利用丝路基金支持人民币结算。加强跨境资金流动监管，加强人民币跨境调运、反恐融资、反洗钱和反假识别等。

最后再强调一点，需要高度重视培养境外使用人民币的习惯。要让境外的企业和个人普遍认识人民币，拿着100元人民币就知道它能买多少东西，不用绞尽脑汁地换算，并潜意识里需要人民币，

---

① 2019年4月26日，在第二届"一带一路"国际合作高峰论坛开幕式上，国家主席习近平表示：将继续发挥共建"一带一路"专项贷款、丝路基金、各类专项投资基金的作用，发展丝路主题债券，支持多边开发融资合作中心有效运作。

爱护人民币，把人民币当成财富。唯有习惯成自然，人民币"飞入各国百姓家"，才能和汉字、网购、高铁一样，成为中国标准、中国骄傲。

（该篇是笔者2018年9月为国家烟草专卖局党校上课的部分讲稿内容，收入本书时略有改动）

附录三：控制流动性重在调整资金流向

- 流动性过剩已成为热点问题
- 既要"堵"又要考虑如何"疏"
- 引导资金流向资源闲置领域
- 改造低产农田完善农村设施

截至 2010 年 10 月，我国广义货币（M2）余额已达 70 万亿元，M2/GDP 达到 1.9，世界罕见。流动性过剩成为热点问题，引起了社会各界的普遍关注。控制流动性是必须的，否则那么多钱不管它流向哪里，都会引起价格飞涨，这样的例子太多了，我们都有切身感受。控制流动性不仅仅是个经济问题，搞不好还会引发社会问题。央行分别在 2010 年 11 月 10 日和 11 月 19 日，9 天之内两次提高存款准备金率，每次 0.5 个百分点，工农中建四大银行的存款准备金率升至 18.5%，其他中小金融机构、农村信用社和村镇银行的存款准备金率也得到提高。但即便如此，也就回笼 6000 多亿元。由此看来，控制流动性不能光靠堵，还需要开拓思路，调整资金流向，引导资金流向资源闲置的领域，开发闲置资源，服务实体经济，进而提高整个社会的资源利用率。

农村就是引导资金流向的好去处，因为农村闲置的资源太多了，比如农田改造。我国有 18 亿亩土地，每年粮食产量 1 万亿斤左右，平均亩产量不过 300 公斤，实在是太低了。多了不敢说，如果我国的土地平均亩产量能达到 500 公斤，那我们就可以挺起胸脯说：我的粮食除了养活自己，还可以出口，养活整个东亚都没问题。那么，为什么我国的粮食产量这么低呢？这主要是因为我国的粮田是以中低产田为主，高产稳产田占比低，而中低产田改造成高产稳产田需要投入大量资金。我们做个粗略的估算：在我国 18 亿亩土地中，高产稳产田不足 1/3，中低产田至少有 12 亿亩，改造每亩中低产田按投入 2000 元计算，那么，我国仅农田改造这一项大工程就需要投入 2.5 万亿元。从长远看，农田改造是造福子孙后代的大工程，可以保障整个国家的粮食安全，属于准公共产品。从近期看，农田改造的过程就是资金与生产相结合的过程，是在提高农业生产能力，创造实实在在的财富，增加货真价实的 GDP。钱流向农田改造，绝对比流向其他行业更有价值。在我国广大农村，像农田那样闲置的资源还很多，比如小流域治理，水库建设，偏远落后地区的道路改造，等等。这些资源都是必需的，只要开发得当，都能更好地创造财富。在笔者看来，这些都是资金流向的好去处，都是扩大内需的好途径。

我们都知道，资金流动的过程就是财富分配的过程。资金流到哪里，财富也就流到哪里。在我国农村，广大朴实的农民不缺乏向社会贡献财富的能力，而是缺乏表现农民创造财富价值的货币。在农村，不是钱太多了，而是钱太少了。从整个社会看，资金流向出了问题，流动性之所以看似过剩，主要是因为它在城市里打转转，甚至是在金融系统里打转转。

那么，如何改善资金流向、引导资金流向农村？笔者认为，需要更好地发挥财政的撬动作用和银行的网络作用，努力引导钱流向农村，流向改造农田的农民，流向修建水库的农民，流向……只要这些钱和生产建设相结合并服务于生产建设，就会创造价值，不会引发通胀。在这方面，日本的经验值得我们借鉴。1953 年的日本还处于战后恢复阶段，国力谈不上强大，但日本政府却把对农村的补助金从 1951 年的 256.66 亿日元增加到 556.16 亿日元，引导资金流向农村。日本政府这么大规模地增加农村投资，是因为日本城乡都存在可以创造财富的资源，特别是日本人坚信，把农村经济搞上去了，整个国民经济必然能够发展起来。20 年后（1972 年），农民的收入水平就超过了城市蓝领阶层，实现了城乡居民收入均等的发展目标，农村彻底现代化了。中国现在的发展水平绝对比 20 世纪 50 年代的日本高，政府也很有钱，今年财政收入有望突破 8 万亿元。假设每年再多拿出 1500 亿元搞财政贴息，至少可以撬动 5 万亿元银行资金流向农村。如果是那样，我们还需要为流动性过剩发愁吗？解决金融问题，要有全局观念，要有了解中国实际的真功夫，切忌就金融谈金融，在金融圈里打转转。

（本文系作者发表于《人民日报》海外版 2010 年 11 月 30 日上的文章）

附录四：淡化 M2 调控参考意义

截至 2013 年 3 月末，我国广义货币（M2）余额达到 103.61 万亿元，M2/GDP 达到 188%，而美国不足 70%。有人以此判断，中国货币严重超发，中国经济面临巨大的通胀压力。笔者认为，这些判断有误，并有可能误导公众和舆论。

第一，认识有误。从 M2 结构看，M2 由狭义货币（M1）和准货币构成，准货币包括居民储蓄存款、企业与政府的定期存款以及其他存款。M2 是个存量指标，是长期积累的结果，货币存量不是现金。2012 年我国 M2 同比增长 13.8%，新增 12.26 万亿元，而现金净投放为 3910 亿元，同比少投放 2251 亿元，投放力度明显放缓。衡量货币超发与否的关键是看物价水平，影响物价水平的更重要因素是资金价格和货币供应增速，与货币存量没有必然联系。这就是说，即便我国现在货币存量大，但只要能控制好实际利率和货币供应增速，也能控制好物价。

第二，M2/GDP 的政策参考意义有限。M2/GDP 是由美国金融发展理论奠基人罗纳德·麦金农教授提出的，用来衡量在全部经济交易中以货币为媒介进行交易所占的比重，借此说明一国金融深化的程度。实践证明，M2/GDP 的政策参考价值有限。美国 1867～1975 年的数据表明，其 M2/GDP 在 1947 年达到 0.8097 的峰值，后缓慢下降，长期稳定在 0.6～0.7 之间，总体呈现了"先上升后下降"，与美国金融深化的进程不相符。按照经济货币化的定义，一国经济货币化程度的上限为 1，而若以 M2/GDP 作为衡量经济货币化水平的指标，一国经济货币化程度完全可能超过 1。

第三，M2/GDP 国际横向比较有偏差。因为各国 M2 统计口径不一致。在各国货币统计中，M1 统计口径大体一致，但 M2 有区别。例如美国 M2 中不包含金额大于 10 万美元的定期存款，我国 M2 中统计的定期存款没有数额限制。即使能比较，我国的 M2/GDP 也不是最高的。世界银行统计数据显示，截至 2011 年，全球 M2/GDP 平均为 126%，排名前五位的国家和地区是卢森堡（489%）、香港（328%）、塞浦路斯（271%）、日本（240%）和葡萄牙（203%），中国排名第十为 180%，与德国相当。金融危机以来，美联储实施了四轮量化宽松以及扭转操作，其 M2/GDP 之所以未大幅提高，主要是因为约 70% 的美元在美国境外流通，如果把全球的美元供给都计算进来，美国的 M2/GDP 将大幅提升。另外，由于金融创新日新月异，传统意义上的流动性或货币、准货币只占主要经济体金融资产的一部分。根据 IMF 的数据，我国金融资产（银行总资产加上公开发行的债券总市值及股票总市值）在 2011 年底约相当于 GDP 的 300%，远低于美国（424%）、欧元区（449%）及日本（540%）。

第四，我国 M2/GDP 偏高有特殊原因。一是伴随着我国经济转型和经济货币化程度的提高，企业资产、土地、房地产和其他一些生产要素的货币化，必然加大货币需求。以房地产开发为例，20 世纪 90 年代初，每年房地产开发完成额也就几百亿元，2003 年完成额超过 1 万亿元，2012 年则创出 7 万多亿元的新高。目前要素市场的货币化还在进行中，货币化对货币需求的影响不可忽视。二是较高的储蓄率。目前准货币占 M2 的比重已达 70%，准货币的快速增长与我国的储蓄率不断上升是一致的。从国际范围来看，东亚储蓄率高的国家 M2/GDP 也相对较高。三是以银行为主导的金融体系。在等量信用情况下，以银行为主导的融资体系创造的货币供应量相对较多，因为与间接融资相比，直接融资中的货币只是在不同经济主体之间进行转化，货币创造有限。2012 年我国信贷占社会融资的比重虽降至 52%，但存量融资中银行信贷依然高达 85%。当前我国股市和债市规模仅为 M2 总规模的 0.6 倍，而美国这两大市场的市值是其 M2 总规模的 4.3 倍。

第五，M2 作为货币政策中介目标的意义在弱化。我们知道，货币供应量由基础货币和货币乘数决定,人民币不是国际储备货币,我国基础货币是通过外汇占款的形式被动投放的,央行控制基础货币的难度很大。我国央行释放的流动性只影响本国的实体经济与金融,对国际经济和金融几乎没有溢出效应。货币乘数由法定存款准备金率、超额存款准备金率和现金比率共同决定,内生性强也很难掌控。目前我国货币乘数为3.96,已经偏低。美联储早在1993年就宣布放弃货币供应量来调控货币政策和经济运行,转向基于利率的泰勒规则[1]。在我国,银行表外业务和影子银行等融资渠道产生的流动性不在M2的统计口径内,M2增速对于判断广义流动性的参考意义在下降。

因此,我国需进一步深化金融改革,在继续关注货币供应量、新增贷款等传统中间目标的同时,发挥社会融资规模在货币政策制定中的参考作用。完善市场化的间接调控机制,增强利率、汇率等价格杠杆的作用,逐步建立市场选择的基准利率体系,推进货币政策从以数量型调控为主向以价格型调控为主转型。

(本文系作者发表于《中国证券报》2013年5月2日上的文章)

---

[1] 泰勒规则(Taylor rule)是常用的简单货币政策规则之一,由斯坦福大学的约翰·泰勒于1993年根据美国货币政策的实际经验,而确定的一种短期利率调整的规则。泰勒认为,保持实际短期利率稳定和中性政策立场,当产出缺口为正(负)和通胀缺口超过(低于)目标值时,应提高(降低)名义利率。

附录五:"一带一路"该怎么融资?

"一带一路",即丝绸之路经济带和 21 世纪海上丝绸之路。本文主要以 GDP 四部门为框架,对"一带一路"做些经济分析。

我们知道,用支出法核算,GDP 包括居民消费、企业投资、政府购买和净出口。在此我们抛开出口,先对 GDP 做三部门分析。

先看居民消费。政府多年来努力扩大居民消费,但效果并不理想,居民消费占 GDP 的比重一直徘徊在 35%。提高消费率属于结构性改革,需要漫长的过程。

再看企业投资。投资主要包括制造业投资、房地产投资和基础设施投资。现在制造业中各行业都产能过剩,产能利用率不足 70%,即便像光伏那样的新兴产业也过剩了。而房地产的超级繁荣已经结束,一些地方的地拍不出去。房地产很重要,但不能过分依赖它。撇开制造业和房地产投资,从短期看,基础设施投资对拉动经济增长至关重要。

基础设施投资包括中央和地方两个部分。现在地方政府债务负担重,土地财政问题严重,对基础设施投资的积极性明显回落。在当前的经济环境下,需要中央出手,树立一杆大旗,调动全社会加大基础设施投资的积极性。

"一带一路"就是最大的旗帜,是中央树的大旗。在这杆大旗下,推进"一带一路"建设,加强基础设施投资,可带动制造业和房地产投资。"一带一路"是很好的经济增长点,受益的不仅仅是中西部,带、路、廊、桥,产业园区,都将受益。而投资必定扩大就业,增加老百姓的收入,拉动中西部乃至全国的消费和投资。

在"一带一路"建设中,财政政策可以发挥更积极作用。为刺激经济,近年来货币政策打出了一套"定向宽松"的招式和非对称降息，但效果不明显，PMI 在下滑，GDP 增速在回落。货币政策刺激经济的边际效用在下降。笔者认为需要打好财政"组合拳"，增加政府购买。

政府购买的形式很丰富，比如购买物品和劳务，增加对道路、桥梁、口岸、码头等公共工程的投入，政府还可以购买规划。笔者在调研中听地方上的同志反映，现在的"一带一路"规划做得比较粗，比如跨境道路的设计，要充分考虑道路沿线的地质地貌、周边的矿产资源的分布、储量和运输路径，还要考虑风俗民情和灾害发生情况等，需要做大量的前期勘查，做很细致的规划。像这种规划，可以由政府购买。

在"一带一路"建设中，需要财政发挥更大作用，但不是包打天下。财政的钱可以花得很聪明，比如采用 PPP 模式加强公私合营、财政贴息等，撬动更多的资金参与到"一带一路"建设中来。

在 GDP 三部门分析中，居民的消费率低，则储蓄率就相对较高。如果金融部门能将储蓄有效地转化为投资，宏观经济也能顺畅运行。

当经济形势较好时，金融部门的媒介作用发挥得较好。而当经济形势较弱时，银行惜贷，不愿承担过大风险。而银行贷款利率较高，造成整个社会融资成本较高，抑制了实体经济增长。依靠现有的金融体系为"一带一路"融资，前景不乐观。因为"一带一路"项目主要是对外投资，需考虑对方意愿，需要协商并征得周边国家的同意，需要做很多外交工作，不可预测、不可控的因素多。

而"一带一路"项目又大多带有公共产品的属性，虽然社会效用高，但经济效益偏低，投资周期长。商业性金融对"一带一路"项目到底有多少积极性，笔者不知道；即便商业性金融愿意投资，但高企的利率也不是"一带一路"项目可以承受的。而融资对"一带一路"建设很重要，有钱才能把好事办好，成立亚投行和丝路基金很有必要，这样做可以将财政和货币政策更好地结合起来，利用些许政府信用，以较低利率撬动更多社会资金投到"一带一路"建设中，以增量带存量，进而盘活整个金融盘子，让整个社会资金流动起来，为实体经济服务。"资金融通"不仅包括对外的融通，还包括对内的融通。

在以上分析的基础上，我们引入外需，来做四部门分析。

从外部看，美国经济在缓慢复苏，但很难恢复到2008年以前的水平。欧元区的问题比较严重，受老龄化和福利制度的拖累，经济几乎停滞。日元贬值严重。新兴市场分化严重，不如前几年风光。另外，我国的国际贸易环境值得关注，2013年有19个国家和地区对我国发起了贸易经济调查。

我国的外部经济环境不佳，其他国家尤其是周边的发展中国家也一样。在外需比较疲弱时，凯恩斯主义受到重视，各国都"眼睛朝内"推动基础设施建设，扩大内需。这就为我国推进"一带一路"建设、与周边国家对接提供了历史机遇。"一带一路"是互联互通的典范，它贯穿欧亚大陆，东边连接亚太经济圈，西边进入欧洲经济圈，许多沿线国家与我国有共同利益。"一带一路"覆盖的范围越广，有效促进资本、劳动力、资金和货物的流动，越能有效降低经济运行成本，拉动外需。

在开放的背景下，"一带一路"融资既要考虑国内金融市场，还要考虑与所有的利益共同体一起去国际金融市场融资，进行直接融资或间接融资，离岸人民币、美元、欧元或者相关国家的货币，都可以，欢迎各种资金分享"一带一路"的收益。笔者还建议发行人民币计价"丝路债券"。"丝路债券"可以补充亚投行和丝路基金的本金，也可以根据"一带一路"项目的融资需求发行；丝路债券可以在国内金融市场发行，也可以在国际债券市场发行；还可通过设立SPV（Special Purpose Vehicle）等方式，做好风险隔离，吸引国际金融机构、项目东道国金融机构参与。

（该篇文章是笔者2014年12月5日参加在浙江举行的第五届察哈尔公共外交年会的发言提纲，原标题是《对"一带一路"的四部门分析》，后发表于《第一财经日报》2014年12月12日）

附录六：发行丝路债券，助力"一带一路"

"一带一路"倡议目标宏伟，是我国建设开放经济新体制的重要立足点，当然实施所面临的融资压力也大。成立亚投行和丝路基金对"一带一路"融资很重要，但不充分。笔者建议面向国内外金融市场发行丝路债券，丰富"一带一路"融资渠道。

丝路债券是为"一带一路"跨境或境外项目融资而发行的债券。笼统地讲，为实现"一带一路"所追求的"五通"（即政策互通、设施联通、贸易畅通、资金融通、民心相通），为"一带一路"跨境或境外项目投资、建设、运营、管理等所发行的债券，都可称为丝路债券。可根据"一带一路"不同项目的融资需求，设计灵活多样的丝路债券。需要明确的是，丝路债券是"一带一路"建设融资方式的一种，不是全部；丝路债券应主要用于境外或跨境项目，而不是境内项目，投资主体自然更复杂。

从近期看，丝路债券应突出重点，主要服务"设施联通"，既可服务于跨境或境外的公路、铁路、航空、航运、管道等传统设施的联通，也可服务于跨境或境外的电力、电信、邮政、边防、海关、质检等新领域的联通，补充项目建设和运营的资金短缺。另外，丝路债券还可以补充亚投行和丝路基金的本金，比如发行境内外二级资本债等，在股权融资的基础上丰富亚投行的资本补充渠道。

考虑到跨境或境外项目涉及多个国家，利益主体多元，为尊重有关国家的意愿并调动其投资积极性，丝路债券的发行主体应尽量多元化，境内投资者应与项目实施地的政府、机构和投资企业等，组建利益共同体，共同发行丝路债券，努力实现"一带一路"建设利益共享，风险共担。在境外做项目，需重视共赢，切忌赢者通吃，而通过资金纽带把大家紧紧地捆绑在一起是最稳妥的选择。

丝路债券应尽量到境外金融市场发行，充分发挥中国香港、伦敦、新加坡等人民币离岸中心的作用。从内部看，国务院已取消境内企业、商业银行在境外发行人民币债券的地域限制，预计其他限制也将逐步放开；从外部看，随着美国退出量化宽松和美元指数上升，对美债影响是负面的，而离岸人民币债券收益率相对较高，与美债关联度低，这些都利好丝路债券的境外发行，吸引国际资金持续押注。另外，通过丝路债券的信用评级和全球路演等工作，也可扩大"一带一路"的国际影响。人民币计价的丝路债券发行得越多，使用范围越广，越能培养境外使用人民币的习惯。当丝路债券成为国际金融市场上的"金字招牌"，必能获得国际资金的青睐，也有利降低其境外融资成本。

对于"一带一路"风险较高项目的境外融资，还需做好风险隔离工作。建议通过设立SPV等，在开曼群岛、百慕大、中国香港等地注册公司（或子公司）代为发行丝路债券。发行主体为境外注册企业，可减少各相关国家的审批和监管，方便债券发行，提高资金使用效率，欢迎各种国际资金分享"一带一路"的收益。为吸引国际机构投资者参与，项目母公司可对SPV做适度担保和增信工作，设计好丝路债券的期限结构和触发机制。

在境内发行人民币计价的丝路债券，应主要面向银行间债券市场的机构投资者，采取私募形式发行，因为机构投资者具备较强的风险识别和承受能力。在境内丝路债券承销和发行方面，应重视发挥国内证券公司和信用评级机构的作用，鼓励行业内竞争。国内证券公司利用承销丝路债券的机会，可加强与跨国公司、金融机构和中介机构的合作，提升竞争能力。要重视发展境内外汇衍生品，通过中央对手方推进外汇衍生品场外交易、场内结算，满足丝路债券发行者选择持有币种的需求。

境内发行丝路债券作为宏观经济调控的一种手段，需控制好发行节奏。当境内流动性比较充裕、人民币升值压力较大时，可多发丝路债券；当境内流动性偏紧、人民币贬值压力大时，需减少丝路债券发行。

（本文系作者发表于《中国证券报》2015年1月9日上的文章）

参考文献

一、英文部分

[1] Amihud, Y., and Mendalson, H., "Liquidity, Maturity and the Yields on US Treasury Securities", Journal of Finance 44, 1991.

[2] Anderson R. G., "Bagehot on the Financial Crises of 1825 and 2008", FRB of St. Louis Monetary Trends, February, 2009.

[3] Andrews., "Global Economic Prospects and Principles for Policy Exit", http://www.imf.org/external/np/g20/pdf/110709.pdf, 2009 – 11 – 06.

[4] Antonio E. Bernardo and Ivo Welch, "Liquidity and Financial Market Runs". Quarterly Journal of Economics, 119: 135 – 158, 2004.

[5] Ben S. Bernanke., "Non-monetary effects of the financial crisis in the propagation of the Great Depression", National Bureau of Economic Research, 1983.

[6] Ben S. Bernanke., "Federal Reserve Policies in the Financial Crisis", A Speech at the Greater Austin Chamber of Commerce, December 1, 2008.

[7] Ben S. Bernanke., "Lessons from the failure of Lehman Brothers. Testimony Before the Committee on Financial Services", U. S. House of Representatives, Washington, D. C. April 20, 2010.

[8] Berger, A. and C. Bouwman, "Financial Crises and Bank Liq-

uidity Creation, working paper", University of South Carolina, 2008.

[9] Bhattacharya, Sudipto & Fulghieri, Paolo, "Uncertain liquidity and interbank contracting", Economics Letters, vol. 44 (3), 1994.

[10] Brunnermeier, M., L. H. Pedersen., "Predatory Trading NBER Working Paper", Princeton University, 2003.

[11] Caballero, Ricardo J., T. Hoshi, A. K. Kashyap, "Zombie Lending and Depressed Restructuring in Japan", American Economic Review, 98 (5): 1943 – 77, 2008.

[12] Campbell, John Y. et al., "Have Individual Stock Become More Volatile? An Empirical Exploration of Idiosyncratic Risk", Journal of Finance, 56: 1 – 43, 2000.

[13] C. E. Borio., "Monetary Policy Operating Procedures in the United States, Japan and EMU: A Comparative Assessment", Bank for International Settlements, 2000.

[14] C. Furfine., "Standing Facilities and Inter-bank Borrowing: Evidence from the Federal Reserve's New Discount Window", International Finance, 2003.

[15] Christina Paxson., "Borrowing Constraints and Portfolio Choice", The Quarterly Journal of Economics, May, 1990.

[16] Claessens S. et al., "Low-for-long interest rates and net interest margins of banks in advanced foreign economies", Federal Reserve Board, IFDP Notes, April 11, 2016.

[17] Claudio Borio and Piti Disyatat, "Unconventional Monetary Polices: An Appraisal", BIS Working Paper No 292, November, 2009.

[18] Constancio, V., "The Challenge to Low Real Interest Rates for Monetary Policy", BIS Central Bankers' Speeches, 2016.

[19] Crockett A., "The Theory and Practice of Financial Stability", De Economist, Volume 144, 1996.

[20] Curtis J. Milhaupt & Geoffrey P. Miller, "Cooperation, Conflict and Convergence in Japanese Finance: Evidence from the 'Jusen'

Problem", 29 Law & Pol'y Int'l Bus. 1, 1997.

［21］Davis D, Weinstein., "Economic Geography and Regional Production Structure: An Empirical Investigation", European Economic Review, 43（2）, 1999.

［22］Donald L. Kohn., "Monetary Policy in the Crisis: Past, Present, and Future", Speech at the Brimmer Policy Forum, American Economic Association Annual Meeting, Atlanta, Georgia, January 3, 2010.

［23］Eichengreen. Barry and Ashoka Mody, "Would Collective Action Clauses Raise Borrowing Cost?", NBER Working Paper no. 7458 January, 2000.

［24］Elroy Dimson, Paul Marsh., "Stress tests of capital requirements", Journal of Banking & Finance, 1997.

［25］Eusepi, S. & B. Preston, "Central Bank Communication and Expectations Stabilitation", American Economic Journal: Macroeconomics, 2010（2）.

［26］European Commission. "Review of the Directive 94/19/EC on Deposit Guarantee Schemes", Report from the Commission to the European Parliament and to the Council, July, 2010.

［27］FDIC., "Agenda for reform, a report on deposit insurance to the congress from the Federal Home Loan bank board", Washington, DC, 1983.

［28］Fernando, C. S., R. J. Herring, A. Subrahmanyam., "Common Liquidity Shocks and Market Collapse: Lessons from the market for perps", Journal of Banking & Finance, 2008（8）.

［29］Freixas, X., "Lender of Last Resort: What Have We Learned since Bagehot", Journal of Financial Services Research, 2000（1）.

［30］Frederic S. Mishkin., "Understanding Financial Crises: A Developing Country Perspective", THE WORLD BANK Working Paper, 1997.

［31］FSB., "Key Attributes of Effective Resolution Regimes for Financial Institutions", October 2011, http：//www. fsb. org.

［32］ FSB., "Second Thematic Review on Resolution Regimes-peer Review Report", March 2016, http：//www. fsb. org.

［33］ Garcia, Gillian., "Deposit Insurance：A Survey of Actual and Best Practices in 1998", IMF Working Paper, 1999.

［34］ G. G. Kaufman and R. C. Kormendi, "Deregulating Financial Services：Public Policy in Flux", Cambridge, Massachusetts：Ballinge, 1986.

［35］ Goodhart C., "Why Do Banks Need a Central Bank", Oxford Economic Papers, 39 (01)：75 – 89, 1987.

［36］ Grossman, Richard S., "Deposit Insurance, Regulation, and Moral Hazard in the Thrift Industry：Evidence from the 1930s", American Economic Review 82, 1992 (4)：800 – 821.

［37］ Holmstrom, B.,"Moral Hazard and Observability", Bell Journal of Economics, 1979 (10).

［38］ Humphrey, T. M.,"Lender of Last Resort：What It Is, When It Came and Why the Fed Isn't It", Cato Journal, 2010 (2).

［39］ International Monetary Fund, "World Economic Outlook：Recovery, Risk and Re-balancing", 2010 (10).

［40］ International Monetary Fund, "Global Financial Stability Report-Durable Financial Stability," 2011 (5).

［41］ Jean Strouse., "Morgan：America Financier", New York：Random House, 1999.

［42］ John B. Taylor., "Keynote Speaker, the Financial Crisis and the Policy Responses：An Empirical Analysis of What Went Wrong", Bank of Canada, vol. 11, 2008.

［43］ Kaufman G., "Lender of Last Resort：A Contemporary Perspective", Journal of Financial Services Research, Volume 5, Number 2：95 – 110, 1991.

［44］ Keim, D. b., Madhavan., "The Upstairs Market for Large

Block Transactions: Analysis and Measurement of Price Effect", Review of Financial Studies, 1996.

[45] Kohn, D. L. , "Central Bank Exit Policies, Speech, The Cato Institute's Shadow Open Market Committee Meeting", Washington, D. C. , Sept 30, 2009.

[46] Koo, R. C. ,"Balance Sheet Recession: Japan's Struggle with Uncharted Economics and Its Global Implications", John Wiley & Sons, 2003.

[47] Koo, R. C. , "Balance Sheet Recession as the Other Half of Macroeconomics", European Journal of Economics and Economic Policies: Intervention, 10 (2), 136 – 157, 2013.

[48] Kotaro, I. , Stone, M. and Yehoue, E. B. , "Unconventional Central Bank Measure for Emerging Economies", IMF Working Paper, 2009.

[49] Krugman, Paul. , "A Model of Balance-of-Payments Crisis", Journal of Money, Credit and Banking, Blackwell Publishing, Vol. 11 (3), 1979.

[50] Krugman, P. R. , K. M. Dominquez, K. Rogoff, "It's Back: Japan's Slump and the Return of the Liquidity Trap", Brookings Papers on Economic Activity, 137 – 205, 1998.

[51] Lane, P. R. ,"The European Sovereign Debt Crisis", Journal of Economic Perspectives, 26 (3), 49 – 67, 2012.

[52] Larry Schweikanr,"Banking and Finance: 1913 – 1989", New York: Facts on File, 1990.

[53] Largarde, C. ,"The Case for a Global Policy Upgrade", Farewell Symposium for Christian Noyer, 2016.

[54] Mishkin, Frederic S. , "International Experiences with Different Monetary Policy Regimes", Journal of Monetary Economics, 1999.

[55] Mitchell J. , "Too Many to Fail and Regulatory Response to Banking Crises", Working Paper, Facultes Universitaires Saint-Louis,

Brussels, 2001.

[56] Morris, S., H. S. Shin., "Liquidity Black Holes", Review of Finance, 2004 (1).

[57] Nizon Geslevich Packin, "The Case Against The Dodd-Frank Act's Living Wills: Contingency Planning Following the Financial Crisis", Berkeley Business Law Journal, 61 (1), 2013.

[58] Olson, Mancer Jr., "The Logic of Collection Action: Public and the Theory of Groups", Harvard University Press, 1965.

[59] Phillip Arestis, Elias Karakitsos., "Sub-prime Mortgage Market and Current Financial Crisis", Cambridge Center for Economic and Public Policy, 2009.

[60] Ponce J. & Rennert M., "Systemic Banks and the Lender of Last Resort", Journal of Banking & Finance, 50 (c): 286 – 297, 2014.

[61] Rajan, R., "A Step in the Dark: Unconventional Monetary Policy after the Crisis", Andrew Crockett Memorial Lecture, BIS, Basel, 2013.

[62] Reinhart, C., K. Rogoff, "Growth in a Time of Debt", American Economic Review, 100 (2), 573 – 8, 2010.

[63] Repullo R., "Who Should Act as Lender of Last Resort? An Incomplete Contracts Model", Journal of Money, 32 (03): 580 – 605, 2000.

[64] Scharfstern D. S. & Stein J. C., "Herd Behavior and Investment", American Economic Review, 80: 465 – 479, 1990.

[65] Shambaugh, J. C., R. Reis, H. Rey, "The Euro's Three Crises [with comments and discussion]", Brookings Papers on Economic Activity, 157 – 231, 2012.

[66] Sheppard K, Engle R F., "Theoretical and Empirical Properties of Dynamic Conditional Correlation Multivariate GARCH", Social Science Electronic Publishing, 2001.

[67] Smaghi, Lorenzo Bini, "Conventional and Unconventional Monetary Policy", Keynote lecture at the International Center for Monetary and Banking Studies, Geneva, April 28, 2009.

[68] Steve Matthews., "Hoenig Says Fed Should Eventually Lift Main Rate to 3.5% – 4.5%", Bloomberg, January 7, 2010.

[69] Stiglitz, J. E., "The Role of the State in Financial Markets", Washington D. C. World Bank, 1993.

[70] Solow, R. M., "On the Lender of Last Resort", Cambridge University Press, 1982.

[71] Summers, L. H. "The International Financial Crises, Cause, Prevention and Cures", The American Economic Review, 90 (2), pp. 1 – 16, 2000.

[72] Taylor, J., "Discretion versus policy rules in practice", Carnegie-Rochester Conference Series on Public Policy, 1993.

[73] Thornton, H., "An Enquiry into the Nature and Effect of the Paper Credit of Great Britain (1802)", Kessinger Publishing, LLC, 2008.

[74] Tobin, J. "The Interest Elasticity of Transaction Demands for Cash", Review of Economics and Statistics 38: 241 – 247, 1956.

[75] Trueman, B., "Analysts Forecasts and Herding Behavior", Review of Financial Studies, 7 (1), 97 – 124, 1994.

[76] US Department of the Treasury, "A New Foundation: Rebuilding Financial Supervision and Regulation", 2009.

[77] US Department of the Treasury, "Financial Regulatory Reform-A New Foundation, Rebuilding Financial Supervision and Regulation", 2009.

[78] Velasco, A., Cespedes L. F, "Exchange Rate Arrangements: A Developing Country Perspective", New York University, Mimeo, 1999.

[79] Volker Wieland, "Quantitative Easing: A Rational and Some Evidence from Japan", NBER Working Paper No. 15565, 2009.

[80] White, W., "Modern Macroeconomics is on the Wrong Track", Finance and Development, 46 (4), 15–18, 2009.

[81] World Bank, "East Asia: The Road to Recovery", Washington, 1998.

[82] Yellen, J., "U. S. Monetary Policy Objectives in the Short and Long Run", at the IBEFA/ASSA meeting held in San Francisco, 2009.

[83] Yellen, J., "Statement before the Committee on Financial Services", February 10, 2016.

二、中文部分

[1] 艾伦·格林斯潘. 动荡的世界 [M]. 北京：中信出版社，2014.

[2] 安德里斯·R. 普林多. 金融领域的伦理冲突 [M]. 北京：中国社会科学出版社，2002.

[3] 白当伟. 全球化的新进展与货币政策国际协调 [J]. 国际金融研究，2010 (5).

[4] 本·伯南克. 大萧条 [M]. 大连：东北财经大学出版社，2007.

[5] 本·伯南克. 金融的本质——伯南克四讲美联储 [M]. 北京：中信出版社，2014.

[6] 本·伯南克. 行动的勇气 [M]. 北京：中信出版社，2016.

[7] 查理斯·P. 金德尔伯格. 疯狂、惊恐和崩溃——金融危机史 [M]. 北京：中国金融出版社，2017.

[8] 陈华，赵俊燕. 经济刺激计划退出标准、路径的国际比较研究 [J]. 经济学动态，2009 (12).

[9] 陈华. 危机管理中首长问责制的适用和完善 [D]. 华东政法大学2015年硕士论文.

[10] 陈学彬. 金融危机扩散中的示范效应和竞争性贬值效应分析 [J]. 金融研究，1999 (5).

[11] 陈雨露. 国际金融危机以来经济理论界的学术反思与研究进展 [J]. 国际金融研究，2017 (1).

[12] 戴金平,张华宁. 后危机时代美国非传统货币政策的退出机制[J]. 金融与保险,2010(9).

[13] 戴季宁. 金融机构处置机制:国际经验与启示[J]. 当代金融研究,2017(1).

[14] 道格拉斯·诺斯. 制度、制度变迁与经济绩效[M]. 上海:三联书店,1994.

[15] 蒂莫西·F. 盖特纳. 压力测试[M]. 北京:中信出版社,2015.

[16] 范建军. 现代中央银行最后贷款人制度的演进——一个制度历史变迁过程的个案研究[J]. 经济评论,2004(6).

[17] 高德步等. 世界经济史[M]. 北京:中国人民大学出版社,2001.

[18] 高伟. 证券监管模式的国际比较与启示[J]. 国家行政学院学报,2003(2).

[19] 高伟. 化解我国证券市场制度性风险的措施[J]. 红旗文稿,2004(23).

[20] 高伟. 控制流动性重在调整资金流向[N]. 人民日报海外版,2010.11.30.

[21] 高伟. 念好金融交易税这本经[N]. 中国证券报,2012.10.29.

[22] 高伟. 淡化 M2 调控参考价值[N]. 中国证券报,2013.5.2.

[23] 高伟. "一带一路"建设有待财政政策发挥更大作用[N]. 中国证券报,2014.12.10.

[24] 高伟. "一带一路"该怎么融资[N]. 第一财经日报,2014.12.12.

[25] 高伟. 发行丝路债券助力"一带一路"[N]. 中国证券报,2015.1.9.

[26] 高伟. 国际金融危机 40 年解析[M]. 北京:中国发展出版社,2018.

[27] 高伟. 人民币国际化需顺势而为[N]. 第一财经日报,2018.4.3.

[28] 顾朝明. 大衰退［M］. 北京：东方出版社，2008.

[29] 郭建伟. 最后贷款人——公共产品角度研究［D］. 复旦大学2006年博士学位论文.

[30] 郭金良. 系统重要性金融机构危机市场化处置法律制度研究［D］. 辽宁大学2014年博士学位论文.

[31] 国彦兵."住专"问题与日本不良债务危机浅析［J］. 日本问题研究，1997（1）.

[32] 何德旭等. 最后贷款人制度：设计原则与改进措施［J］. 金融评论，2011（3）.

[33] 何慧刚. 汇率制度、资本流动与金融危机：理论与实证分析［J］. 中央财经大学学报，2006（12）.

[34] 贺瑛. 存款保险：理论与实践［M］. 上海：上海财经大学出版社，2003.

[35] 胡博. 美国长期资本管理公司危机救助案例分析［D］. 辽宁大学2016年硕士学位论文.

[36] 胡乃红. 政府保护下的道德风险影响机制分析［J］. 金融研究，2000（3）.

[37] 胡勤勤，吴世农. 证券系统性风险系数估计中应注意的问题［J］. 证券市场导刊，2001（11）.

[38] 胡庆康. 现代货币银行学教程［M］. 上海：复旦大学出版社，2001.

[39] 胡希宁. 当代西方经济学概率（第二版）［M］. 北京：中央党校出版社，1998.

[40] 胡越云.1907年的金融危机与美国联邦储备体系的建立［D］. 厦门大学世界史专业2007硕士学位论文.

[41] 胡云祥. 日本经济中的"住专"难题与日本金融危机［J］. 世界经济与政治，1996（7）.

[42] 黄达. 货币银行学［M］. 北京：中国人民大学出版社，1999.

[43] 黄玲. 资本管制是防范金融危机的有效手段吗［J］. 经济学，2011（2）.

[44] 黄荣哲，农丽娜．模糊的金融稳定目标与建设性模糊的有效性 [J]．内蒙古财经学院学报，2010（2）．

[45] 姜波克．国际金融学 [M]．北京：高等教育出版社，1999．

[46] 姜恩瑛．韩国应对金融危机的经验研究——基于1997与2008两次危机的比较分析．山东大学硕士学位论文．

[47] 姜建清等．重建市场信心是缓解流动性危机的有效途径 [J]．金融论坛，2009（1）．

[48] 李健斌，余朝宇．金融危机以来美国政策利率体系演变 [J]．金融市场研究，2014（4）．

[49] 李良雄．金融危机救助中的惩罚制度研究 [J]．福建农林大学学报，2015（2）．

[50] 李杨．关于虚拟资本的几点看法 [J]．经济新动态，2003（1）．

[51] 李文政，宗良．瑞典运用资产管理公司处理银行危机的经验 [J]．国际金融研究，1999（3）．

[52] 李卓，邢宏洋．金融救助的最优时机、策略与资产处置的折/溢价选择 [J]．世界经济，2011（3）．

[53] 林欣．金融危机救助方案与成本分担机制分析 [J]．财经科学，2010（9）．

[54] 林欣．金融危机救助古典原则的拓展及启示 [J]．武汉金融，2012（6）．

[55] 刘达．存款保险制度应对国际金融危机的变革措施及启示 [J]．投资研究，2012（4）．

[56] 刘鹤．两次全球大危机的比较研究 [M]．北京：中国经济出版社，2013．

[57] 刘晶．存款保险制度的新发展：以英美为例 [J]．时代金融，2013（3）．

[58] 刘俊．各国问题金融机构处理的比较法研究 [D]．华东政法学院国际经济法2007年博士学位论文．

[59] 刘平. 拯救 AIG——解读美国最大的金融拯救计划 [M]. 北京：中国经济出版社，2009.

[60] 刘瑞. 日本金融机构破产处理 [J]. 日本问题研究，2010 (2).

[61] 刘锡良，周轶海. 金融危机救助的十大问题初探 [J]. 金融发展研究，2011 (4).

[62] 陆前进. 对美国转嫁金融危机的思考 [N]. 中国证券报，2008.6.4.

[63] 罗伯特·吉尔平. 全球资本主义的挑战：21 世纪的世界经济 [M]. 上海：上海人民出版社，2001.

[64] 罗伯特·吉尔平. 全球政治经济学——解读国际经济秩序 [M]. 上海：上海人民出版社，2003.

[65] 罗伯特·希斯. 危机管理 [M]. 北京：中信出版社，2004.

[66] 沃尔特·白芝浩. 伦巴第街 [M]. 北京：商务印书馆，2017.

[67] 吕晖蓉. 美、日住房金融体系的功能比较及启示 [J]. 财经科学，2012 (2).

[68] 马奎. 论西方政府干预经济理论的演变 [J]. 经济评论，2001 (3).

[69] 米什金. 货币金融学 [M]. 北京：中国人民大学出版社，2011.

[70] 苗永旺. 金融危机救助方案及其效果评价. 投资研究 [J]. 2009 (12).

[71] 迈克尔·梅尔文. 国际货币与金融 [M]. 北京：中国人民大学出版社，2013.

[72] 宁泽慧，梁家平. 金融危机中的问题金融机构救助成本-收益研究 [J]. 经济与社会发展，2008 (6).

[73] 欧文·E. 休斯. 公共管理学导论 [M]. 北京：中国人民大学出版社，2001.

[74] 欧阳永. 国际货币基金组织金融危机救助机制研究——以东亚金融危机为例 [D]. 华中师范大学 2007 年硕士学位论文.

[75] 潘敏,缪海斌. 非常规货币政策退出的时机与策略 [J]. 经济学动态,2010 (6).

[76] 彭兴韵. 金融危机管理中的货币政策操作——美联储的若干工具创新及货币政策的国际协调 [J]. 金融研究,2009 (4).

[77] 帕德玛·德赛. 金融危机：蔓延与遏制 [M]. 北京：中国人民大学出版社,2006.

[78] 漆光瑛. 国家干预的艺术：凯恩斯主义经济学的沿革 [M]. 北京：当代中国出版社,2002.

[79] 齐稚平等. 中央银行金融危机救助的成本-收益分析 [J]. 生态经济,2011 (5).

[80] 佘晓叶. 试论马来西亚的资本账户自由化与资本管制及其启示 [D]. 上海外国语大学2009年硕士论文.

[81] 史世伟. 德国应对国际金融危机政策评析 [J]. 经济社会体制比较,2010 (6).

[82] 斯文. 金融危机后全球场外衍生品市场监管改革及借鉴 [J]. 南方金融,2013 (3).

[83] 宋国友. 美国政府经济危机转嫁行为分析 [J]. 现代国际关系,2011 (5).

[84] 孙彬. 金融危机中流动性黑洞问题研究 [D]. 上海交通大学2010年博士学位论文.

[85] 孙国峰. 分业经营是金融支持实体经济、防范风险的根本. 五道口全球金融论坛,2018.5.19.

[86] 奚君羊. 国际金融学 [M]. 上海：上海财经大学出版社,2008.

[87] 谢平,王素珍,闫伟. 存款保险的理论研究与国际比较 [J]. 金融研究,2001 (05).

[88] 许小年. 金融危机与政府救援 [N]. 上海证券报,2008.10.23.

[89] 徐超. 太大而不能倒理论：起源、发展及争论 [J]. 国际金融研究,2013 (8).

[90] 徐鸿. 货币政治 [M]. 北京：中国经济出版社,2018.

[91] 王春满等. 各国应对全球金融危机的救助政策比较 [J]. 经济理论与经济管理, 2009 (7).

[92] 王聪等. 西方金融危机对我国建立存款保险制度的启示 [N]. 金融时报, 2009.3.23.

[93] 王建平, 张乐久. 欧美应对金融危机的流动性救助措施及启示 [J]. 证券市场导刊, 2017 (1).

[94] 王然. 金融危机中政府救助行为研究——基于道德风险视角 [D]. 山东经济学院2011年硕士学位论文.

[95] 王艳萍. 金融危机以及政府救助行为的对比分析——以瑞典和日本为例 [J]. 生产力研究, 2010 (4).

[96] 王兆星. 高风险金融机构的处置和退出机制——银行监管改革探索之十 [J]. 中国金融, 2015 (11).

[97] 王自力. 最后贷款人绝非最后埋单人 [J]. 南方金融, 2004 (10).

[98] 魏加宁. 危机与危机管理 [J]. 管理世界, 1994 (6).

[99] 伍戈, 李斌. 货币数量、利率调控与政策转型 [M]. 北京: 中国金融出版社, 2016.

[100] 伍戈, 谢洁玉. 论凯恩斯主义的理论边界与现实约束——国际金融危机后的思考 [J]. 国际经济评论, 2016 (5).

[101] 吴晓灵. 从美国金融监管改革看"大而不能倒"问题的处置 [J]. 中国金融, 2010 (16).

[102] 吴易风. 政府干预与市场经济 [M]. 北京: 中国人民大学出版社, 1998.

[103] 乌尔里希·贝克. 世界风险社会: 失语状态下的思考 [J]. 当代世界和社会主义, 2004 (2).

[104] 肖明, 李海涛. 美国公私合营投资计划处置不良资产的内容及启示 [J]. 特区经济, 2012 (1).

[105] 杨雪峰. 金融危机期间美联储流动性供给及效应研究 [J]. 世界经济研究, 2011 (8).

[106] 叶莉, 张爱华. 凯恩斯主义经济学的反思: 政府救助视角

[J]. 海南金融, 2016 (3).

[107] 叶清芳. 全球金融危机中美国的货币政策及其退出机制研究 [D]. 江西财经大学金融学专业 2010 年硕士论文.

[108] 叶五一等. VIX 指数对股票市场间联动性影响的实证研究 [J]. 统计研究, 2018 (6).

[109] 尹继志. 美国与澳大利亚金融消费者保护机制及对我国的启示 [J]. 金融发展研究, 2012 (7).

[110] 约翰·梅纳德·凯恩斯著 (高鸿业译): 就业、利息和货币通论 [M]. 北京: 商务印书馆, 1999.

[111] 曾康霖. 试析金融风险、金融危机与金融安全 [J]. 金融发展研究, 2008 (2).

[112] 张继红. 金融危机救助制度中的公共资金援助 [J]. 财经科学, 2008 (12).

[113] 张立先. 金融应急管理的法律规制研究 [D]. 山东大学宪法学专业 2012 年博士学位论文.

[114] 张荔, 孙颖等. 金融危机救助: 理论和实践 [M]. 北京: 中国金融出版社, 2011.

[115] 张梦姚. 房价波动中个人住房抵押贷款风险研究 [D]. 北京交通大学 2008 年硕士学位论文.

[116] 张强等. 中央银行前瞻性指引研究最新进展 [J]. 经济学动态, 2014 (8).

[117] 张陶伟等. 长期资本管理公司的兴衰及启示 [J]. 国际金融研究, 1999 (1).

[118] 张晓朴, 李漂. 美国金融危机的救助措施与启示 [J]. 银行家, 2009 (11).

[119] 赵臣. 金融危机的比较研究与启示——兼论次贷危机下的美国政府的救市政策 [D]. 西南财经大学 2008 年金融学硕士论文.

[120] 赵高翔. 政府金融危机救助研究: 理论与经验 [D]. 华东师范大学世界经济专业 2009 年博士论文.

[121] 赵静梅. 金融危机救济论 [M]. 成都: 西南财经大学出

版社，2008.

[122] 赵祥鹏．欧美银行业压力测试对我国商业银行风险管理的启示［J］．中国证券期货，2010（9）.

[123] 郑旭华，王红英．管理和处置系统性金融危机的关键步骤［J］．上海金融，2002（1）.

[124] 郑剑秋．金融资产管理公司运作机制研究［D］．中央民族大学2005年硕士学位论文．

[125] 钟永红，林梓煌．流动性冲击、银行重要性差异与中央银行救助策略［J］．经济体制改革，2017（1）.

[126] 周斌等．金融危机后全球卖空监管政策比较与启示［J］．证券市场导报，2010（9）.

[127] 周莉萍．全球负利率政策：操作逻辑与实际影响［J］．经济学动态，2017（6）.

[128] 周学东．国际金融消费者保护制度改革动态及启示［J］．中国金融，2011（11）.

[129] 周小川．金融危机中关于救助问题的争论［J］．金融研究，2012（9）.

[130] 朱波，范文志．金融危机理论与模型综述［J］．世界经济研究，2005（6）.

后　记

　　研究金融危机救助是件公益事，外部性很强，却是我的兴趣点，有人不理解，可能是因为追求不同吧。自从我研究金融风险，就关注金融危机救助问题，一个个鲜活生动的救助案例吸引着我，时而为精妙绝伦的救助拍案惊奇，时而为功亏一篑的救助扼腕叹息，更为救助者舍我其谁的勇气和担当所折服。我对金融危机救助的探究从单纯地"喜欢"上升到"自觉"，期间形成了一些认识，开始比较朴素，后在长期跟踪、观察和思考中，我将这些朴素的认识系统化、条理化，形成了诸多独到的见解，尤其是2008年国际金融危机爆发后，我开始认真地思考金融危机救助问题，并建立了自己的体系。在这个过程中，我也付出了很多心血，希望通过撰写一部金融危机救助的专著，将这些思考提炼出来，供大家参考，不致于让我多年的努力付诸东流。这个愿望虽然萦绕在心头，但囿于各方面原因未能实现。在撰写《国际金融危机40年解析》时，笔者已充分认识到金融危机救助的重要性，但限于篇幅略作分析，并在该书的结束语中提出下一步研究的重点就是金融危机救助问题，出版本书算是既履行曾经的承诺又实现了心愿。

　　金融危机救助属于金融学、公共管理学和政治学的交叉学科，是具体的工作，是实实在在的行动，受各经济体政治体制、历史传统及文化习俗等影响大，国内外研究总体处于起步阶段，在很多基本问题上都没有形成共识，比如对金融危机救助的定义就有很大差异，经常是"鸡说鸡话、鸭说鸭话"，很难沟通。当然，分歧越多，探索越艰难，说明研究金融危机救助的价值越大，可以开拓的空间越广阔。只要我们肯攀登，无限风光在险峰。

金融危机救助是危机时刻的行动，是短期行为，并且是不连续的，也不能重复，与经济学侧重的时期分析明显不同。金融危机爆发后，解决当前最急于解决的问题是金融危机救助的重点，这就需要救助者勇敢、果断、接地气，要敢于承担责任；以解决问题为要，以稳定局势为上，切不可犹豫不决，踟蹰不前；绝对不能为了推卸责任虚与委蛇，漠然置之。金融危机救助还需要救助者对本国的金融、经济、社会和政治体制了如指掌，唯有如此，实施救助才能得心应手、游刃有余。

金融危机救助处于市场动荡和机构破产的漩涡，是媒体关注的焦点，每一项救助措施都决定着救助客体的命运，触及千家万户的切身利益，稍有不慎便会影响公平和公正，甚至造成巨大损失，引发严重的社会问题，遭到口诛笔伐。研究金融危机救助需要严谨、务实，要有敬畏感和责任感，切忌纸上谈兵和片面追求新奇，因为抽象的理论推导需要很多假设条件，而那些假设往往与现实差距较大。这种研究用于金融危机事后的分析总结和理论升华是可以的，也是必要的，而用于指导紧急时刻的救助实践可能效用不大，因为很多决策是在紧急状态下做出的，在当时看是可行的、合理的，实现了救助目标，但事后看总有很多的不经济，总有很多后遗症和"小辫子"，甚至还有人追究为什么没有选择更优的救助方案。其实，我们不宜轻描淡写地做太多假设，因为历史是不能假设的，设身处地才能体会到金融危机冲击下的紧迫局势，换位思考才能理解救助者抉择的艰难。

在研究中笔者最深刻的体会是：无论我们采取何种预防措施，都无法根除金融危机，下一场金融危机会从诸多系统性风险源中、以无法预期的方式爆发；金融危机爆发前，通常会出现一段光鲜的繁荣期，资产价格上涨，投资者非理性预期；而金融危机往往爆发得很突然，价格涨得越高，摔得越重，让人猝不及防。所以，金融危机救助需要居安思危，从平常下功夫，切忌有病乱投医，临时抱佛脚。金融危机救助要树立一种理念：做审慎救助者，不做出名救助者。这就需要在"晴日"全面深入地研究金融危机救助问题,设计好救助预案,为迎接金融危机的"雨天"做准备。笔者撰写本书,就是为大家提供一个金融危机救助的"工具箱",在这个"工具箱"里虽然没有包治百病的灵丹妙药,却可以普及金融危机救助的基本规律和常识,让大家在救助中不打无准备之仗,不犯专业性错误,避免不必要的损失。同时,我的"工具箱"是开放的,是兼收并蓄的,期盼有志之士批评、发展和完善这个"工具箱",指引金融危机救助行动,共同为迎接下一场金融危机做准备。

作者

2019 年 5 月 4 日于北京